中国地质大学（武汉）珠宝学院 GIC 系列丛书

珠宝终端运营管理

ZHUBAO ZHONGDUAN YUNYING GUANLI

包德清 周琦深 王 维 曹玉兵 著

中国地质大学出版社
ZHONGGUO DIZHI DAXUE CHUBANSHE

内容简介

本书共十一章,分别从人、货、铺三个方面对珠宝终端运营管理的方法和实践进行阐述和探讨。在人员管理方面,归纳了珠宝终端的店长管理角色,并对终端的营销团队工作进行探讨,详细地论述了运营终端每个岗位的基本工作职责,并将员工的考评及薪酬管理分类介绍;在珠宝货品管理方面,着重介绍了运营终端的珠宝商品管理、陈列要点及促销的主要方法,同时分类介绍了终端店铺的服务管理,对售后服务管理到客户关系管理的方法逐一展开论述。在店铺硬件管理方面,介绍了店铺装潢与商品陈列的作用、表达要素,归纳了店铺硬件安全保障和制度安全保障的相关措施。本书适合珠宝专业的学生、珠宝店铺管理人员等相关从业者参考使用。

图书在版编目(CIP)数据

珠宝终端运营管理/包德清等著. —武汉:中国地质大学出版社,2017.9(2022.7重印)
ISBN 978-7-5625-4118-9

Ⅰ. ①珠…
Ⅱ. ①包…
Ⅲ. ①宝石-工商企业-运营管理-研究-中国
Ⅳ. ①F426.89

中国版本图书馆 CIP 数据核字(2017)第 253274 号

珠宝终端运营管理	包德清 周琦深 王 维 曹玉兵 著
责任编辑:彭 琳 选题策划:张 琰	责任校对:徐蕾蕾
出版发行:中国地质大学出版社(武汉市洪山区鲁磨路388号)	邮编:430074
电 话:(027)67883511 传 真:(027)67883580	E-mail:cbb@cug.edu.cn
经 销:全国新华书店	http://cugp.cug.edu.cn
开 本:787毫米×1092毫米 1/16	字数:307千字 印张:12
版 次:2017年9月第1版	印次:2022年7月第3次印刷
印 刷:武汉市籍缘印刷厂	印数:2 001—3 000 册
ISBN 978-7-5625-4118-9	定价:48.00元

如有印装质量问题请与印刷厂联系调换

前　言

改革开放以来,中国珠宝市场从无到有、从小到大走过了一条非凡的发展之路。21世纪初,珠宝行业倡导品牌建设,为了提升品牌的市场影响力,几乎所有品牌无一例外地引入连锁经营的商业模式,以加盟连锁的形式进行市场扩张,试图通过提高品牌的市场覆盖率抢占更多的市场份额,致使终端店铺的数量急剧膨胀,珠宝行业的市场竞争从生产批发环节转向终端销售环节,市场竞争的模式由产品的竞争、价格的竞争转向品牌的竞争、终端精细化管理模式的竞争。终端是品牌存在和发展的基石,是提高品牌认知度的前沿阵地,珠宝企业的品牌经营将以终端销售服务为主导,通过有效的服务和精细化的管理树立良好的品牌形象,逐渐获得消费者的品牌认同,这样,珠宝品牌才能在市场竞争中脱颖而出,成为消费者喜爱的珠宝品牌。

在网络营销迅猛发展、市场格局不断变革、商业模式层出不穷的珠宝产业,珠宝界喊出的"决胜终端,渠道为王"的口号仍不过时,因为珠宝消费不同于大多数其他商品,在终端店铺的佩戴体验和倾听销售顾问讲述产品背后的故事会对消费者的购买决策起着决定性的作用。在激烈的珠宝市场竞争中,珠宝零售终端运营管理的好坏直接影响了珠宝品牌形象和销售业绩,可以这样说:在未来的市场竞争中,谁掌握了终端渠道,在终端渠道取得经营的主动权,谁就掌握了未来的珠宝市场。正因为如此,高效的终端管理是每个管理者追求的目标。

鉴于此,我们撰写了本书,本书共分十二个章节,分别从人、货、铺三个方面对珠宝终端运营管理的方法和实践进行阐述和探讨。在人员管理方面,本书作者归纳了珠宝终端的店长管理角色,并对终端的营销团队工作进行了探讨,详细地论述了运营终端每个岗位的基本工作职责及管理实践,将员工的考评及薪酬管理实践分类介绍;在珠宝货品管理方面,本书作者着重讨论了运营终端的珠宝商品管理、陈列要点及促销的主要方法,同时分类介绍了终端店铺的服务管理,对售后服务管理到客户关系管理的方法逐一讨论。在店铺硬件管理方面,讨论了高档美观的店铺装潢,归纳了店铺安全的硬件保障和制度保障的相关措施。

本书以珠宝终端店铺运营管理为主要内容,同时具有针对性强、基础性强、实用性强的特点。我们对各个专题都作了详细的论述,力争使教材编撰具有实践意义并同时具有理论指导意义。

为提高教材针对性,在教材结构体系的搭建上,作者根据珠宝终端店铺的实际需要来拟定各部分章节,方便读者有针对性地阅读学习;在教材内容的编写上,则将珠宝终端店铺运营管理的理论知识充分融入到实际的运营中去,引导读者展开解决问题式的思考,从而将理论知识充分运用到实践活动中,并将实践所得经验用以补充和完善理论知识。

为增强本书的基础性,各专题内容包含许多管理学的基本概念和基本原理,同时也体现了珠宝零售终端实际运营管理的主要特点。

为保证本书的实用性,作者将长期从事珠宝运营管理及调研的经验也融入到教材内容中。本书在内容设置上具有可选择性,各个专题上既有逻辑上的联系性,又具有独立性,教师或读者可根据实际需要选择教学方式和学习方式。

编写高质量的珠宝终端店铺运营管理教材是严肃、认真的学术工作,也是具有理论和实践意义的教学研究工作。本书的使用是否能够达到预想效果,一方面要经过教学实践检验,另一方面要经过广大读者们的批评指正。我们诚恳地希望授课老师和接受培训的学员能够提出宝贵的建议和意见,使本书得到进一步的完善。

本书作为中国地质大学珠宝学院规划的珠宝运营管理系列教材,在撰写过程中,得到了许多专家学者有益的建议和帮助,在此表示衷心的感谢与诚挚的敬意。同时,作者也参考了大量国内外同行专家的观点和文献,在此一并表示衷心的感谢与敬意。

著　者

2017 年 3 月

目 录

第一章 概 述 ·· (1)
 第一节 珠宝终端的类型 ·· (1)
 第二节 珠宝终端运营管理的内容和思路 ··· (7)
 第三节 珠宝终端运营管理应有的观念 ··· (11)

第二章 市场调研 知己知彼 ··· (16)
 第一节 信息对珠宝营销决策的影响 ··· (16)
 第二节 珠宝营销应关注的信息 ··· (20)
 第三节 市场调查的内容与方法 ··· (24)
 第四节 信息的处理与运用 ·· (27)
 第五节 结 论 ··· (28)

第三章 珠宝终端店铺的建立 ·· (30)
 第一节 珠宝终端店铺的选址 ·· (30)
 第二节 珠宝终端店铺的特征和类型选择 ·· (33)
 第三节 珠宝终端店铺的开店决策 ·· (35)

第四章 终端店铺的管理者——店长 ··· (40)
 第一节 店长的角色认知 ··· (40)
 第二节 店长的工作职责 ··· (45)
 第三节 店长的日常工作 ··· (50)

第五章 打造高效运营的终端销售团队 ·· (62)
 第一节 高效运营的终端销售团队的结构、职责和特征 ··················· (62)
 第二节 珠宝导购员的聘用与管理 ·· (66)
 第三节 高效运营的终端销售团队的培育 ·· (76)

第六章 珠宝零售终端的商品管理 ·· (88)
 第一节 珠宝终端店铺的商品规划 ·· (88)
 第二节 商品采购管理 ··· (90)

第三节　商品价格管理 …………………………………………………………(94)
   第四节　商品销售管理 …………………………………………………………(100)
   第五节　其他商品管理 …………………………………………………………(104)

第七章　珠宝终端店铺的装潢与商品陈列 ……………………………………………(106)
   第一节　珠宝店铺的装潢与商品陈列概述 ……………………………………(106)
   第二节　珠宝店铺的卖场规划 …………………………………………………(114)
   第三节　珠宝终端店铺的橱窗陈列 ……………………………………………(115)
   第四节　珠宝终端店铺的柜台陈列 ……………………………………………(119)

第八章　终端店铺的促销管理 …………………………………………………………(124)
   第一节　终端店铺促销的意义 …………………………………………………(124)
   第二节　终端店铺促销的类型 …………………………………………………(125)
   第三节　终端店铺促销策划流程 ………………………………………………(133)

第九章　终端店铺的服务流程与管理 …………………………………………………(137)
   第一节　服务在店铺营销中的意义 ……………………………………………(137)
   第二节　售前服务流程与管理 …………………………………………………(139)
   第三节　售中服务的标准流程与管理 …………………………………………(141)
   第四节　售后服务的标准流程与管理 …………………………………………(144)

第十章　终端店铺的客户关系管理 ……………………………………………………(149)
   第一节　客户关系管理的概念 …………………………………………………(149)
   第二节　客户关系管理的重要性 ………………………………………………(149)
   第三节　客户关系管理的内容 …………………………………………………(151)
   第四节　珠宝零售终端的 VIP 会员管理方法 …………………………………(154)

第十一章　绩效考评与店铺业绩评估 …………………………………………………(156)
   第一节　珠宝导购员的绩效考评 ………………………………………………(156)
   第二节　绩效考评与薪酬激励 …………………………………………………(167)
   第三节　终端店铺的业绩评估 …………………………………………………(170)

第十二章　终端店铺的安全管理 ………………………………………………………(178)
   第一节　安全问题产生的原因 …………………………………………………(178)
   第二节　安全问题的防范 ………………………………………………………(179)
   第三节　安全问题的处理 ………………………………………………………(182)

主要参考文献 ……………………………………………………………………………(183)

第一章 概 述

本书着重探讨的是珠宝企业零售终端的运营管理。所谓珠宝终端运营管理是指在珠宝产业链的下游环节直接与消费者接触,为消费者提供珠宝饰品交易过程中产生的各种管理活动。珠宝终端运营管理是一项复杂的系统工程,它不仅涉及到人、财、物、产、供、销等企业内部管理活动的每一个方面,还涉及到与市场营销有关的外部管理活动,是一个系统的、精细化的管理过程。在市场竞争日益激烈的今天,终端运营管理直接影响到珠宝企业的销售业绩,进而影响到企业的生存发展,更影响珠宝企业的品牌建设。为了系统地研究珠宝企业的终端运营管理,我们有必要先了解珠宝企业终端的类型、特征、管理思路和管理观念。

第一节 珠宝终端的类型

一、珠宝终端的类型和经营特征

从狭义上讲,珠宝终端可以理解为珠宝首饰的零售卖场。从广义上理解,可以定义为:珠宝终端是珠宝企业将产品转移到消费者手中的最后环节,是企业与消费者进行交易的场所。珠宝企业的商业模式、市场定位、经营性质不同,终端类型也可能不同。如按商业模式,可以将终端类型分为直营连锁店、加盟连锁店、自由连锁店和无品牌的小型珠宝店;按企业的经营性质,可以将终端类型分为综合性珠宝专卖店(专柜)、专业特色的珠宝店(专柜)、时尚珠宝饰品店等。这里,我们仅按珠宝企业终端业态的不同对珠宝企业终端进行分类。

1. 百货商场珠宝专柜

百货商场珠宝专柜是我国珠宝市场复兴之初最普遍的一种终端类型。综合性商场商品类型齐全,顾客流量大,可以广泛聚集人气,有利于品牌宣传并借助品牌形象增强消费者对品牌的信任度(图 1-1)。百货商场珠宝专柜包括两种类型:店中店和钟表、珠宝专区中的珠宝专柜。店中店是指在百货商场特定的位置设定相对独立的经营区间,供某些特定的珠宝品牌经营或展示品牌形象,不仅有利于品牌经营,还有利于展示品牌形象;最为常见的类型是百货商场设立的钟表、珠宝经营专区中的珠宝专柜,不同的珠宝品牌聚集在同一商场,可以形成规模效应,给消费者更多的选择。百货商场的定位有高端、中端、低端之分,商场在招商时会选择与自身定位一致的品牌入驻。

为了维护商场形象,规范商场经营,多数商场对进入的珠宝品牌实行统一管理,如按商场规定进行专柜装修、统一收银、统一结算、统一制定营销策略、营销人员由商场和专柜共同管理

图1-1 百货商场珠宝专柜图

等。所以,这种终端模式有利于树立品牌形象,但经营缺乏灵活性,且商场对商家的经营业绩、目标有严格的规定,经营利润由商场和珠宝商家共享,在市场竞争异常激烈的珠宝行业,很多在商场经营的珠宝商家承受很大的压力,获利能力受到了挑战。从长远看,商场专柜可能更适合那些知名品牌的经营。

2. 珠宝专卖店

珠宝专卖店也称路边店或街边店,是一些珠宝品牌为了更好地展示品牌形象,在繁华的闹市或街区以品牌的名义设立的以专售本品牌产品为目的的专卖店(图1-2)。

由于珠宝专卖店是相对独立的终端店铺,自行设立、自主经营、自负盈亏,因而有利于展示企业形象,形成鲜明的企业经营特色或品牌个性,吸引那些具有品牌选择倾向的目标市场。且珠宝专卖店经营方式灵活,可根据企业不同时期和阶段经营的需要及时调整经营策略,是实施品牌经营的理想选择。珠宝专卖店地址一般选择在各大中城市的繁华商业地段,如上海的南京路、武汉的江汉路等,各珠宝品牌专卖店在这里聚集,可以形成聚集效应。

不同珠宝品牌的综合实力和市场定位不同,则经营的产品种类有很大的区别。综合实力较强的企业的目标市场选择广(如全方位目标市场),为了满足各种目标市场的需要,其经营规模大,产品种类齐全,单店经营规模相当于一个珠宝专营商场,如北京的菜百首饰、上海的上海

图1-2 街边珠宝店铺

金店等,这类综合型专卖店比较容易形成规模效应;多数珠宝专卖店为了体现企业(品牌)的经营特色,满足一个或少数几个目标市场的需要,选择与目标市场需求相一致的一个或少数几个珠宝种类进行特色经营,这类珠宝专卖店容易形成企业(品牌)的经营特色,体现产品的个性特色,有利于企业的差异化经营,是从事品牌经营的企业的理想选择。

3. 珠宝专业市场

珠宝专业市场一般是政府或行业为了发展地方经济而专门引导或依托地方特色优势自然聚集形成的、以向终端消费者销售珠宝首饰为目的的专业市场(图1-3)。珠宝专业市场与珠宝产业集群不同,前者的顾客群体是终端消费者,而后者的顾客群体主要是珠宝经销商。

由于珠宝专业市场是政府或行业引导或自发聚集,因此,不同地方的专业市场的规模有一定的差异,多数专业市场缺乏系统的产业规划,市场进入门槛低,企业综合实力弱,以个体经营为主,经营的产品种类庞杂,从高档的钻石、翡翠到低档的水晶、玛瑙,定位的目标客户群体是不注重品牌且追求低价的理性消费者。

图1-3 珠宝专业市场

在珠宝专业市场中,由于缺乏系统的规划和有效的管理,很多市场经营秩序较为混乱,珠宝商家众多,当企业产品同质化现象严重时,以价格为主体的无序市场竞争异常激烈,企业利润空间被无限压缩。当无序的价格竞争使商家无利可图时,可能会出现两种发展倾向:一是假货蔓延,欺骗现象时有发生,导致珠宝专业市场的商誉下降,沦为假货市场;二是企业为了应对激烈的市场竞争开始转向个性化经营,不同的企业形成不同的产品特色,满足不同的细分市场的需求,珠宝专业市场成为一个良性发展的市场态势,市场声誉会不断提高,逐步成长为特色的珠宝专业市场。这时,适当的引导和市场管理对专业市场的发展非常重要。

4. 网上虚拟店

网上虚拟店是近年来随着网络技术的发展而产生的新的商业模式。随着互联网交易平台和交易机制的建立,珠宝网上交易成为可能。珠宝商在淘宝网上开设虚拟珠宝店铺或建立独立的网上珠宝营销网站,还创建了微博、微信营销平台(图1-4)。珠宝消费者通过访问企业网站,查看企业的各种商品信息,寻找到自己满意的商品后,即可直接同客服人员联系订货,然后通过电子转账系统付款,企业则通过速递公司将商品送至消费者手中。

同传统的珠宝终端销售模式相比,网上珠宝虚拟店铺经营具有独特的优势,它大大缩短了消费者购物的时间和空间距离,消费者在短时间内可以通过浏览网页查找自己所需货品的所有店铺,并对各家商品进行比较选择,大大节省了购物时间。但是,网上购物也有很大的缺陷,首先,网上购物的目标市场主要是年轻消费者,消费能力有限;其次,年轻消费者的喜好以时尚饰品为主;第三,珠宝首饰毕竟是贵重商品且是非标准化产品,仅靠商家描述和查看照片来了解珠宝首饰的质量,可能与实际产品有很大的出入。所以,网上虚拟店铺出售的珠宝首饰多是价格相对较低的时尚饰品和具有较高识别度的钻石首饰,因为购买时尚饰品即使上当,也不会有太大的损失;而钻石的质量评价有一个"4C"①标准,相对于其他类型的珠宝首饰来说,质量容易把握和比较。为了解决消费者对高品质的质疑问题,一些商家推出网上虚拟店+体验店(即在办公场所设立展室或实体店)的经营模式,取得了较好的经营效果。

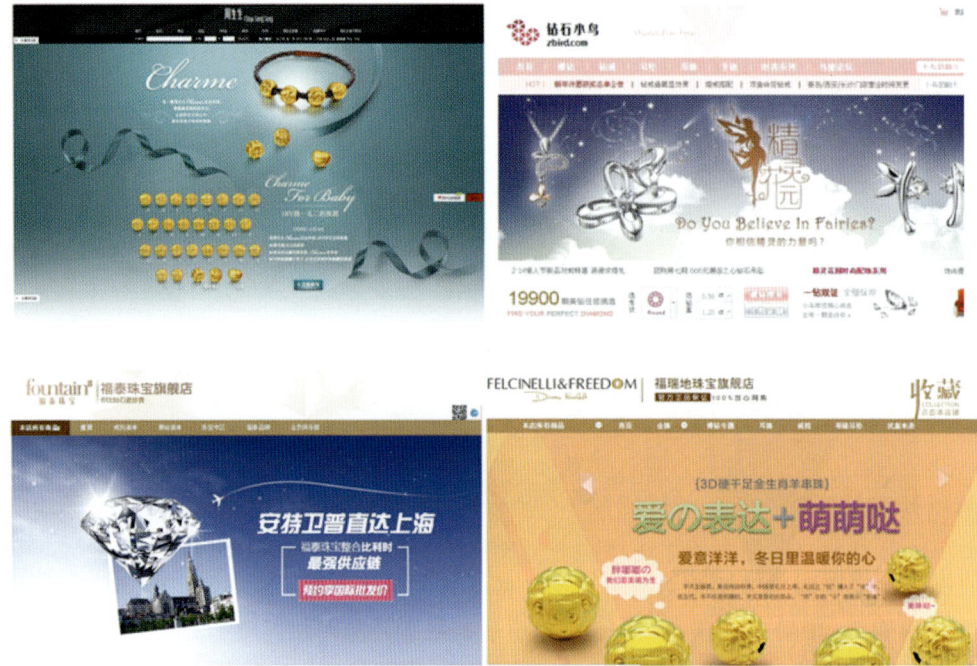

图1-4 网络珠宝店铺

网上虚拟店的另一个问题是产品同质化问题,企业缺乏产品开发和创新的能力,将任何一家企业的产品照片贴在网站上就变成了自己的产品,导致网上店铺出现严重的产品同质化现象。由于网购便于消费者比较产品质量和价格,于是,网上珠宝交易从一开始便出现了激烈的价格竞争。可以说,网上店铺如果不重视产品开发和创新,缺乏企业经营特色,单纯依靠价格竞争,未来将很难找到生存之路。

5. 珠宝会所

珠宝会所是一种新的商业模式,它是为特定的目标市场专门设立的经营、交流、体验空间,多数珠宝会所设置在高端写字楼内,为特定的消费群体提供特定的服务(图1-5)。

---

① "4C"是判断一颗钻石价值与品质的衡量标准,指钻石的克拉质量(carat weight)、净度(clarity)、色泽(color)、切工(cut)。

图 1-5　珠宝展示销售会所

一般来说,珠宝会所有如下特点:产品高档,会所经营的珠宝首饰大多是价格昂贵的高档珠宝首饰;装修考究,会所的装修必定与销售的产品在档次上和风格上相适应,格调高雅、陈设考究;市场定位高端,与高档的产品相对应,会所接待的客户也是高端客户,如影视明星、富裕阶层等,客户群体数量有限,是一个较小的细分市场;服务完善,在会所里,除能购买到产品外,还能享受一般珠宝终端不能享受到的尊贵服务,如温馨的购物环境、私密的交流空间、齐全的茶点服务等。

从事会所经营的企业需要具备一些特殊的背景:一是在行业中享有很高的声望或是致力于高端产品经营的珠宝品牌,这样的背景会取得高端消费者的信任;二是具有雄厚的资金实力,因为经营高端珠宝产品需较大的资金投入;三是从业者需要一些特殊的客户资源,如从业者本身就是高端相关群体的一员或社会上的知名人士,在相关群体中享有一定的声望。总之,珠宝会所是一种特殊的商业模式,需要一定的特殊资源。

6. 个性化工作室

个性化工作室是指为满足具有独特的审美倾向和追求、与众不同的消费者需要的、以首饰定制设计为目的的个人设计工作室,是相对于同质化珠宝首饰市场而出现的一种首饰消费新趋势(图 1-6)。首饰设计师因独到的首饰设计风格获得消费者的认同,或者能够正确理解消费者的个性化理念,为相应的消费者提供一对一的首饰定制服务。

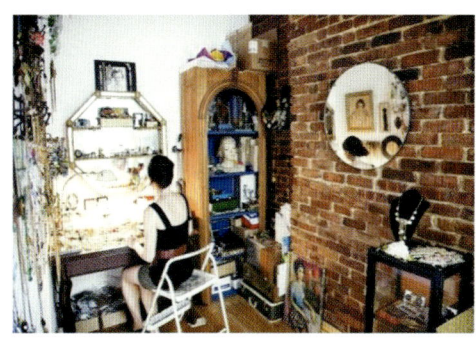

图 1-6　设计师工作室或个性化定制室

个性化工作室同样是为一个相对较小的细分市场提供服务,这个细分市场可能有两类客户群体;第一种情况是这类客户可能没有相对一致的审美倾向,每个个体对首饰的需求和审美可能差别很大,客户对首饰的构成是一种意象或一种情境的表达,首饰设计师的责任就是正确理解客户的需求,以独到的设计表现客户的个性化理解;第二种情况是主持个性化工作室的设计师的设计风格在社会上有很大的影响,吸引了对这种设计风格情有独钟的客户上门预订。但无论如何,个性化工作室要求首饰设计师具有过硬的首饰设计艺术功底,能够把握首饰设计的流行风尚,具有较强的沟通能力,否则是不能胜任这一工作的。

以上我们归纳了珠宝企业终端模式的六种类型,其中前三种是传统的终端模式,后三种是新兴的终端模式,它们都会对传统的终端模式造成一定的冲击。

二、珠宝终端的作用

终端的重要性就像足球场上队员之间的配合、盘带、传吊,以及场外拉拉队的呐喊助威,都是为了进球时关键的一脚。而珠宝企业所有的宣传、促销、渠道建设也都是为了终端的"临门一脚"——消费者的实际购买。珠宝终端是珠宝产业链的末端,直接与消费者接触,企业通过终端向消费者提供产品,并通过形象宣传让消费者产生对企业或品牌的认知,通过实际消费体验感受企业产品质量,形成对企业或品牌的独特印象,所以,我们可以这样说:珠宝企业所从事的一切宣传、促销活动都是为了争取终端消费者对产品的认同和接受。对珠宝企业来说,终端的作用是其他任何产业环节不可替代的。

1. 终端是展示企业形象的舞台

在市场竞争日益激烈的今天,珠宝企业的整体形象建设越来越受到重视,终端是展示产品、品牌和企业形象的最佳舞台。一个企业,如果不做终端,产品就没有销路。但如果有了终端而没有良好的企业形象,就不会在消费者心目中形成良好的印象,企业产品就会退出消费者的关注范围和视线,企业也就慢慢被人们遗忘而退出市场。

企业整体形象是一个系统,包括理念识别系统(MI)、行为识别系统(BI)和形象识别系统(VI),其中,理念识别系统是企业整体形象的灵魂,在灵魂指导下的行为识别系统和形象识别系统是消费者直接可看到的形象。终端展示的企业形象是企业的"脸面",无时无刻不在接触消费者,其终端形象的设计、货品陈列展示、终端宣传广告、终端包装和促销等都是企业整体形象和品牌传播的重要方面,消费者通过终端认识企业和企业产品,并通过消费体验形成对企业的独特印象。没有终端,消费者就不可能认识企业。

2. 终端是宣传品牌特色的平台

尽管我国珠宝行业企业的品牌经营意识和消费者的品牌消费意识都不够完善,但不可否认的是中国的珠宝市场已经进入品牌时代,现在越来越多的企业趋向于通过终端卖场的规划与设计,塑造一个差异化品牌形象,提高品牌在终端的市场竞争力。终端卖场的独特的品牌形象、优雅的购物环境、浓厚的文化氛围和精美的产品展示给消费者最贴近的感受,不仅能够很好地展示品牌形象,宣传品牌特色,更能展示差异化的品牌个性。

3. 终端是服务于消费者的窗口和品牌宣传的前沿阵地

珠宝终端直接面向社会公众,向社会公众展示企业形象和企业产品,吸引那些对企业产品和服务有需求的消费者，影响消费者的购买心理和购买行为。消费者的购买过程实际上也是享受企业服务的过程，同时还是企业（品牌）的知名度、信誉度、满意度和忠诚度的形成过程。企业通过开展各种促销活动来吸引对企业产品有需求的目标顾客前来购买，逐步形成品牌的知名度和信誉度，顾客通过购买企业产品，体验企业完善的售后服务，形成对品牌的满意度和忠诚度。由此可见，终端对品牌的建设、生存和发展是十分重要的。

4. 终端是发现顾客需求的有效途径

珠宝首饰是具有丰富文化内涵的饰品，首饰虽小，但它的背后包含的是独特的设计理念和丰富的品牌文化。终端卖场固然可以展示品牌主体文化的特征和首饰的独特个性，但对忠实于同一品牌的消费者来说，细微的需求还是有一定差别的，如有的消费者喜欢品牌独特的产品质量，有的喜欢品牌别具一格的造型，有的喜欢品牌所代表的独特个性等。珠宝终端处于市场的前沿，直接与消费者接触，通过与消费者的交流，了解消费者的内心想法，可以迅速而准确地发现并把握消费者的需求，并以相应的产品满足其需求。同时，消费者的选择倾向是市场的风向标，通过了解消费者的需求，可以预测珠宝市场的发展趋势，为企业的经营方向、业务类型和经营策略提供指导性意见。

5. 终端是提升企业价值的有效途径

企业经营的目的还是为企业创造利润，提升企业的价值，为企业获得更大的生存和发展空间。珠宝企业通过终端的经营活动为消费者提供产品和服务，最大限度地满足消费者的需求。同时，企业通过品牌宣传和产品营销为企业获取利益，使企业价值最大化。

企业价值包括有形价值和无形价值。有形价值即企业有形资产的账面价值，如企业的产品所代表的价值、银行存款等。企业通过经营活动创造利润，可以在短期内提升自身的有形价值。终端有形价值的创造和提升可以使企业盘活经营，提振士气，增强员工取得经营成功的信心。无形价值是企业无形资产所代表的价值，如品牌价值、商誉价值、专利价值等。无形价值是企业经营中长期积累的，是企业价值的一个重要组成部分。从企业发展的角度来说，无形价值的重要性大于有形价值。无论是有形价值还是无形价值，都可以通过终端的经营活动得以提升。

第二节　珠宝终端运营管理的内容和思路

珠宝终端是一个相对独立的运营系统，必须在正确管理思想的指导下，建立严密的管理系统，方能健康、有序、高效地运作。

一、珠宝终端运营管理的内容

一个完美的珠宝企业终端店铺应包括五大关键要素：人员、商品、形象、资源、制度。若想赢在终端，取得终端经营的成功，需要在综合考虑这五大要素的基础上，建立系统的运营管理体系。

1. 人员管理

这里所说的人员管理主要是指一个珠宝终端店铺的团队建设与团队管理。一个终端营销团队能否高效、有序地运作,关键在于终端管理者能否建立一个高素质的团队并有效地管理这个团队。因此,建立团队和管理团队是珠宝终端店铺的首要任务。

珠宝终端店铺人员管理的内容包括人员招聘、人员培训、团队建设与素质提升、绩效考评与激励等。在市场竞争日益激烈的珠宝终端,一个不争的事实是一流的营销团队比一流的产品更加重要,如果只有一流的产品而没有一流的营销团队,那么,终端永远也不可能取得领先于其他企业的经营业绩。因此,团队建设与人员管理是珠宝终端管理的重要工作之一,如何能招聘到一流的人才,通过严格的培训,使他们认同公司的企业文化,代表公司的企业形象,组成高效的运营团队,是珠宝终端运营管理的核心。

2. 商品管理

商品管理是终端店铺运营的一项非常重要的工作,其目的在于保证商品在店铺的每一个环节都具备科学性和完整性,以实现销量最大化。主要管理内容包括:

(1) 商品分类管理。即通过商品销售情况划分畅销商品、滞销商品、平销商品,目的在于提高店铺的资金周转率、保持库存结构合理化,同时销售情况的好坏和贡献利润的高低还是终端店铺商品最佳组合以及商品陈列的重要参考标准。

(2) 商品陈列管理。商品陈列管理是企业形象的一个重要组成部分,其目的在于形成视觉美感,提升店铺形象,刺激购买,提高销量。

(3) 商品存储管理。一个正常运营的珠宝店铺每天都有货品的入库或出库,商品存储管理的目的首先在于保证商品出、入库的流水账清晰,在保证销售的情况下使店铺商品结构最合理、库存最少、销量最大、周转最快,尽量避免商品积压。店铺商品存储包括货架商品和库存商品两个部分:货架商品存储必须保证商品陈列科学和销量最大化;库存商品存储管理则必须订立明确的商品库存管理制度,并严格按照规定执行,以保证库存结构合理化。

(4) 商品安全管理。包括库存商品安全和陈列商品安全。商品在流转过程中可能发生丢失、损坏、被盗等情况,需要制定有效的管理制度,明确安全责任人对商品实行有效的管理,确保经营过程中不发生安全事故。

(5) 商品价格管理。价格是珠宝营销组合策略的重要组成部分,它直接影响产品的销售、企业利润和市场竞争能力,必须制定统一、规范的价格管理措施。首先要根据商品的特点制定有市场竞争力的价格组合策略;其次根据不同商品的特点,区分哪些是溢价商品,哪些是降价商品(促销商品),要具有长期稳定的价格管理措施。

(6) 商品促销管理。促销也是珠宝营销组合策略的一个重要组成部分,珠宝终端要取得良好的经营业绩,必须要有一系列的促销手段相配合,包括节假日的促销、新产品促销和日常柜台推销活动。有效的促销活动不仅帮助企业带来良好的经营业绩,还能宣传企业(品牌)形象,提升口碑效应,扩大企业产品的市场占有率,将企业营销带入一个良性循环。

3. 形象管理

珠宝终端直接与消费者接触,需要向消费者展示良好的企业形象。其中,品牌形象管理是珠宝终端形象管理的重中之重(图1-7)。一个珠宝品牌的形成不是仅靠企业鼓噪宣传,而是靠消费者通过消费体验所带来的亲身感受而"投票"产生的。每一位投资商都明白品牌对企业本身的意义。品牌会给企业带来产品价格之外的附加价值,而且远远超出产品价格,这就是品牌效应。对于一个致力于品牌经营的企业而言,能否创造一个吸引潜在顾客的品牌形象是制胜的关键。珠宝品牌永恒的魅力也正是来自于它摄人心神的品牌形象:或尊贵典雅,或热情奔放,或时尚浪漫。这些鲜明的个性特征通过品牌形象展示给消费者,使之与其他同类品牌区别开来,在消费者心目中留下难以磨灭的印象。

图1-7 珠宝店铺形象管理图

品牌形象包括店铺装修形象、购物环境与商品陈列形象及导购员专业形象等。前两者是品牌的静态形象展示,是吸引顾客关注的基础和前提;后者是品牌形象的动态展示,专业、热情、规范、敬业是导购员专业形象的基本要求。形象管理能否体现出企业的经营理念和品牌文化是形象管理的精髓。

4. 资源管理

珠宝终端经营的成功离不开各种资源,包括终端人力资源和各种信息资源。人力资源是人员管理的范畴,信息资源包括终端宏观环境信息、市场环境信息、客户资源信息、市场流行趋势信息、企业内部销售信息等。终端是重要的信息源,信息的收集、分析和运用对终端营销起着重要的支持作用。其中,环境信息是企业制定经营战略、竞争战略和营销组合策略的重要依据;客户资源信息是发挥顾客价值、培养品牌忠诚度和品牌传播的重要工具;市场流行趋势信息是企业经营方向和产品开发的指南针;企业内部信息包括商品供求(商品畅销与滞销)信息、销售业绩信息、周期经营业绩分析信息,它是企业经营成果的晴雨表,综合反映了企业的经营业绩和在市场竞争中的地位,对这类信息的分析有利于企业及时调整经营决策。

终端经营者不仅要注重收集这些信息,更重要的是要管理好信息,将它作为企业重要的资源,及时收集、分析、更新和处理。这个问题我们将在第三章系统讲述。

5. 制度管理

终端运营管理制度是规范员工行为、加强企业成本控制、维护工作秩序、提高工作效率、增加公司利润、增强企业品牌影响力、保证终端正常运营的有效工具,是公司管理的依据和准则。

制度大体上可以分为规章制度和责任制度，充斥于终端运营管理的每个环节。规章制度侧重于工作内容、范围和工作流程，如管理细则、行政管理制度、销售管理制度、客户服务规范等，是规范企业员工行为的准则；责任制度侧重于规范责任、职权和利益的界限及其关系，是明确各种责任、实行公司激励、提高经营业绩的准则。

珠宝终端的制度管理首先是结合公司的实际建立一套完善的制度体系，它是保证公司正常、高效、有序运营的基础，也是企业文化建设的重要内容；其次是在终端运营过程中如何严格按照公司制度实施企业管理，并在公司运营过程中不断改进和完善管理制度，形成公司运营的长效机制。一套科学完整的终端运营管理制度可以保证企业的正常运转和职工的合法利益不受侵害，制度的建立体现管理者的系统管理思路，制度的实施体现管理者的管理水平和管理艺术，必须受到管理者的重视。

二、珠宝终端运营管理的思路

一般来说，一个珠宝终端店铺的面积不会很大，人员也不会很多，但"麻雀虽小、五脏俱全"，管理工作事无巨细，既需要像公司一样去科学管理，也需要像家一样去用心经营。作为终端店铺的管理者，首先要考虑的不是管理细节，而是从宏观层面建立一个正确的管理思路，包括如何建立一支高效的团队、如何规划和组织营销活动、如何争取更好的经营业绩、如何提升品牌形象和品牌知名度等。

1. 团队建设是终端运营管理的基础

高效、有序的终端运营离不开团队建设，包括人员招聘、人员素质提升、员工激励和文化建设等。衡量一个终端店铺的经营业绩固然是经营指标，如销售额、利润等，但业绩是人创造出来的，在终端店铺标准化运营中，管理者首先应将目光放在团队建设上，只有建立一支认同和忠诚于公司文化的团队并通过公司文化培养他们的团队精神，激励他们创造业绩，才能完成店铺的经营目标，所以我们说，团队建设是终端运营管理的基础。

2. 产品是终端运营管理的保证

俗话说：巧妇难为无米之炊。如果不能按顾客的需求有针对性地规划产品并在终端销售中有效地管理产品，再好的团队也是不可能做出好的经营业绩的。珠宝企业进入终端市场是为特定的目标顾客群体提供特定的产品，那么目标顾客群体需要什么样的产品？他们追求的利益是什么？他们对产品质量、价格、服务有什么要求？这些问题都要通过市场研究才能获得充分的资料，并有针对性地为目标顾客群体准备充足的产品。产品管理首先是产品质量管理，其次是日常销售中对产品的进库与出库、产品的退货与换货以及对畅销与滞销产品的管理，即制定合理的管理流程，保证货品在终端高效地流转。

3. 销售业绩是终端运营管理的中心

珠宝企业进入终端的目的是通过向目标顾客群体提供产品和服务，同时宣传企业和品牌，提高企业（品牌）的市场知名度和产品的市场占有率，使企业取得良好的销售业绩。所以，企业在终端的一切活动都是为提高销售业绩服务的。企业的经营业绩包括两个方面：一是有形的，如销售额、利润等；二是无形的，如品牌口碑、品牌知名度所带来的品牌价值。两者是相辅相成的，如品牌知名度的提高必然会带来销售业绩的增长，销售业绩的持续增长同样反映品牌市场占有率和品牌知名度的提高。对于终端管理者来说，一切管理活动都要以提高销售业绩为中心，只有销售业绩的提升才能让终端店铺良性成长。

4. 卖场是终端运营管理的阵地

卖场是珠宝终端的销售阵地，是珠宝企业对外的形象展示。庄重醒目的企业形象、温馨优雅的购物环境和错落有致的货品陈设不仅可以为卖场聚集人气，营造好的购物氛围，还可以很好地展示和宣传企业（品牌）形象，形成与其他品牌不同的品牌个性。作为终端销售的阵地，管理者必须对阵地的地理位置选择、阵地的装潢布局和环境进行谨慎规划，营造最具人气的卖场，给消费者最震撼的视觉冲击力，让消费者看到卖场就有进去看一看的冲动和有了一次消费体验就会产生终身难忘的深刻记忆。

5. 客户是终端店铺发展的持续动力

市场经济条件下的市场竞争表面上看来是企业的竞争、产品的竞争、综合实力的竞争，实质上是客户的竞争，我们的企业靠客户去拥戴，我们的产品靠客户去消费，我们的品牌靠客户去宣传，我们的利润靠客户去买单，客户是取得终端经营业绩的源泉，珠宝终端只有获得大量消费者的支持，才能获得生存和发展的空间。既然是这样，一方面，我们要通过终端向客户提供能够满足其需求的产品和优质的服务；另一方面，要尽一切可能让他们接受并喜欢企业，成为企业忠诚的客户，并发挥他们的口碑效应，不断地为企业带来新的客户。不同的客户，其爱好、需求、消费心理和消费行为都是不同的，只有按照这些差异有针对性地管理客户，才能获得更多客户的支持，企业才有持续发展的动力。

6. 建立品牌是终端运营管理的核心

随着品牌时代的到来，市场营销的中心任务是如何建立一个值得消费者信赖的品牌。作为珠宝终端店铺的管理者应该具有品牌意识，将品牌建设、终端形象的建立、团队素质的提升、企业产品的规划、企业服务理念等作为一切工作的重中之重，一切都要按照品牌建设的要求来展开。在品牌意识驱使下建立的珠宝终端，直接与消费者接触，消费者通过实际购买来体验企业的真诚、信誉、产品质量与优质服务，使终端成为品牌传播的一个重要窗口。企业的每一个行动都会影响到消费者对企业的认知，也影响消费者对"这种企业是否值得忠诚"的判断。如果企业的经营行为在消费者心目中形成正面的形象，赢得一个良好的口碑，那么客户数量会越来越多，品牌和品牌效应就自然形成了。

所以，一个高效的终端必须从团队、产品、市场竞争、客户服务、品牌提升等方面综合考虑，从企业发展战略的高度规划终端，不仅要使终端经营取得良好的经济效益，更要从长远考虑建立长盛不衰的品牌。

第三节　珠宝终端运营管理应有的观念

管理者的观念会影响管理行为，珠宝企业的管理者应该有正确的管理观念，只有在正确的管理观念指导下才能有效地从事企业管理，这些观念包括以下几种。

一、品牌观念

随着珠宝市场的发展和市场竞争的白热化，建立品牌已成为珠宝企业越来越迫切的任务。珠宝消费是非专业消费，品牌不仅有助于消费者认牌购买，而且是身份的象征、品味的展示、利益的承诺、品质的保证。珠宝终端店铺直接与消费者接触，是宣传品牌和塑造品牌的前沿阵地。让消费者直接接触品牌，感受品牌优质的产品和服务，对品牌的建立和宣传起着至关重要的作用。好的品牌不仅能吸引客户、与客户建立良好的关系并为企业创造短期利益，还能创造长期的无形资产。消费者购买珠宝首饰与选择品牌的目的是一致的，即追求品位。这就要求我们的企业管理者在企业管理活动中要建立品牌观念。

建立品牌观念首要的是建立品牌质量观念，我们常说质量是企业的生命，同样也是品牌的生命。如果产品没有好的质量，一味地试图通过宣传提高品牌知名度，实际上是在加速品牌消亡。品牌管理观念还要求企业管理者注重品牌文化建设，塑造品牌的核心价值。

二、利润观念

从表面上看，珠宝终端管理活动的目的是保证珠宝终端的经营活动正常、有序、高效，但从本质上看，管理活动是为了使企业通过正常、有序、高效的经营活动获取更好的经济利益，实现企业利润最大化，利润是衡量珠宝终端经营是否成功最直观的标志。实现企业利润最大化有多种途径：降低终端运营成本，提高产品的销量；通过品牌经营提高产品的附加值；强化客户关系管理，提高顾客的忠诚度并以顾客的口碑效应传播品牌，为企业创造更多的无形资产。利润观念要求终端管理者从企业整体的角度出发，从一切为企业创利的角度出发，系统思考企业的精细化管理问题，认真履行管理的职能，在终端运营中以最小的成本获取最大的利润，为企业取得更好的经济利益服务。

三、竞争观念

有市场就会有竞争，珠宝终端的营销活动不可避免地会遇到各种类型的竞争，如不同业态的珠宝终端之间、同一区域市场不同的企业之间、同一卖场的不同品牌之间都会有竞争。市场竞争的过程也是大浪淘沙、优胜劣汰的过程，是企业做大做强的无声动力，只有那些具备正确的竞争观念和核心竞争能力的企业才能在激烈的市场竞争中获得生存和发展的机会。有人总是把市场竞争比喻为你死我活的斗争，似乎只有让竞争对手死去，企业才能找到生路，实际上，这是一种陈旧的竞争观念。企业在市场竞争中要有忧患意识，防范竞争对手的进攻，但市场竞争的目的不是搞死竞争对手，而是在竞争中不断超越对方，只有不断提升自身的竞争能力才不至于被市场竞争所淘汰。正确的市场竞争观念要求企业充分了解竞争对手，向竞争对手学习，即要做到：竞争对手做得好，我要比他做得更好。以这样一种观念参与市场竞争，行业才能进步，企业才能提升，竞争才会有序。

四、服务观念

珠宝终端的服务观念是指珠宝销售人员在与顾客接触过程中所体现的为顾客提供热情、周到、主动的服务的欲望和意识,即自觉主动做好服务工作的一种观念。珠宝首饰是奢侈品,其购买者多为富裕阶层,而珠宝首饰一般价格不菲,珠宝消费者又是非专业消费,他们投资一般非常谨慎,因此需要一个良好的购物环境,让他们享受尊贵的专业服务,这就需要终端营销人员有正确的服务观念和服务意识,为消费者提供各种高品质的服务。

珠宝终端的服务包括售前服务、售中服务和售后服务。售前服务包括如何为消费者布置一个温馨的购物环境、向消费者展示货品的美感、宣传企业的产品和品牌等;售中服务是指在产品销售过程中为顾客提供的服务,如热情地为顾客介绍、展示产品,详细说明产品特征和利益诉求点,耐心地帮助顾客挑选商品,解答顾客提出的问题等。售中服务质量的高低总是与顾客的实际购买行为相伴,是促进交易的核心环节;售后服务主要是指珠宝终端对消费者产生购买行为后的服务承诺,如质量保证措施等。在企业产品同质化的珠宝市场,服务是实现企业产品差异化的重要手段。

五、顾客满意观念

顾客满意程度,是指一个人通过对一个产品的可感知价值与期望值相比较后,所形成的愉悦或失望的感觉状态,如果表现与期望匹配或高于预期,顾客就会满意,反之,就会不满意。珠宝终端处于市场前沿,直接与消费者接触,只有具备和强化客户满意观念,并在这个观念的驱使下从事珠宝营销活动,才会让客户满意,顾客也会将他们的消费感受通过口碑传播给其他的顾客,从而扩大产品的知名度,增加产品的销量,提高企业的形象,为企业的长远发展不断地注入新的动力。所以,无论是从产品销售的角度还是从建立品牌的角度来说,珠宝终端必须树立客户满意观念,以顾客为中心、以客户满意为前提从事市场营销活动。

六、诚信观念

诚信即诚实守信。古往今来,诚信一直作为我国的一项传统美德而备受推崇,儒家思想将它视为"进德修业之本""立人立政之本",是我国公民道德教育的重要内容,在人们的政治、经济和社会生活中发挥着不可替代的作用,是人与人之间沟通的桥梁和保障。市场经济发展到今天,现代的企业竞争已从单一的产品竞争转换为全方位的企业形象竞争,企业的价值观和经营理念直接决定企业的行为方式,而企业经营者的价值理念、诚信理念在企业经营理念形成过程中起着主导作用。商业中更要以诚信为本,诚信经营一旦成为社会的共识,不仅能提高企业的美誉度,还能提升企业(品牌)形象,增强企业的核心竞争能力。珠宝终端管理者要站在企业长远发展的战略高度,将诚信建设作为企业的经营理念和企业文化建设的重要内容,并在诚信观念的指导下,带领全体员工坚持诚实经营、恪守信用、言行一致。在上游,建立与供应商长期稳定、互惠互利、共同发展的合作关系;在下游,以诚实守信树立经营典范,以良好的商业信用为买卖双方带来双赢的结果,赢得社会和广大消费者的信赖与尊重。

七、激励观念

激励是人力资源管理的内容，是领导的重要职能，对于珠宝终端来说，有效的激励对调动员工的工作积极性、提升珠宝终端店铺经营业绩具有重要作用。作为珠宝终端的管理者应该在激励理论的指导下，结合本单位的具体情况建立和形成一整套激励体系，调动全体员工的工作积极性和销售激情，为提升珠宝终端的销售业绩奉献自己的全部工作热情。随着时代的发展、社会环境的变化、领导方式和管理方式的变革以及各地区、各珠宝终端呈现的不同情况，终端管理者应结合具体情况建立有效的激励制度，为提升珠宝终端的销售业绩服务。一般来说，一个独立的终端店铺销售人员不会很多，工作性质相对单一，员工激励问题很容易被管理者忽略，导致员工工作漫不经心，对顾客冷漠，终端销售业绩下降。只有常怀激励观念并根据不同环境制定合理的激励方案，才会有利于调动广大员工工作积极性，促进销售业绩的不断增长。

八、团队观念

简单来说，团队观念就是大局意识、协作精神和服务精神的集中体现。团队精神的基础是尊重个人的兴趣和成就，核心是协同合作，最高境界是全体成员的向心力、凝聚力，反映的是个人利益和整体利益的统一，进而保证组织的高效运转。珠宝终端的团队观念要求终端运营管理者充分发挥团队中每个人的特长，同时又要有协作精神，在销售工作中既有分工又有协作，保证共同完成销售目标任务。团队精神是企业文化的一部分，团队观念是企业文化建设的必然要求，而明确的协作意愿和协作方式则产生真正的内心动力，对企业文化建设起着很好的支撑作用。

九、创新观念

在知识经济时代，科学技术的进步、工艺水平的提高、市场风向的瞬息万变、商业模式的层出不穷，共同推动珠宝行业不断产生变革。在这样的社会环境中，珠宝终端正面临着知识经济带来的严峻挑战，这就要求企业管理者必须具有创新观念，通过创新保持企业经营的活力，在变革中求生存、求发展。

珠宝终端的创新包括产品创新、技术创新、工艺创新、渠道创新和营销方式创新等。企业管理者必须密切关注科学技术的进步和市场变化、经营观念变化所出现的新情况和带来的新问题，及时更新管理思维，运用领先的技术和工艺、领先的经营思想和管理理念带领企业走在行业发展的前列。

十、人才观念

珠宝产业虽然不是高科技产业，行业准入的门槛相对较低，但珠宝行业的特殊性、专业性同样要求企业要注重人才的引进和人才的培育，如珠宝鉴定人才、首饰设计与产品开发创新人才等。同时，企业要发展，还要做好人才储备，随时准备向新的终端店铺输出管理人才和销售骨干。人才始终是最宝贵的财富，是企业发展和提升的持续动力。我国珠宝企业多为家族式中小企业，终端管理人员多为家族内成员，家族以内的成员所具备的知识、经验、能力参差不齐。管理者要注重提升他们的能力，更为重要的是，要注重吸收家族以外的优秀人才，发挥他们各自的专业优势，同家族成员一起共同创造企业的辉煌。

☞ **思考题**

1. 珠宝终端运营管理包含哪些方面？
2. 珠宝零售终端有哪些类型？每一种类型有什么特点？

第二章 市场调研 知己知彼

中国有句古话：知己知彼，百战不殆。珠宝企业从成立之日起就处在各种环境因素的包围之中，企业的营销活动需要各种环境因素的支持，也会受到各种环境因素的制约。这些环境因素包括宏观环境、市场环境与企业环境。企业不可能脱离环境而生存，但不同的环境因素对企业的影响是不同的。有些环境因素是不以人的意志为转移的，企业只能去认真分析它、适应它，并充分利用它；而有些环境因素通过企业的努力是可以改变的，企业在市场营销活动中必须对这些环境因素进行认真细致的分析，搞清楚各种环境因素对企业营销活动的影响，努力成为环境因素的利用者和引导者，只有这样才能使企业的经营活动正常进行。

企业的营销环境是动态的、不断变化的，企业在市场经营过程中，应该及时关注营销环境的变化，不断地从事市场调研，搞清楚变化了的环境对企业可能造成的影响，以便及时调整经营战略和营销策略。可以说，在市场竞争日益激烈、市场环境瞬息万变的今天，谁注重分析各种环境因素并充分利用各种环境因素，谁就会把握市场的主动权。

第一节 信息对珠宝营销决策的影响

信息是对企业营销有用的资料，是事物的表面特征，也是认识事物的中间环节。

当今社会是一个信息社会，市场营销环境正以惊人的速度变化，在这种情况下，如何及时地获取市场营销信息比过去任何时候都更重要。因为，只要比别人慢一步，就可能使企业损失惨重，满盘皆输。影响企业营销的环境因素包括宏观环境、市场环境和企业环境。以下我们结合珠宝市场，探讨它们是如何影响珠宝企业的市场营销活动。

一、宏观环境信息对珠宝营销决策的影响

2008年10月以来，由美国次贷危机触发、已殃及全球的金融危机正逐渐向实体经济蔓延。其来势之猛、波及的范围之广，令发展迅速的中国珠宝行业迎来了自改革开放、珠宝市场复兴以来最严峻的考验。金融危机对中国经济的影响程度到底有多大，还没有机构作过专门的评估。但经济的不景气直接导致了消费者的收入下降和消费信心不足，因担心经济环境进一步恶化而影响日常基本生活，消费者不得不收紧钱包，放弃或减少对珠宝首饰这种奢侈品的购买。随着全球金融危机的蔓延，奢侈品消费市场逐渐陷入衰退。钻石消费市场可能成为最大受害者。在欧美，需求萎靡使钻石市场转为买方市场，粗钻和精钻价格都大幅下跌，平均降幅超过20%（主要是1ct以上的钻石，针对中国市场的碎钻并没有大的波动）。2008年8月至

11月间,国际铂金价格由460元人民币/g以上急跌至200元人民币/g以下。多数珠宝企业铂金存货都在数十千克以上,铂金价格的暴跌导致企业市值大幅下降,价格的波动增加了企业的经营风险。金融危机对整个珠宝产业链都造成了前所未有的冲击,这是全球经济环境的变化给珠宝业带来的冲击。经济因素是营销环境因素中的宏观环境因素,其他宏观环境因素还包括人口环境、文化环境、科技环境、政治法律环境等。

宏观环境因素也称为总体环境因素,是指那些与企业的市场营销活动看似无直接联系,但却有重要影响甚至是很大影响的那些企业外部因素的总和。宏观环境因素是一种社会约束力量,它是企业所不能或不完全能控制的环境因素。企业在寻找市场机会、制订企业长远战略规划时所研究的环境一般多是指宏观环境,对于企业来说,这些环境因素只能去适应,而不能改变。宏观环境因素对企业营销的影响可能是渐进的,也可能是突然的。但一个总体原则是:企业从事市场营销必须顺应宏观环境,否则将给企业的经营种下苦果,甚至是埋下定时炸弹,直接威胁企业的生存。

从全球金融危机的冲击,我们可以看到经济环境对珠宝营销决策的影响,如果能正确分析宏观经济环境的走向,金融危机带给珠宝企业的可能不是灾难而是机会。其他环境因素对珠宝营销决策的影响自然不言而喻。人口影响珠宝首饰的消费量,社会文化环境影响人们的珠宝消费理念,科技环境对珠宝营销的影响可能是革命性的,这里我们就不一一探讨了。政治法律环境具有两方面的影响:一方面,企业必须为自己的经营取得合法性,在国家政治法律规定下遵纪守法地从事经营;另一方面,珠宝企业也要善于运用法律维护自己的利益和权益。珠宝行业是一个复兴不久的产业,多数企业经营者无论是在适应国家政治法律的要求,还是在运用法律保护自己这两个方面做得都不够,这是值得我们注意的。

二、市场环境信息对珠宝营销决策的影响

市场环境是指那些影响企业产品生产或销售的外部环境因素。如果说宏观环境对珠宝营销决策的影响是战略层面的、间接的,那么市场环境对珠宝营销决策的影响则是战术层面的、直接的,它影响的是企业具体的营销决策。

关注市场环境,重点是要关注在市场中形成互动关系的三个关键角色,它们是三个以"C"开头的英文单词,我们称之为"3C"角色:消费者(consumer)、合作者(collaborator)、竞争对手(competitor)。

市场环境因素中首要的环境因素是消费者(顾客),不同的消费者有不同的需求、爱好,市场营销的目的是满足消费者的需求,企业的产品和服务能满足顾客什么样儿的需求以及满足程度如何,决定了企业营销业绩和市场占有率。所以,消费者的需求是珠宝企业制定营销决策的重要依据。

如前所述,当今的市场竞争,表面看是产品的竞争、价格的竞争,实际上是消费者的竞争。在市场竞争中,消费者是一个杠杆,企业要取得比竞争对手更好的经营业绩,就必须拥有比竞争对手更多的消费者。本企业的消费者数量增加了,竞争对手的消费者数量就会减少,而且企业受到消费者的拥护,表明企业拥有了比竞争对手更多的竞争优势。消费者是企业产品的最终购买者,是企业利润的源泉。企业营销的责任是发现、发掘并满足消费者的需求,为消费者提供适销对路的产品。如果我们不对消费者的需求、爱好、审美取向和市场流行趋势等进行分

析，并根据市场需求规划企业产品和制定相应的营销策略，企业就不可能取得好的经营业绩。

合作者包括了在市场营销过程中帮助企业实现既定的经营目标的所有角色，包括供应商、大众传播媒体等。多数珠宝企业处于制造商和消费者之间，在珠宝市场中扮演中间商的角色，除需要了解消费者的需求外，掌握供应渠道似乎更加重要。所以，供应商是珠宝企业最重要的合作者。

在市场营销活动中，真正能长久合作的、彼此产生信赖的合作者是很少的。有两个方面的原因会影响供求双方的合作关系：一方面是供求双方合作默契性的问题，如果双方都能以诚相待，互为对方着想，且在经营业务上成长的步调保持一致，则这种合作关系可能会长久。但在实际营销中，合作双方因营销理念或目标的差异，常常会出现一些不协调的行为，对这种合作关系造成伤害。对于一个珠宝企业来讲，供应商的素质对企业的成败会造成很大的影响。若供应的货品品质总是不能满足企业的要求，或者货品的供应速度迟缓而延误商机，或者对企业总是有各种各样的限制，势必对企业的生存和发展造成很大的危害。而企业也常常会因资金周转或信誉的因素出现拖欠货款、经常退货等情况，影响供货商的利益，这些都会对双方的合作产生影响，使合作不能维持很久。另一方面的原因是企业与供应商之间的成长速度不协调，造成需求上的不满足，迫使企业不得不中断合作关系去寻找新的供应商。

珠宝企业为了实现自己的经营目标，还会与许多不同的营销企业合作，例如广告公司、促销公司、公关公司、大众传播媒体及与珠宝相关的其他企业等。企业与企业之间的合作关系是互惠互利的关系，真正好的合作者会充分考虑到对方的利益，在共同利益的驱使下合作双方才有长期合作的意愿。比如珠宝企业与大众传播媒体的合作，大众传播媒体是企业树立形象、建立品牌、开展促销活动的有力工具，珠宝企业与大众媒体的合作应该是长期的、愉快的。大众传播媒体强有力的信息传播会为企业带来许多有形和无形的利益，而作为传播媒体自然也会考虑自身利益以及为企业传播信息是否会影响自身的形象等问题。所以，企业所选择的合作媒体应该是那些在社会上有影响力、信誉好、形象好的大众传播媒体，它们对企业的发展会产生不可低估的影响。同时，传播媒体也会考察企业的前景与实力，只有合作双方彼此以诚相待，并能互相为对方带来最大利益，合作才能长久。

对珠宝企业来说，合作者是企业的重要资源。在市场营销过程中，企业必须充分利用这种资源，保证供应链的畅通。更重要的是要不断优化这种资源，一方面要寻找诚信的合作者，另一方面要拓展更广泛的合作领域，根据市场需求的变化寻找新的合作者，保证供应链的畅通。

竞争者一般是指那些与本企业提供的产品或服务相似，并且所服务的目标顾客也相似的其他企业。在当今中国珠宝产业迅猛发展、国内珠宝品牌强力扩张、国外珠宝品牌纷纷加入的情况下，珠宝行业的市场竞争愈演愈烈，珠宝企业欲在激烈的市场竞争中求得生存和发展，必须了解参与市场竞争的对手，把握他们的竞争目标、策略导向、优势与不足，进而才能制定并采取有效的竞争战略和相应的营销策略。因此，分析竞争对手成为企业制定营销决策的重要依据。

三、企业环境信息对珠宝营销决策的影响

企业内部环境信息是指企业内部与经营状况有关的各种资料的记录。分析竞争者是为了"知彼"，而客观地认识自己是为了"知己"，知己知彼方能百战不殆。珠宝企业的市场营销活动

固然要通过市场调研发现市场机会,比如分析市场机会中哪些是本企业可以抓住的,在本企业可以抓住的市场机会中的市场竞争状况如何等。在通过市场分析发现竞争对手的优势和不足的过程中,更为重要的是要通过与竞争对手的比较,发现本企业胜过竞争对手的优势并努力将这种优势转化为市场竞争中的强势,进而确立企业在市场竞争中的强势竞争地位。所以,珠宝企业的竞争优势是从与竞争对手的比较中确立的。珠宝企业要在市场竞争中取胜或取得领先,就必须有胜过竞争对手的竞争优势,且这种优势是竞争对手不能模仿和复制的,如企业的资金实力、经营管理能力、社会资源、客户资源、团队建设和企业文化建设等。将任何一方面的优势转化为强势,便构成了企业的核心竞争能力。

在日常销售过程中,企业管理者必须注重企业内部资料库提供的信息。企业内部资料库可以说是企业营销决策成败的真实反映,如果企业管理者密切关注市场并根据市场的变化及时调整企业的营销决策,其效果必然在销售业绩中反映出来。如企业在一个经营周期的销售业绩的上升与下降、客户订单的增加与减少、资金周转的加快与放慢、客户忠诚度的上升与下降等,既是对企业营销决策正确性的检验,也是企业管理者调整营销决策的依据。2010年,一些珠宝企业经营惨淡,营销业绩下降,多数人认为这是因为全球金融海啸对中国珠宝市场带来的冲击。但从行业协会发布的年度报告来看,2010年度我国珠宝经营业绩不降反升,达2450亿元。高盛公司的全球奢侈品消费报告显示,2010年,中国已上升为全球最大的奢侈品消费国,全年奢侈品消费额达65亿美元[①]。企业内部销售资料显示,尽管多数珠宝企业经营业绩在下滑,但周大福在武汉的年度经营业绩却上升了25%。为什么会出现不同的声音呢?这与多数企业没有密切关注营销环境的变化,没有及时调整营销组合策略不无关系。2010年市场环境有四个方面的变化:一是网上珠宝电子商务的崛起对传统店铺经营模式的冲击;二是金融海啸带来的通货膨胀预期;三是传统的玉石消费迅速增长;四是品牌的快速扩张使店铺的数量急剧增加,分散了单个实体店的市场份额。在网上电子商务中,一些网店引入体验店概念,将网上电子商务与传统的实体店经营模式结合起来,解决了虚拟店中的商誉问题,再加上钻石有"4C"[质量(carat weight)、净度(clanity)、色泽(color)、切工(cut)]标准作为价格参照,网店的价格远远低于实体店的价格,以钻石经营为主体的珠宝店的经营业绩受到冲击便是自然而然的事了。我们不必对上述各种因素进行详尽的分析,其实,以上这些因素在2010年以前就已显现出来了。如果珠宝企业的经营者和管理者们能关注市场环境的变化,分析这些变化对企业产生的影响,结合公司内部经营数据,及时调整营销战略和珠宝营销组合策略,那么,我们的珠宝企业就不至于在环境的变化中一筹莫展了。

从以上分析我们可以看出,珠宝企业所有的营销决策都必须以系统的信息分析为依据,否则,决策将是无效的,决策的实施也是盲目的。宏观环境信息主要影响珠宝企业的长远经营决策,市场环境信息关系参与市场竞争的营销组合策略和竞争策略,而企业环境信息为珠宝企业调整营销策略提供依据。在珠宝营销的实践中,只有经过深入细致的市场调研,准确地搜集全方位的信息,才能做出适合企业自身情况的经营决策。

---

① 数据来源:《高盛报告:富足促中国2010年度奢侈品销量大增》(中国新闻网 www.chinanews.com)。

第二节 珠宝营销应关注的信息

影响企业营销的环境因素包括宏观环境、市场环境和企业环境因素。每类环境因素对企业的影响是不同的,有的是宏观层面的,有的是微观层面的;有的是与珠宝营销无关的,有的是与珠宝营销相关的。我们把与珠宝营销有关的、值得珠宝企业关注的信息称为信息域。珠宝企业的市场调研活动就是围绕着信息域进行的。

一、珠宝营销应关注的宏观环境信息

珠宝营销需要关注的宏观环境信息包括经济环境、人口环境、社会文化环境、科技环境以及政治法律环境等。

1. 经济环境

经济环境是从事珠宝营销需要考虑的首要的环境因素,经济环境决定了一个国家或地区消费者的珠宝购买能力和购买水平。珠宝首饰非生活必需品,是在人们的基本生活需求得到满足之后才考虑购买的商品,这也是我国珠宝产业在改革开放之前没有发展起来的原因之一。从宏观层面关注经济环境信息,不仅要考察经济发展的整体趋势,还要关注局部经济环境的变化。前者主要决定珠宝企业的经营方向,而后者决定了珠宝企业在不同的区域市场从事珠宝营销的营销组合策略。从我国的珠宝市场发展过程来看,由于经济的高速发展带动了珠宝产业的突飞猛进,才有了今天珠宝市场的繁荣,但长期以来我国城乡二元经济结构使农村珠宝市场的发展相对滞后。2003年以来,政府关注"三农"(农村、农业、农民)问题,使农村的经济环境有了很大的改善,这一宏观态势受到了一些珠宝企业的关注,他们迅速布局农村市场,规划针对农村市场的珠宝市场发展战略和营销组合策略,先知先觉、随机而动者成为我国三线珠宝市场的开拓者,在农村市场上站稳了脚跟,而后知后觉者在企业产品没有特色的情况下只能将一、二线城市价格战的烽火带到三线城市。

2. 人口环境

所谓人口环境是指目标市场在人口方面的各种状况,如人口数量、人口结构、受教育程度、消费观念、审美观点等。人口环境状况影响目标市场购买者的消费需求及购买行为。人口环境对珠宝营销的影响常常具有整体性和长远性,因此珠宝营销必须十分重视对人口环境的研究。

人口环境最有用的一项特色便是它的可预测性。只要有年龄层分布的人口资料与相对稳定的出生率、结婚率和死亡率,便可准确地预测数年后的人口组成状况,从而可以决定企业的中长期经营计划。珠宝产品的消费与一个地区人口的多寡、年龄、受教育程度、民族、宗教等有极为密切的关系,因此,关注此类信息的重要性自不待言。正确分析人口环境信息更有利于定位企业的产品,确定企业的经营规模和正确地选择目标市场。

3. 社会文化环境

社会文化环境是指在某一社会环境里,人们所共有的由后天获得的各种价值观念和行为

规范的总和,也是人们生活方式的总和。它包括各种社会组织、机构体制、生活规范、风俗习惯、宗教信仰、文化艺术、伦理道德、审美观念和政治法律等。同等收入的人所追求的生活方式可能大相径庭,也可能完全相悖。某一位富人的生活方式可能走在时代的尖端:开法拉利跑车,戴劳力士手表,穿华伦天奴西装,总之一切都追求名牌;而另一位富人的生活方式可能较为保守:生活节俭,工作勤奋,拥有高额存款,花钱谨慎。不同生活方式的消费者,其珠宝消费理念便有可能不同,我们研究一个地区与生活方式有关的社会文化环境,不仅有利于企业的产品定位,还可以依据人们的生活方式适当地引导消费。

4. 科技环境

科学技术的进步会改变人们的工作和生活方式,更是推动社会进步和发展的原动力。科技环境主要包括科技发展水平、新发明、新发现及由此带来的新材料、新工艺、新技术的问世和新产品的开发和运用。珠宝企业必须充分利用现代科技成果,不断开发新产品和发展新工艺。许多珠宝企业都面临着科技进步的压力,不管是生产企业还是营销企业。即使它们的技术还没有完全落伍,也同样面临着产品或企业被淘汰的危险,原因在于:传统的手工艺生产方式在不断地改进中求得生存和发展,但还是被工业化生产所取代,工业化生产又在不断地改进和完善,产品被不断地更新换代,这是科技进步的必然结果。一个企业如果不注重搜集科技信息,就不可能跟上时代的步伐,被市场淘汰便是迟早的事了。

5. 政治法律环境

政治法律环境是指强制和制约企业市场营销活动的各种社会力量的总和。在任何社会制度下,企业的营销活动都必定受到国家政策法律环境的规范和制约。珠宝是市场经济的产物,国家的政策法律对珠宝市场的影响很大。珠宝企业必须时刻追踪国家政策法律和法规的发展状况,因为它们随时影响企业的经营业务和经济利益。一个总体原则是企业必须遵守国家的法律法规,在国家的政策法规下从事正常的市场营销活动;另一方面,企业也要善用法律保护自己的合法利益。

一般来说,政治法律环境包括国家的政治形势、经济政策、贸易立法和消费者权益保护等。一个好的政治环境是企业从事正常市场营销活动的前提,珠宝营销活动必须有一个稳定的政治环境。政治环境的动荡是一个国家政权不稳定的因素,会给消费者和经营者的生活秩序带来消极的影响。非洲一些国家的宝石资源十分丰富,但由于政治环境的不稳定给这些国家的珠宝市场造成了严重的影响,连年的战乱严重影响了人们的正常生活,珠宝资源不能为发展国民经济服务,反而成为战争者用来换取武器的重要资源。近年来珠宝业内发起的拒绝"血腥钻石"的活动即是对这种非正常的珠宝营销活动的有效抑制。

国家的经济政策不仅影响一个国家的经济发展前景和发展速度,更直接影响国民的经济生活水平和消费水平,经济政策是为发展国家经济服务的,国家会根据经济发展的需要及时调整其经济政策。一项经济政策的调整势必对企业的营销活动产生影响。

贸易立法是国家为了维护市场经济秩序、保护国家利益和企业及消费者权益而建立的各种法律法规,是维护市场正常运转的有力武器。任何一部与贸易有关的法律的颁布实施或修改都会对市场营销活动产生深刻的影响。各个国家的贸易立法是不完全相同的,如泰国、中国香港等国家和地区的珠宝贸易是自由贸易,而缅甸的珠宝资源是国有的,个人从事珠宝贸易被视为犯罪。企业有必要认真研究这些立法,以保证企业的营销活动在国家立法范围内进行。

我国与珠宝相关的法律法规有很多,如《劳动法》《反不正当竞争法》《商标法》《环境保护法》《矿产资源法》《产品质量法》《税法》《价格管理条例》等。

珠宝企业对宏观环境信息的关注要有前瞻性思考,只有顺应宏观环境并随时关注其变化,先知先觉,才能成为市场的领跑者,才能引导企业向成功的方向迈进。

二、珠宝营销应关注的市场环境信息

如前所述,珠宝企业需要关注的市场环境信息重要的是要关注在市场中形成互动关系的"3C"角色:消费者(consumer)、合作者(collaborator)、竞争对手(competitor)。

1. 消费者

在珠宝营销过程中,珠宝企业必须持续不断地对消费者进行分析,消费者的需求、喜好、购买能力、购买心理和购买行为是珠宝企业选择目标市场和制定营销组合策略的依据。要做好这项工作,需要对消费者有充分的了解,以下七个问题构成了我们关注消费者环境的框架,称为"7O"框架:

(1) 消费者是谁? 使用者(occupant)
(2) 他们的需求和欲望是什么? 宗旨(object)
(3) 他们试图达到什么目标? 目标(objective)
(4) 购买决策的参与者是谁? 组织(organization)
(5) 消费者如何做出购买决策? 运作方式(operation)
(6) 消费者何时做出购买决策? 时机(occasion)
(7) 消费者偏爱在何处购买? 销售通路(outlet)

企业需要营销调查人员和销售人员一起为上述问题提供可靠的答案,根据这些答案建立一个消费者行为主要驱动模型,此模型可用来构建企业的市场战略平台。当然,消费者的行为会随着时间的变化而有所改变,企业必须通过市场调查定期调整这一模型。

2. 合作者

珠宝企业的合作者可能涉及到产业链的每一个环节和能使企业取得营销业绩的相关单位。在这里,我们仅讨论珠宝企业所关注的在供应链上的合作者的信息。

不管珠宝企业处于供应链的哪个位置,他们寻求合作者的目的是相同的,那就是在保证供应链畅通的前提下如何使企业利润最大化。带着这样的目的,很少有中间商对他们的合作者是绝对忠诚的,他们总会利用各种机会获取更多的供求信息。对于处于产业链下游的中间商来说,它们更多的是关心产品的价格、适销对路的产品和工艺、是否能保证产品的供应量以及售后服务等,一旦有了能给自己带来更大利润的供应商,他们会立刻中止与前供应商的合作;而处于产业链上游的中间商(或生产者),他们会关心合作者的实力与发展潜力。

3. 竞争者

企业能否在市场竞争中取胜,关键在于企业是否掌握了竞争对手的准确信息。市场环境中的竞争对手包括当前珠宝行业的从业者、新进入者和替代品生产者。在分析竞争环境时,首先要搞清楚企业的竞争者是谁,行业中不同实力的企业是不能互为竞争对手的。所以,企业关注的竞争对手首先是在同一目标市场中竞争的企业,准确地把握它们的各种信息,从中寻找于本企业有用的信息,更重要的是从中找出营销策略上的差异,制定适应于本企业的营销策略。另一方面,也要对距离较远的竞争对手提高警觉,因为它们可能随时进入本企业的市场范围,对本企业构成更大的威胁。研究这些企业的目的是为了分析它们的竞争优势和侵入本企业市场范围的可能性,随时准备为它们的进入设置障碍,并努力提炼比竞争对手更强的竞争优势,使竞争对手不敢贸然进入。替代品常常是科学技术的进步或新的流行时尚推动产品的更新换代而对企业现有的经营业务造成冲击的产物,企业必须密切关注这一市场变化的风向,并做好应对准备。

在市场竞争中,珠宝企业首先要关注的是综合实力相近的竞争对手的信息。企业要在竞争中获胜,就必须了解竞争对手,知晓竞争对手的目标、战略、优缺点及应对模式,从竞争对手的营销策略中吸取精华,努力去寻找差异,力争在差异化经营中取胜对手。表2-1列举了珠宝企业应该收集的竞争对手的有关信息。

表2-1 企业应收集的竞争对手的信息

目标	A. 竞争者追求的基本目标是:眼前的获利能力、市场占有率的提高、工艺水平(科技水平)的领先地位……
	B. 竞争对手是对市场共存感兴趣还是对市场入侵感兴趣
策略	A. 竞争对手试图在竞争中取胜的方式是:良好的企业形象和品牌形象、低价格、高品质、优质的服务、较低的成本……
	B. 竞争对手的经营导向是短期行为还是长期行为
优势与不足	A. 相对而言,竞争对手胜过本企业的优势是什么
	B. 同本企业相比,竞争对手有哪些弱点
应对模式	A. 假如本企业提高价格或降低价格,竞争对手会如何回应
	B. 假如本企业加大促销力度或增加销售网点,竞争对手会如何回应

三、珠宝营销应关注的企业环境信息

其实,珠宝企业在日常经营中积累的内部资料就是一个内容丰富的信息库,包括产品销售情况、价格、成本、库存及其他事项的资料,是企业经营管理水平的真实反映。通过对内部资料的分析,我们至少可以从如下几个方面得出对企业营销有用的信息。

(1)产品销售分析。这是客户提供给企业的信息,产品销售情况是市场需求的真实反映。企业对一个经营周期的销售报表进行简单的分析,就会知道哪些产品是畅销产品,哪些产品是滞销产品,从而可以指导企业的经营方向,组织适销对路的产品,并根据市场需求预测其走向。

(2)经营业绩分析。企业的销售情况是市场变化风向、企业市场竞争能力和内部经营管理能力的晴雨表,经营业绩的变化代表了一个地区的消费者在不同季节的市场需求的变化,珠宝消费品种和流行时尚趋势的变化,更是对企业市场竞争能力的反映。市场的总需求是相对固定的,企业销售业绩的提高代表企业拥有了更多的市场份额,是市场竞争能力增强的表现。企业在不同的经营周期都应该以比较的方法对经营业绩进行分析,找出其中变化的原因,及时改进企业经营环境。

(3)销售价格分析。通过对销售价格的分析可以了解一个地区的消费水平,并指导企业有针对性地生产和组织货源。同时,销售价格也是企业品牌信任度和认知度的反映,消费者能接受本企业比竞争对手更高的产品定价,是消费者对企业品牌认同和信任的表现。

(4)经营成本分析。经营成本是反映企业经营管理水平的一项重要指标,企业管理者对企业所拥有的资源进行统筹安排,提高资源利用率,有效地发挥各种资源的作用,不仅可以提高经营业绩,还可以降低经营成本,提高利润率。企业经营者在不同的经营周期都要对经营情况进行分析,找出控制经营成本的途径和方法,不断提高盈利水平。

(5)库存结构分析。物料和产品的库存情况反映了资产的流动性,企业经营追求的是现金流,有了现金流,才可能产生利润。定期分析库存、指导生产和进货、加快物流分配系统的运转是企业经营管理者的重要任务。

(6)顾客资料分析。从顾客层面上看,市场竞争就是顾客数量的竞争,顾客数量的多少反映了一个企业参与市场竞争的能力。顾客的购买能力是相对固定的,本企业的顾客数量增加了,就代表竞争对手的顾客减少了。因此,顾客资料库也是珠宝企业的一个非常重要的信息系统,因为它对每位顾客的需求、爱好、审美取向、过去的交易特征、满意度、忠诚度等都有详尽的记载。这些资料是企业的财富,它可以用来指导企业制定生产、经营和服务决策。

以上列出了珠宝营销需要关注的部分环境信息内容,宏观环境是企业制定经营目标和经营方向的依据,市场环境是企业制定经营决策的依据,而企业环境是企业实施经营决策的根本保证。关于企业环境信息的具体内容,我们将在终端店铺业绩评估中进一步讲述。

影响企业营销的三个环境因素缺一不可。企业只有对经营环境进行了认真的分析,并在此基础上结合企业的资源制定的经营战略和营销策略才是适合企业的有效策略。

第三节 市场调查的内容与方法

2009年,周大福集团在武汉组织了一次以如何"提升周大福珠宝品牌形象"为主题的市场调研活动,活动的参与者是中国地质大学珠宝学院的应届毕业生。在公司管理人员的指导下,参与者经过细致的策划,决定以在武汉各大商场经营的香港珠宝品牌和内地知名名牌为调研对象,对他们的品牌定位、品牌诉求、产品组合、产品特色、价格策略、渠道扩张模式及品牌在社会公众心目中的形象进行广泛的调查,并将收集到的信息与周大福品牌自身的运营作比较,指出周大福与这些品牌的共性与个性、优势与不足,以第一手资料为依据,为周大福珠宝品牌的提升提出具体的建设性建议。所以,从事市场调研,首先要明确目的,进而确定调研的内容并选择适当的方法。

一、市场调研的目的和内容

企业每一次从事市场调研,都必须让调研人员明确调研目的,进而确定具体的调研内容。珠宝企业从事市场调研的目的一般有消费者购买能力调查、供应者情况调查、市场竞争状况调查和涉及到珠宝营销的其他方面的调查。

1. 消费者购买能力调查

在珠宝营销过程中,顾客始终是第一位的。他们的状况直接关系到珠宝企业的生存和发展,因此,珠宝企业在进入或拓展一个新的区域市场时,都要对消费者的购买能力进行调查。调查的内容可能包括三个方面:第一,购买能力调查,包括个人购买力和总购买力,它与这一地区的经济发展水平和人口数量有关,并以此确定企业的经营和投入规模;第二,消费者的消费观念、审美倾向和喜好调查,它与地区文化、受教育程度等因素有关,研究这一问题有助于确定企业投资方向、经营方向和目标市场的选择;第三,消费者购买动机和行为调查,主要了解消费者购买本企业产品的原因,消费者对产品的具体喜好、偏爱、忠诚度,以及消费者购买的时间、地点和方式。通过对消费者购买动机和行为的调查,可以为企业确定产品的品种、款式、质量、价格、销售渠道、促销方式等提供有用的数据。

2. 供应商情况调查

对供应商的情况调查,目的是为了了解供应商的构成和分布情况(包括供应商的产品规模、产品结构、技术和工艺水平的现状及发展趋势),结合行业的发展态势和企业发展的需要,为企业积累战略性的供应渠道资源。

3. 市场竞争状况调查

市场竞争状况调查包括一般竞争状况调查和主要竞争对手调查两个方面,其中重点是对主要竞争对手进行调查,调查的目的是寻求取胜于竞争对手的策略。调查内容包括竞争对手的品牌形象、品牌定位、产品特色、市场占有率状况、价格状况、利润状况及发展趋势、竞争策略导向、竞争优势和不足等。通过对竞争者状况的调查,可以发现本企业与竞争者各自的优势和劣势,为本企业制定经营决策提供依据,便于企业在经营决策中扬长避短,在激烈的市场竞争中取胜于竞争对手。

4. 市场情况调查

珠宝营销活动中,企业的经营会受到多种因素的影响,这些因素有些是可控的,有些是不可控的,市场调查的目的就是要了解这些影响因素。市场情况调查主要包括市场营销环境调查和市场营销组合因素调查两个方面。

市场营销环境调查是对影响珠宝营销的外部环境进行调查。外部环境是珠宝企业不能控制的因素,但是通过这种调查了解这些环境因素的变化及发展趋势,分析它对企业及行业的影响,便于企业及时调整经营决策。

市场营销组合因素调查是了解企业各种可控因素对市场营销活动的影响,这些因素包括产品调查、价格调查、渠道调查和促销调查。产品调查是了解顾客对本企业的产品质量、性能、款式、包装及售后服务的评价,了解本企业产品在市场竞争中居于什么样的地位等;价格调查主要是了解顾客对本企业产品价格及价格变动所持的态度,解决本企业新产品怎样定价、老产品价格怎样调整才能适应顾客需求的问题;渠道调查则是要了解企业应选择何种渠道将产品顺利地分销出去,如何最有效地将产品送到消费者手中;而促销调查是要了解不同促销方式的优势或企业的促销效果。通过市场营销组合因素调查可以避免企业从事市场营销活动的盲目性,取得更好的经济效益。

二、市场调研的方法

市场调查与研究是一门专门的学科,其中规划了许多市场调查的方法,我们仅结合珠宝营销的实际,提出几种珠宝市场调研的常用方法。

1. 观察法

观察法是市场调研人员利用各种实地考察手段、观察收集商业信息的一种方法。

这是一种简单易行且成本低的调查方法,它可以获得很多同行业竞争对手或本企业经营行为的信息。如企业的品牌形象信息、产品定位信息、营销组合策略信息等。现以某企业准备在某地开设一家新珠宝店为例加以说明。为使品牌形象不同于当地其他珠宝企业,该企业会派出企划人员对当地的珠宝店作专项调查,找出这些珠宝店在企业形象设计上的长处与不足,然后博采众家之长,结合本企业的品牌定位,从而完成符合企业形象的最佳设计方案。运用观察法从事市场调查的例子有很多,前面我们提到的周大福品牌做的市场调查同样使用的是观察法。如为了了解竞争对手的营销策略和营业员的营销能力,调查人员扮成顾客进入营业大厅,直接察看竞争对手的产品、价格和陈设,并与营业员交谈,讨价还价,将竞争对手的情况了解得一清二楚。调查人员可以通过这种形式观察顾客的行动并与顾客交谈,获得许多有用的信息,尽管这些信息不系统,甚至有失偏颇,但它确实能够发挥一定的作用。

观察法搜集的信息大多是市场环境信息,对企业参与市场竞争、制定营销策略具有重要的指导意义。但通过观察法搜集到的信息一般是一种表象,在运用这些信息时一定要认真细致地分析,透过现象看本质。

2. 次级资料搜集法

次级资料是用于其他调查目的的现有资料。通常情况下,市场调查人员一开始就会先查阅次级资料,看看他们欲从事的市场调查问题能否不需搜集代价高昂的原始资料就可获得部分或全部资料。次级资料可能是宏观环境资料,如政府发布的人口、经济、居民消费等宏观数据,珠宝期刊杂志,新闻报道等,对企业了解宏观环境是有好处的。宏观环境信息资料最大的不足就在于资料可能已经过时或不准确,需要企业进行甄别。

次级资料也可能是市场环境的资料,如竞争对手为了提升自身的形象而进行的宣传报道,竞争对手的促销宣传或网络资料,这些次级资料对企业的宣传可能有不准确的成分。所以,对次级资料法搜集到的资料一定要用辩证的眼光,并与观察法搜集到的信息结合起来进行分析。

3. 原始资料搜集法

原始资料是指企业为了某种调研目的而直接深入市场搜集到的第一手资料。当所需的资料并不存在,或已过时、不准确、不完整、不足以信赖时,市场调查人员便必须花费较大的代价搜集第一手资料(即原始资料)。原始资料的搜集方式多种多样,观察法搜集的资料同样可以是原始资料。珠宝企业常用的调查方法有个人访谈、电话调查和网络调查等。

(1)个人访谈。在某些情况下,企业必须安排相对广泛的个人访谈,调查人员通常运用这种方法来搜集与预定调查计划相关的市场信息。一般情况下,市场调查人员会提出一组与调查内容相关的问题,有开放式的(即让受访者自由发挥的问答题),也有封闭式的(即限制受访者回答范围的是非选择题或选择题)。这种个人访谈式问卷调查要求受访面大,受访者要具有广泛的代表性,调查问卷的设计要便于受访者看懂、好答,只有这样才能反映市场的真实情况。

(2)电话调查。从某种意义上来说,电话调查也是个人访谈的一种形式,但电话调查的局限性很大,多数情况下,受访人员不愿在电话中回答或根本不回答更多的受访问题。所以,电话调查可能更多地用于购买过本企业产品的顾客回访,征询他们对本企业产品的质量、价格、销售人员的服务态度等问题的满意程度。这种调查可以倾听客户的声音,对企业提升品牌、改进产品和服务质量、提高客户的忠诚度有很大的好处。

(3)邮件或网络调查。企业采取邮件或网络调查了解人们的知识、信念、偏好、满意度。其操作的具体方法是:调查人员预先设计好准备调查的各种问题,通过电子邮件与受访者建立联系,或将调查问卷植入某些社区、论坛,由网民自由地回答各种问题。假如调查执行得当且回应率高,这种调查方式可以取得很好的结果。然而,实际情况可能很难达到我们期望的目标,回应率不高或不准确是这种调查方法中常出现的问题,造成这种现象的原因很多,其中有:设计的问题欠佳,让受访者不好回答;访谈人员缺乏训练或立场不中立;受访者未能正确或诚实地回答问题;等等。现在许多人都对调查有一种抗拒心理,因为他们迫于生活的压力比以往更为忙碌而无暇回答问题,或他们怀疑这根本就是商家借调查之名行推销之实的做法,或受访者对珠宝根本就不了解、没有珠宝的消费意识。为了避免出现这种调查结果,市场调查人员必须做好充分的准备,认真地设计与调查主题相关的各种问题,让受访者认识到我们从事的市场调查只是一种市场摸底而绝不是一种商业行为,增加与受访者之间的亲和力,让受访者能如实地回答我们提出的各种问题,同时可以考虑以某种激励的方式增加调查的回应率。

市场调查是珠宝企业分析市场、制定企业营销策略和企业发展方向的一次重要活动。不管以何种方式从事市场调查,都要做好充分的准备,有目的、分步骤地进行,决不能打无准备之仗。搜集的资料要准确可靠,能够真实地反映市场情况。有失偏颇的信息和不准确的资料有可能将企业的经营决策引入歧途,给企业带来不可估量的损失,这是我们从事市场调查必须注意的问题。

第四节 信息的处理与运用

如今的企业营销环境不再是一个封闭的环境,而是一个开放的环境,信息技术的发展改变了我们的时空观念,本企业的优势可以在一夜之间被模仿。激烈的市场竞争使企业的生存空间越来越小,要不断地寻找生存和发展的空间。在这种市场背景下,企业的营销能否争取主动,就看企业领导者是否重视市场调研,抓得住对企业有用的信息,为企业制定营销决策提供依据。所以,珠宝企业在搜集信息、利用信息指导企业的经营决策时必须注意如下事项。

一、正确认识信息的特征

信息具有时效性、分散性和正确性,时效性即信息是在特定的时间内发生的事情,它只有在一定的时间内会对企业的经营造成影响;分散性即信息是发散的,多条信息汇聚在一起才对企业的营销有指导意义;正确性即信息只是一个苗头,对企业营销会造成什么样的影响或造成多大的影响需要作全面的分析。

所以，从事市场调查搜集到的零散信息是不能指导企业决策的，必须将各方面搜集到的信息进行汇总、分析，从中找出一些有规律性的信息或对企业营销有指导意义的信息。从事这一工作需要非凡的综合能力和全面的分析能力，信息分析的结论直接影响到企业决策者制定营销战略和营销策略。

二、抓住与珠宝营销相关的信息

对市场调研人员来说，他们从事市场调查的任务是广泛地搜集信息，但并不是所有信息都对企业有用。他们所搜集到的信息只是一种表面现象，如何从市场的表面现象看到市场的本质或市场前景，则需要对搜集到的信息进行归纳与整理，梳理出对珠宝营销有意义的信息。

三、客观地对信息做出科学的解释

信息只是一种表象，每条信息背后都代表一个客观的事实。作为企业的决策者必须对信息背后所代表的事实做出正确的判断和解释，才能对企业的营销决策有指导意义。营销界有一个尽人皆知的故事：两家鞋业制造公司分别派出一个业务员去开拓市场，一个叫杰克逊，一个叫板井。在同一天，他们两个人来到了太平洋的一个岛国，到达当日，他们就发现当地人全都赤足，从国王到贫民，从僧侣到贵妇，竟然无人穿鞋子。当晚，杰克逊向国内总部的老板拍了电报："上帝啊，这里的人从不穿鞋子，有谁还会买鞋子呢？我明天就回去。"板井也向国内公司的总部拍了电报："太好了，这里的人都不穿鞋子。我决定把家搬来，在此长期驻扎下去……"两年后，这里的人都穿上了鞋子。这个故事告诉我们，对同一信息的不同理解会得出不同的结论，对企业营销决策会有不同的影响。所以，我们从事市场调查，一方面要搜集全面的市场信息，另一方面要对搜集到的市场信息作全面系统的分析。如果在没有全面地搜集和分析信息前便盲目地得出结论，那么，这个结论很可能是片面的，将会误导企业的经营决策。只有对信息进行综合的分析，才能得出有利于企业主导市场的正确结论。

第五节　结　论

世界上有三种类型的公司：一种公司主导市场的发展；一种公司坐等市场的发展，顺应市场的发展趋势而为之；还有一种公司对市场的发展感到茫然。能够主导市场发展的公司除了自身的综合实力外，必定是善于从事市场调研、关注信息、具有前瞻性眼光的公司，他们会密切地关注市场的发展态势，对公司的发展进行战略性思考，在公司经营过程中及时随着环境的变化而不断调整经营思路，所以，他们会永远走在市场的前列，引导市场的发展；而对市场的发展感到茫然的公司，必定是闭关自封、只顾做自己的事，不关注环境变化的公司。

当今社会是一个信息社会，信息改变人们的生活方式，推动着市场和消费潮流的变化。同时，不同的信息对企业经营决策的影响程度是不同的。珠宝企业只有重视搜集信息、善于利用信息指导企业的经营决策，才能永远走在市场的前列。

商场如战场,在中国珠宝行业激烈的市场竞争中,企业只有重视市场调研,做到知己知彼,方能百战不殆。珠宝企业的经营者和决策者只有及时关注市场信息,依据市场信息建立营销决策模型,在经营的过程中随着环境的变化及时调整经营决策,才能带领企业取得经营的成功。

☞ **思考题**

1. 简述各种宏观环境因素对珠宝企业营销决策的影响。
2. 珠宝企业在市场竞争中要关注哪类竞争对手的信息?应关注它们的哪些信息?
3. 珠宝企业应关注消费者的哪些消费信息或特征?
4. 珠宝企业内部营销资料是一个大的信息库,列举至少五个影响企业营销决策的数据信息,并说明它们是如何影响企业营销决策的。
5. 简述珠宝企业从事市场调查的内容。
6. 珠宝企业在处理各种信息时应注意哪些问题?

第三章 珠宝终端店铺的建立

我们决定从事珠宝终端营销业务,首先面临的问题是我们开一个什么样的珠宝店、将珠宝店开在哪里、从事什么样的经营业务等。我们必须对这些问题进行谨慎的决策,系统的策划是珠宝店能够生存发展并取得良好经营业绩的前提。以下我们从珠宝终端店铺的选址开始,系统分析如何建立一个理想的珠宝终端店铺。

第一节 珠宝终端店铺的选址

珠宝终端店铺的选址主要是规划珠宝店的外部环境,包括终端店铺所处的位置、门面大小与朝向、周围环境等。由于珠宝产品的特殊性,对终端店铺内外部环境都有特别的要求,如选址要更好地展示企业(品牌)形象、吸引目标客户的眼球等。同时,终端店铺作为一种传统的商业模式,经营地的选择又关系到企业长远的发展战略。终端店铺选址作为从事珠宝营销的第一步,必须做出谨慎的选择。

一、终端店铺选址的重要性

1. 终端店铺的店址直接关系着店铺的发展前途

终端店铺不管是租借的还是自有的,一旦确定用于珠宝经营,为了展示一个良好的品牌形象,就必须投入大量的资金对店铺进行装修和建设。而当外部环境发生变化时,店址却不能像人、财、物等经营要素一样随时做出相应调整。店址一旦确定就类似于一种沉没成本,选择得好,成本可以得到快速回收,并且能够迅速获取利润;如果选择店址出了问题,那将变成一个鸡肋,舍去吧,会浪费巨大的成本,坚持下去吧,不能取得应有的经济效益。因此,确定店址前应进行深入调查,反复比较,周密规划,妥善安排,以提供最好的选择。

2. 终端店铺的确定是商家制定经营目标和经营策略的重要参考依据

每个地区在消费文化、人口构成、消费水平、交通状况、市政规划等方面都有着自己区别于其他地区的特征,这些特征制约着该地区店铺的顾客来源、消费特点以及店铺对经营品种、商品价格和促销力度的选择。所以,经营者在制定经营目标和经营策略时,必须要考虑店铺所在地区的特点,使目标与策略的制定更加符合实际。

3. 终端店铺是影响店铺经济效益的一个重要因素

俗话说:天时不如地利。终端店铺如果选择得当,就意味商家拥有优越的"地利"优势。在同行业商店规模相当,商品构成和营销服务水平基本相同的情况下,具有"地利"的店铺无疑会占据较大的优势,更能为商家带来良好的经济效益。所以,在分析经济效益的过程中,绝不可忽视店铺地址的影响。

4. 终端店铺的选择关系到品牌形象的建立

珠宝终端营销的目的除了通过销售企业产品获取直接的经济利益外,还要通过终端与消费者接触,树立品牌形象,提升品牌的知名度,一个理想的终端可以接触到大量的消费者,通过与消费者的沟通交流与消费体验,感受品牌产品的质量与服务,再通过消费者的口碑效应在社会上广泛传播,从而迅速形成品牌效应。同时,品牌需要一个品牌经营环境,如在高端商场经营的珠宝品牌必定会让消费者认为是高端品牌,在年轻人聚集的地方经营的品牌必定是时尚品牌,而在远离繁华商业街从事品牌经营,再好的产品和品牌形象也不能为世人所熟知。所以,终端店铺的选择也关系到企业的品牌建设与发展。

二、影响珠宝终端店铺选择的因素

很多因素影响珠宝终端店铺的选择,概括说来有内部因素和外部因素。内部因素包括终端的市场定位、企业的资金实力等,外部因素包括人流因素、交通因素、商业氛围、市场竞争等。

1. 市场定位

一个总体市场存在多种需求,我们可以按照需求的不同将一个总体市场分割成若干个需求相同或相近的子市场,这个过程叫做市场细分。若干个子细分市场中必定有一个细分市场的需求是企业产品能够满足的,企业便可以选择这个细分市场作为企业的目标市场,并向目标市场传播企业的市场定位信息,告诉他们企业产品的利益诉求点在哪里,企业产品能够满足他们追求的利益。向目标市场传达利益信息的过程称为市场定位。

不同的企业所掌握的资源不同,经营的珠宝首饰类型会有所区别,传达的产品利益诉求也有所不同,从而会影响终端店铺选择。在确定了企业的目标市场后,就要分析目标市场的消费行为,分析他们最喜欢到哪里购物,企业就把终端店铺选择在哪里。

2. 资金因素

终端店铺选择不同于区域位置选择,区域位置选择就是在同一区域中往往有几个地点供商家选择。商家应充分考虑各有关因素,选择适当的店址,其中资金投入是一个重要选项。对于商家而言,房租通常是开店的一大投入,且是一次性的、不能产生直接效益的投入。如果企业产品相对高端且资金充足,可以将终端店铺设在繁华的商业区,开设珠宝专卖店或在高端商场设立专柜,展示高端的品牌形象;如果产品高端但资金有限,可以在珠宝专业市场设立具有独特形象的专卖店或在繁华商业街设立精品店,以较小的经营面积树立高端的品牌形象。多数情况下,珠宝首饰占用资金大,资金周转慢,不适合于开设较大经营空间的店铺。因此,开设店铺时既要考虑到产品定位、品牌形象与地理位置的适应性,又要量力而行,在合适的位置开设与自己资金实力相适应的店铺。

3. 交通因素

交通因素即店铺周围的交通设施、停车场地和涉及到交通的其他问题。需要考虑的问题有:店址是否接近主要公路或街道,顾客来店铺购物是否方便搭车或方便停车,一般来说,方便搭车的地方也是商业繁华区；周围是否有规模合适的停车场，开车来购物的客人停车是否方便；店铺离车站、码头的距离越近，客流越多，开设地点还要考虑客流来去方向，如选在面向车站的位置，以下车的客流为主，选在邻近车站的位置，则以上车的客流为主。

同时，还要分析市场交通管理状况所引起的利弊，比如单行线街道、禁止车辆通行街道以及与人行横道距离较远等都会对客流量造成影响。

4. 客流因素

客流量大小是一个店铺成功与否的关键因素，客流包括现有客流和潜在客流。通常，店铺总是力图选在潜在客流最多、最集中的地点，以便于多数人就近购买商品，但要分析出入在这里的人流是否为企业的目标市场。有一家珠宝店开在一个集贸市场旁边，虽然门前的人流熙熙攘攘，但店里的生意却冷冷清清，为什么呢？因为这些人要么是来买菜的，要么是来卖菜的。所以，应当从多个角度分析客流因素。

1）客流类型

一般店铺客流分为三种类型：自身的客流，是指那些专门为购买珠宝首饰来本店的顾客所形成的客流；分享客流，是指从邻近商店购物的顾客有意或无意地进入本店形成的客流；派生客流，是指那些顺路进店的顾客所形成的客流，这些顾客只是随意来店逛逛。

2）客流目的、速度和滞留时间

不同地区客流规模虽可能相同，但其目的、速度、滞留时间各不相同，要作具体分析，而后做出最佳地址选择。如有的地方虽然客流量大，但都是匆匆而过的，有的地方虽然客流量较小，但这里是高端品牌云集的地方，来这里购物的是高端消费一族。

3）街道特点

选择店铺开设地点还要分析街道特点与客流规模的关系。十字路口客流集中，可见度高，是最佳开设地点；主街道与辅街道相比，主街道更适合开店；有些街道由于两端的交通条件不同或通向地区不同，客流主要来自街道的一端，表现为一端客流集中、纵深处逐渐减少的特征，这时候店址宜设在客流集中的一端；而有些街道中间地段客流规模较大，相应中间地段的店就更能招揽潜在顾客。

5. 竞争因素

店铺周围的竞争环境对经营的成败也会产生很大影响，因此在选择店铺开设地点时，必须分析店铺区域的竞争形势。一般来说，如果在店铺附近存在众多的珠宝商家，而每个商家的产品都各具特色，就会形成聚集效应，即顾客购买珠宝首饰都会慕名而来，各商家以自己独特的产品满足各自目标顾客的需求，从而吸引大量的客流，促进销售增长。反之，如果商家与商家的产品是同质的且品牌效应不明显，这时的聚集效应带来的不是销售增长，而是过度竞争，商家与商家之间只能以价格竞争取得更多的客户，最后导致两败俱伤。

尽管如此，珠宝终端店铺的选择还是应尽量选择在店铺相对集中且有发展前景的地方，因为同质化的市场竞争毕竟是珠宝产业走向成熟前必须经历的一个阵痛阶段，当每一个店铺、每一个品牌的经营特色逐步形成时，这种以价格战为主要竞争手段的形势就会逐步消失。并且，当店址周围的珠宝店类型协调并存、形成相关商店群时，即各个店铺的商品对满足消费者的需求具有互补性时，往往会对终端店铺的经营产生积极影响。如经营互补类商品的商店相邻而设，不仅方便顾客选购商品，而且会扩大各自的销售范围。

第二节 珠宝终端店铺的特征和类型选择

一、理想珠宝终端店铺的特征

由以上分析可以看出，一个理想的珠宝终端店铺地址应当具备以下六个特征，一般至少也要拥有其中的两三个，若是全部拥有那就真可谓黄金宝地了。

1. 商业活动频率高的地区

在闹市区，商业活动频繁。在这样的地区开设珠宝终端店铺，不用企业宣传就能带来较高的人气，争取较高的营业额。但这样的地方一般是商家必争之地，寸土寸金，经营成本较高，在这样的地段开设店铺一定要有较强的资金实力和细心的策划。

2. 人口密度高的地区

在人口密度高的地区开设特色的终端店铺指的是在旅游区开设具旅游特色的珠宝店、在富人居住区开设高档珠宝专卖店或珠宝会所等。这样的地方人口集中，不用企业开展广告宣传。若产品具有吸引力，能够满足这些特定的顾客需求，同样会取得较好的经济效益。

3. 客流量大的街道

许多珠宝商在一些城市的中心地带和繁华路段开设珠宝首饰店，不仅可以增加店堂的客流量，使往来客人都可以看到，无形中起到宣传作用，同时也给顾客的购物带来了便利。更重要的是闹市中心和繁华路段可以增加品牌的曝光度，突出品牌形象，提升品牌在消费者心目中的地位，从而增加品牌的信誉度，如北京的王府井、天津的滨江大道、上海的南京路、武汉的江汉路等，这里开设的珠宝终端店铺大多是知名品牌或知名企业。

在繁华的街区，位置差异也是非常大的。如主街道与支街道、两面或三面临街的路口店铺与单面临街的店铺，它们在店铺的能见度、顾客出入的方便程度方面存在差异。

4. 交通便利的地区

交通便利的地区指自行驾车或乘坐公共交通比较容易到达的地方。比如在旅客上车、下车较多的车站，顾客下车即到或经短暂的步行即可到达的街区。

5. 同类珠宝店聚集的街区

同类珠宝店聚集的街区最大的特点是聚集效应，即众多珠宝终端店铺若能集中在某一个街区或地段，则更能招揽顾客。从顾客角度来看，本街区店铺众多表示货品齐全，可比较参考和选择的余地也比较大，是有心购物时的最佳选择区域。珠宝终端店铺能够在这里聚集，说明必定存在某种优势。中国地质大学所处区域并非最繁华的商业区，但在这里却形成了珠宝一条街，这是因为有中国地质大学的品牌效应和中国地质大学珠宝检测中心为依托，所以，同行越多，人气越旺，业绩就会越好，店铺也就会愈来愈多。许多城市都开设了珠宝专业市场，许多顾客为了购买到货真价实的珠宝首饰，往往不惜跑远路也要到珠宝专业市场去购物。

二、珠宝终端店铺类型选择

如前所述,珠宝终端有很多类型,但是,传统的店铺类型只有两种:综合商场里的珠宝专柜和独立的珠宝专卖店(珠宝专业市场也是由各种类型的珠宝专卖店组成的),其他类型的珠宝终端都是借助其他商业平台为特定的目标顾客群体服务的。我们在前一章中已经介绍了两种终端类型的经营特点,这里,我们再谈一下它们的进入条件。

1. 珠宝专柜

综合商场里的珠宝专柜经营有很多优势也有很多劣势,对多数珠宝品牌来说,进入商场从事专柜经营会受到很多限制:第一,商场对珠宝品牌的选择设有很多限制,其中之一是只有那些已经具有一定知名度的品牌才有机会进入商场;第二,珠宝品牌的定位要与商场定位一致,否则就会不利于某一方的形象;第三,商场设置了各种管理制度,有些制度对珠宝商家是不利的,如统一收银、统一结算制度,不利于企业的资金周转;第四,商场经营竞争激烈,各商家可以说是面对面的竞争,一旦在竞争中处于劣势,不能取得良好的经营业绩,就会在商家末位淘汰制的管理模式下被淘汰出商场。

尽管如此,在当前市场竞争条件下,多数珠宝品牌仍然冒着亏损的风险进入商场从事专柜经营,因为在这个倡导品牌建设的时代,商场经营有助于树立品牌形象。

2. 珠宝专卖店

表面上看来,在繁华的大街上开设独立的珠宝专卖店相对简单,只需出资租一个门面,进行必要的装修,然后去工商管理部门注册就可以开张营业了。实际上这还面临着诸多问题:第一是各个管理部门的关系问题,据统计,一个独立店铺要接受工商、税务、城管、环卫、消防等十多个部门的管理,如果处理不好与这些部门的关系,经营很难正常进行;第二是品牌宣传和媒体监督,珠宝品牌要形成较高的知名度和信誉度,必须借助媒体进行品牌宣传,开展各种促销活动,这无疑加大了企业的经营成本,同时,企业不规范的经营行为如果被媒体曝光,会对品牌形成负面影响;第三是要处理好和周围其他商店、团体的关系。

通过以上分析可知,企业选择什么样的终端类型,完全取决于企业掌控的资源、资金实力和公共关系能力。

三、资金有限时的终端店铺选择

建立珠宝终端店铺,最可能遇到的问题是资金不足,应该说,资金不足不是什么大问题,只要选择得当,从小生意做起,逐步积累资金,最终会成就一番大事业。这时要记住的一件事就是投资不要超出自己的能力,只要策略得当也可以选到合适的店铺。

一般来说,小额资金创业者的终端店铺选址有如下选项。

1. 在珠宝专业市场中选择一个补缺市场

珠宝专业市场之所以是一个好的选项,是因为从事珠宝经营的企业经营规模各异,经营品种多种多样,而且,珠宝专业市场容易形成聚集效应。通过对珠宝专业各项经营业务的调查,可从中发现商机,找到一个被大企业忽略掉的或很少企业涉及到的一个补缺市场并专心经营这个补缺市场，努力成为这个补缺市场的专家。随着时间的推移，客户积累会越来越多，企业（品牌）的知名度越来越大，一个小的补缺市场也会成就一番大事业。

2. 选择适当的经营地做时尚饰品生意

武汉有个光谷步行街，节假时候，这里人声鼎沸，热闹非凡。一家珠宝企业看上这里的人气，决定在这里投资开设珠宝店铺，从事黄金、钻石和翡翠的经营。然而，开业以后生意非常不理想，坚持了半年之后，这家企业不得不以关门而告终。事后才得知，这里之所以有较高的人气，是因为在鲁巷周围有十多所高校，聚集着数十万大学生，他们购买能力有限，是时尚饰品的购买者。忽略了这两个特点，生意自然不会成功。如果以小店铺经营时尚饰品，以提高销量赚取利润，成功的可能性就大大增加了。同理，在繁华的商业大街上如果以同样的思维经营时尚饰品，只要有较大的销量，经营就会成功。

3. 借力开店

如果在行业中有很好的商誉，借力发展不失为一个好办法。这种"力"可以是货，也可以是资金，但为了维护自己的声誉，在借之前必须想好偿还的办法。比如说借货，可以以缓期付款的方式取得货源，在规定的货款偿还期内必须有足够的信心取得多于或与货款等同的销售额，或手头上有预备资金支付货款，否则，人将失去商誉，借用现金更是如此。

4. 合资开店

当自己的资金实力不足以单独开店时，也可以考虑寻找合伙人，共同投资开设一个珠宝终端店铺。选择的合伙人要有足够的资金投入，且彼此之间互相信任，不会因合伙人对经营有异议而耽误经营时机或影响珠宝店的正常运营。

5. 分租店铺

若你非常垂青于黄金地段，而又苦于资金不足时，分租店铺的方式可能会助你一臂之力。在车水马龙、人气汇集的热闹地段开店，成功的概率较高，因为川流不息的人潮就是保证，有这么多潜在顾客，只要销售的产品或提供的服务能满足消费者的需求，不怕没有好业绩。但是这类地带的租金往往极高，而且大多已被人捷足先登，创业者想取得一席之地并不容易。如果正好找到这样的铺面，自己的经营并不需要太大的空间，不妨采取分租的方式，共用一个店铺，但最好不要经营相同或可以相互替换的产品，具有互补性的产品经营者是最好的合租者。

第三节 珠宝终端店铺的开店决策

开设终端店铺是一项繁琐的工作，开店之前，除了要作必要的市场调查外，还有很多经营的具体问题需要经营管理者做出谨慎的决策。

一、品牌时代的开店思维

不可否认，中国的珠宝消费已进入品牌时代，珠宝首饰是奢侈品，佩戴名贵珠宝首饰就像穿名牌服装、开高级轿车一样，是财富、权力、身份、品位的象征，这就要求珠宝终端经营者具有品牌经营意识，从终端店铺建立之日起就以品牌的要求从事规范经营，创立一个令消费者信赖的珠宝品牌。

首先,创立品牌是品牌识别的需要。中国珠宝市场是一个产品同质化的市场,在产品同质化的市场中,如果去掉商标,不同企业的产品是不会被消费者识别的,在这种情况下,品牌标识就成为消费者区别品牌产品的唯一标识。一旦企业产品品牌化,建立了清晰的品牌识别系统,就能够在众多的同类商品中独树一帜,有利于消费者在最短时间内找到自己所信赖和愿意使用的品牌。通过品牌识别系统的形成,品牌形象为更多消费者所认知。品牌形象的建立过程,也是人们产生品牌信任度的过程。随着品牌形象的建立,消费者对品牌产生认知,逐步形成品牌的知名度,通过对品牌产品的消费和享受品牌应有的服务,形成品牌信任度、美誉度和忠诚度,品牌资产就会逐步增加。同时,个性鲜明的品牌识别系统是品牌制造市场区隔的利器,借此可以创造和保持领先的品牌形象,吸引对品牌产品有需求的消费者。其次,创立品牌是消费者认牌购买的需要。站在消费者的立场上来说,个性鲜明的品牌是在经历优胜劣汰的市场竞争之后最终胜出并值得信赖的品牌,特色鲜明的品牌形象使消费者在做出购买决策之前,首先从心理上就能够得到质量上的信任和品质上的保证,缩短了品牌与消费者之间的心理距离。珠宝首饰消费是非专业消费,绝大多数消费者对珠宝首饰并不了解,品牌是他们信赖产品质量的唯一依据。而且,品牌也是企业的无形资产,品牌一旦建立,不仅能为企业创造有形的经济利益,还能创造无形资产。

所以,珠宝终端店铺一定要在品牌经营理念的指导下从事经营,以差异化的形象、准确的市场定位向目标顾客群体提供优质的产品,创立一个长盛不衰的珠宝品牌。

二、珠宝销售终端的类型

当然,创立品牌非一日之功,但是,终端店铺经营者首先必须具有品牌意识,在品牌理念的指导下从事终端店铺的经营活动。从事品牌经营,有两种方式可以供经营者选择。

1. 品牌加盟店

品牌加盟店是一种商业连锁经营模式,是品牌加盟总部与加盟店之间的契约关系。根据契约,品牌加盟总部将自己所拥有的商标、商号、产品、专利和专有技术、经营模式等以特许经营合同的形式授予加盟商使用,加盟商按合同规定,在品牌加盟总部统一的业务模式下从事经营活动,并向加盟总部支付相应的费用。由于特许企业的存在形式具有连锁经营统一形象、统一管理等基本特征,众多小规模的、分散的、具有统一形象的、经营特点相似的终端店铺在加盟总部的组织领导下,采取共同的经营方针、一致的营销行动,对外形成一个有机的整体,可以产生品牌效应。

2003 年以来,品牌加盟风在珠宝行业盛行,来自香港、深圳、北京、上海等地的部分珠宝品牌纷纷祭起连锁经营的大旗,以加盟连锁的形式拓展国内珠宝市场。其实,品牌加盟有许多好处:第一,加盟一个品牌可以享受知名品牌带来的人气和利润;第二,加盟总部的统一采购、统一配送制度可以降低进货成本;第三,特别是对新进入者来说,由于珠宝专业知识的缺乏和对珠宝市场的不了解,在不掌握进货渠道的情况下可以依靠加盟总部获得质量可靠的商品和服务;第四,加盟商可根据加盟总部已获得的经验来选择加盟店最佳地理位置;第五,在缺乏珠宝营销经验的情况下可接受加盟总部系统培训,提升加盟店业务人员的专业素质,用已经证明获得成功的经验来经营自己的企业;第六,附属于知名品牌大旗下,可以享受加盟总部整体广告所带来的客源,减少了终端店铺的自行促销费用,且整体广告促销效果更好;第七,可持续不断地得到加盟总部的经营指导服务;第八,自己做老板但又不孤军奋战,有大公司作后盾,可尽享成功喜悦。

例如,爱迪尔珠宝是我国珠宝市场近年来成长性较强的珠宝品牌。它在加盟店管理方面做的较为全面,对加盟地区、加盟商和合作伙伴的要求较为全面。爱迪尔珠宝加盟要求可简要概括为如下几点:

(1)市场条件的基本要求。需三类(市县级)城市以上,城市市区人口在 15 万以上(不含郊区、乡村),人均可支配收入在 5000 元以上。

(2)加盟商的主要资格。加盟商需完全认同爱迪尔珠宝的品牌文化和接受爱迪尔珠宝的全面管理,以商场扣点形式经营的加盟商须具备一般纳税人资格,并可开增值税发票,以法人加盟;以商场租金形式或是独立专卖店经营的加盟商,原则上亦须具备一般纳税人资格。

(3)品牌使用主要要求。爱迪尔品牌加盟分为单店授权、区域授权两种。品牌合同为 3 年,须主动提前一个月申请续约,本公司保留最终决定权。加盟商须完全自行负责当地事务,如票据、财务、税务、工商行政等。

(4)加盟经营主要要求。所有口头承诺私人交收均不获承认,一切以事前书面为准,所有缴纳款项,将直接交本公司财务部门,并取回凭证。爱迪尔珠宝公司有权派员进行管理、监督及培训,并有权检查本品牌所有物品,包括保险柜。加盟商需充分合作,并承担相关费用。

加盟商必须遵照集团确立统一规则及制度,如统一装修、统一道具、统一售价、统一 VIP 推广、统一设备及服装、统一服务规范、统一 ERP(企业资源计划)系统管理、统一品牌推广活动、统一货品配送、统一售后服务等。

当然,珠宝品牌加盟也有不足:第一,受制于加盟总部的整体形象和经营特色,加盟商缺乏经营的灵活性;第二,要为品牌加盟支付一定数额的加盟费;第三,被动地接受加盟总部的配货,缺乏进货的自主性,且配货金额中包含服务费,提高了货品成本,压缩了利润空间;第四,资本的逐利性决定了加盟商与加盟总部难以形成一个有机的整体,同床异梦,最终可能导致加盟体系的崩溃。

所以,加盟一个品牌有好处也有不足,但对于一个刚进入珠宝行业的经营者来说,在既无市场经验又无专业知识和进货渠道的情况下,选择加盟一个品牌不失为一种简单、经济、有效的办法,它可以在加盟总部的指导下使终端店铺在短时间内步入正轨,减小了独立开店探索经营的风险,迅速为企业带来经济利益。

2. 直营连锁店

直营连锁店是商业连锁经营的另一种形式。直营连锁又叫正规连锁,连锁企业总部通过独资、控股或兼并等途径开设门店,所有门店在总部的统一领导下经营,总部对各门店实施人、财、物及商流、物流、信息流等方面的统一管理。由于所有终端店铺都是属于连锁企业总部的下属门店,因而便于统一管理。

如果企业有足够的资金、丰富的零售管理经验和充足的企业管理人才,开设直营连锁店是一种理想的终端运营方式。周大福集团在拓展内地珠宝市场初期采用的是直营连锁和加盟连锁并存的方式,主要是因为周大福来自香港,对内地珠宝市场的特点还不完全熟悉,独立开店可能会有风险,且市场拓展之初,周大福还不完全具备掌控整个市场的能力,周大福的战略选择同样有回避风险和借力发展的因素。2005 年,当周大福的管理能力、市场掌控能力已经到了一定的水平时，便迅速回购在内地成熟市场上的加盟店，逐步将加盟店改为直营店。

一些实力雄厚的大品牌往往喜欢采用直营的方式，以直接投资的方式在大商场设立经营专柜或在黄金地段开设终端专卖店。如果没有完全掌握市场，可以先在繁华的街区或有影响力的商场开设自营旗舰店，以树立品牌形象，要求装修气派、货品齐全、服务规范，能体现公司的实力和整体形象。当旗舰店模式成熟后，再将这种模式复制，在一个区域市场形成具有多个终端店铺的连锁经营格局。

在管理上，直营连锁店的所有权和经营权都集中于公司总部，一般采用分公司、办事处模式直接对终端店铺进行管理，即在开设多家终端店铺的城区设立分公司或办事处，由总部集中领导、统一管理，人员招聘、采购计划、促销计划、投资计划和经营方针都集中统一。为保证物流配送的畅通，通常都会在各分公司、办事处设立仓库，直接供应货源。各终端店铺的经理(店长)是雇员而不是所有者(分店无法人资格)，实行标准化经营管理。采用这种方式投入的人力、物力、财力均比较大，对于多数公司来说，只有经过多年的市场拓展，终端店铺数量逐步增多，有必要对一个区域市场的终端店铺实行统一领导时，才会考虑设立相应的分支机构。

例如，周大福集团这些年稳扎稳打、按部就班。1993年之前，在香港还不到10家店铺。而在内地市场，直到1998年8月，才在北京建国门贵友商场开设第一家品牌专营店。这样做为的就是不伤害品牌，厚积薄发。在积累了商场洽谈、员工招聘、店铺装修、货品陈列等一系列开店流程之后，周大福在内地的业务进入高速发展期，开始走连锁经营的道路。周大福一开始也是直营店，后来才扩张到合营店以及加盟店。周大福拥有以直营连锁为主、加盟为辅的渠道控制体系，严格控制加盟店的比例，并且在货源、产品质量与服务品质上严格控制，确保周大福是唯一供货商，产品一次性购买，店员由周大福统一培训，品牌形象及宣传推广由周大福在全国统一推广，每两年签约一次。据2016年上市公司年报报告，截至2016年3月31日周大福在内地已发展2057家珠宝零售点店，其中加盟店771家、直营店1286家。

直营连锁的经营形式具有统一资本、集中管理、分散销售的特点，对直营连锁店的发展带来的影响有正面的也有负面的。正面的影响表现在：第一，可以统一调动资金，统一经营战略，统一的企业(品牌)形象有利于品牌形象的建立；第二，规模采购有利于降低成本；第三，在人才培养使用、新技术开发推广、商业模式的形成等方面易于发挥整体优势；第四，总公司统一投入，统一计划，有序发展，可以实现规模经营。负面的影响表现在：第一，每一个终端店铺自主权小，积极性、创作性和主动性受到限制；第二，需要拥有一定规模的自有资本，发展速度受到限制；第三，大规模的直营连锁店管理系统庞杂，容易产生官僚化经营，使企业的交易成本大大提高。

当企业的综合实力较小时，可以考虑先设一家或少数几家终端店铺，在经营中逐步积累资金实力，培养管理人员，探索管理经验，稳扎稳打，条件成熟时再一家一家地设立分店，逐步形成连锁经营。

三、终端店铺的选址

当企业决定设立珠宝终端店铺时，将店址选在哪里最合适呢？

每一个品牌经营的产品不同，针对的目标市场是不同的，满足消费者需求的程度也不同。一个企业的产品不可能满足所有人的需求，而只能满足一个或几个特定的、需求相同或相近的细分市场的需求,即每个企业都有其特定的目标市场。所以,企业在设立终端店铺之前,首先要分析企业产品是为什么人准备的?他们追求的利益是什么?在精确锁定目标顾客群体后,还要对他们的消费行为进行分析,搞清楚他们习惯在什么地方购买,这是终端店铺选址的依据。

1. 终端店铺的商圈选择

我们在前文中分析了理想的珠宝终端店铺的特征,但什么样的商圈适合于企业开店,需要具体情况具体分析,因为针对不同的目标顾客群体,不同的商圈有不同的定位。比如说,追求品牌的消费者必定会到品牌相对集中的地方去选择自己心仪的首饰,追求实惠的消费者则会到珠宝专业市场去淘宝。不同的街区有不同的商场或专卖店,有的定位相似,有的定位差别较大,企业在选择商圈时要根据自身的定位选择相应的商圈。

2. 终端店铺的消费群体选择

在同一商圈中,消费者的需求也是有差异的。如果企业什么都想做,什么样的目标市场都想抓,最终的结果可能是什么样的顾客都抓不住,因为企业产品不能准确满足任何顾客的需求。所以,企业产品要有特色,将产品的诉求锁定在一个特定的范围内,围绕某一个或几个特定的细分市场,准确分析他们的需求、爱好、消费心理和消费行为,有针对性地为他们提供产品和服务。同时还要对目标市场的大小和发展潜力进行分析,明确选择的目标市场是否足够大,是否能够满足企业生存和发展的需要,是否具有很大的发展潜力等问题。特别是经营时尚珠宝首饰,更要考察其市场生命周期,制定市场生命周期不同阶段的营销策略。

3. 终端店铺的渠道模式选择

在第一章里,我们已经详细介绍了珠宝终端营销的各种类型,每种类型即为一种渠道模式。其实,渠道模式的选择完全取决于产品的特征、企业掌控的资源和核心竞争能力。

珠宝首饰是奢侈品,但首先是具有美学价值的装饰品,不同的人佩戴同一件首饰的装饰效果是不同的。近年来,珠宝电子商务的发展如火如荼,但我们客观分析经营业绩较好的公司会发现,他们的经营业绩大多是通过体验店获得的。由此我们可以得出结论:尽管珠宝营销活动中新的商业模式层出不穷,但传统的店铺模式仍然会在很长的时间内占主导地位且有长久的生命力。传统的店铺模式包括商场专柜模式和专卖店模式,两者各有优势和劣势,企业可以根据本身掌握的资源选择合适的渠道模式。

☞ **思考题**

1. 影响珠宝终端店铺选择的主要因素有哪些?
2. 珠宝零售终端在商场内店铺位置选择与临街的珠宝店铺地址选择有何异同?

第四章　终端店铺的管理者——店长

珠宝终端店铺业态的不同,管理者的角色也不同。对于独立店铺来说,管理者可能是店铺经理、总经理或他们任命的店长;对于商场专柜来说,管理者是店铺高层任命的柜长。不管称谓如何,在这里,我们将负责终端店铺日常运营的管理者统称为店长。店长是终端店铺的领导者,是店铺经营决策的制定者或上级经营决策的执行者,是终端店铺营销管理团队的核心。一个终端店铺能否取得突出的经营业绩,能否在终端的市场竞争中立于不败之地,在很大程度上取决于店长的管理能力和执行能力。

第一节　店长的角色认知

店长是公司为管理一个终端店铺并使店铺正常、有序、高效地运营而设立的管理者,是珠宝门店的最高领导者和公司战略的执行者。什么样的人适合做珠宝终端店铺的店长?店长在珠宝店的日常工作中起什么样的作用?我们先分析一下一名优秀的店长应具备的人格特征,再探讨作为一名店长在终端营销团队中的作用。

一、优秀店长的人格特征

所谓人格特征是指一个人在遗传、环境、受教育程度等内外部因素的交互作用下形成的、具有长期稳定性的品德、个性、气质、心态和行为方式的总和。受人格特征影响而使一个人的外在行为及内心散发出来的一种气势,我们称之为人格魅力,包括为人的亲和力、处事的魅力、行为的感染力和在团队中的凝聚力等。

终端店铺的管理是一个公司最基层的管理工作,身为店长,应该负责处理与店铺经营有关的各种问题及店铺日常管理工作,不仅要有高度的责任感,还必须明白店铺最基本的管理技巧,有能力带领终端营销团队取得应有的销售业绩。店长是终端店铺的核心,要得到下属的信赖与尊重,店长必须拥有广博的知识、中庸的性格、爱心和包容心,要有良好的货品销售能力、敏锐的判断能力和良好的沟通能力,在员工中敢于担当,有凝聚力,能够带领员工团队提升店铺销售业绩。我们把这些特征称为一名优秀店长必备的人格特征。具备这些人格特征的店长才是一名具有人格魅力的店长。具体地说,一名优秀的店长应该具备如下人格特征。

1. 店长必须具有广博的知识

首先,店长必须具有广博的知识,包括一般店铺的管理知识和珠宝专业知识。如关于零售经营及管理的知识,关于公司的历史、制度、文化、理念的知识,消费心理学知识。除此之外,还要有广博的珠宝专业知识,因为珠宝是一种奢侈品,是一般消费者不了解的商品,具有专业知识的店长不仅能随时为消费者解决问题,打消消费者的各种疑虑,取得消费者的信任,还可以将专业知识传授给员工,培养一支专业的珠宝营销队伍。而且,店长还要不断地吸收新知识并且与员工一同分享,使自己在学习中与团队共同成长进步,不断提高业务能力和专业知识水平。

2. 店长必须具有高度的责任感

珠宝店的店长接受公司委托,则代表着负责管理一个终端店铺、若干名部属、几百万乃至上千万元的商品,并代表公司同社会各界打交道,没有强烈的责任感是绝对不行的,这种责任感表现为对公司的责任、对员工的责任和代表公司承担的社会责任。店长代表公司对珠宝店铺实施管理,开展各种经营活动,首先是要对公司负责,要正确理解公司的经营理念和经营方略,宣传公司形象,同广大员工一起完成公司下达的各项销售任务,为公司谋求最大的经济利益;其次是要对员工负责,尊重和关心他们,维护他们的权益。店铺的经营业务是员工团队共同承担和完成的,只有对员工的生活、学习、福利待遇和职业规划表现出应有的关心,才能在团队中形成向心力,建立一支高效运营的团队,共同为完成公司使命和经营目标而奋斗。在经营过程中,店长还要代表公司同社会各界打交道,更要表现出一种强烈的责任心,如要对向企业提供产品和服务的供应商负责,要对接受企业产品和服务的消费者负责等。

店长的责任感除了表现为一种强烈的责任心外,还要敢于承担责任,尤其对待下属非责任性的过错,要主动承担责任,不能有"错误是员工的,成绩属于自己"的心态和做法,否则员工会消极对待工作。不管在经营中遇到什么问题,都要客观冷静分析,属于自己承担的责任决不推诿,敢于担当,只有这样,才能在公司和员工中树立一个值得信赖的个人形象。一名优秀的店长,必定是一个敢于担当、勇于负责任的人。

3. 店长必须具有热情、开朗的性格

这是店长是否具有亲和力的人格特征表现。店长负责管理珠宝店这个完全向社会开放的空间,每天都要同形形色色的人打交道,包括公司上级领导、与公司经营有关的政府管理部门、公司员工和消费者等。在与人交往的过程中,店长只有性格开朗、热情大方、具有亲和力,才能赢得对方的好感,才能成为社会各界人士的朋友,才能受到上级领导的青睐和同事的信任与尊重。试想一下:一个性格内向连自己的想法都不愿表达的人,怎么可能有效地将企业战略理念和精神传达给员工?一个不愿和人接触的人,又如何能深入市场同消费者深度沟通,了解他们的真实需求,正确处理经营中的各种问题?热情是对待客人的一种态度,会拉近人与人之间的距离。性格开朗是与人交往的基础,会使人觉得容易接近和交流,更会为珠宝店创造一个轻松、愉快的工作环境。

4. 店长必须具有公正心、爱心、包容心

这是店长是否正直的人格特征的表现。店长全面负责珠宝店的店务管理,首先必须为人正派,办事公道,待人平等,一视同仁,一切从公司利益出发,不以权谋私,并具有奉献精神。当公司内部出现各种问题时能客观、公正地处理,才能让人信服,在员工中树立领导的权威。其次是要以人性化理念管理员工,关心员工的工作、学习和生活,当他们遇到困难时,店长应及时出现在他们面前,为他们解决问题,使他们感受到公司的温暖,这样的店长才能在团队中具有向心力。再次,在一个销售团队中,每个人的能力是有差别的,每个人的特质也是有差异的,只有在日常工作中让每个员工扬长避短，以良好的包容心对待员工工作中的不足或性格缺陷，才能发挥团队的正能量，调动他们的工作热情，取得良好的销售业绩。作为一店之长，如果处事不公，缺乏爱心，是很难建立一个和谐的团队的。工作中总盯着别人的错误不放也是最忌讳的，特别是在服务过程中，发现员工的小错误，只要提示即可，而修正错误则应在结束服务以后，再加以指正和批评，以免影响员工情绪，造成员工错中加错。一名优秀的店长应该用爱心和包容心去影响员工、改造员工、感化员工，在团队中形成一种和谐风气，这样的店长才能得到全体员工的爱戴与尊重。

5. 店长必须有良好的销售能力

店长是一个珠宝店的灵魂，不仅承担着管理珠宝店的责任，还要承担辅导员工、提升员工的销售能力的责任。所以，店长也是员工的培训导师和日常销售的示范者。店长的销售能力和销售技巧会对员工造成深刻的影响，在员工中形成示范效应，店长的每一句话、每个身体语言、每个销售技巧都会深深影响着员工的销售行为，进而形成一个珠宝店的销售风格。而不同专柜、不同产品的销售需要不同的知识和技巧，这就要求珠宝店的店长在掌握各类珠宝知识的基础上，系统了解店内各类产品的特点和不同消费者的消费心理，以较强的销售能力为员工做好示范，辅导员工提高销售技巧和销售能力。所以，一名优秀的店长首先是一名优秀的高级导购员。这样的人格魅力还能提高店长在员工心中的声望，增强团队的凝聚力。

6. 店长必须具有敏锐的分析、判断能力

敏锐的分析、判断能力是对问题做出正确的决策的基础。珠宝市场瞬息万变，市场竞争异常激烈，商业模式不断更新，对传统的店铺经营模式造成严重的威胁，在这样的市场环境中，店长必须具有敏锐的市场嗅觉，对市场的变化有敏锐的分析和判断能力，紧盯珠宝行业的发展趋势、门店经营商品的特性、消费者需求的变化以及同行业竞争者在策略导向、产品组合上的变化，并结合本企业掌控的资源及时调整门店的经营策略。一位没有敏锐市场嗅觉的店长，就好比在黑夜中走路，找不到方向，有时甚至会被聪明的竞争对手骗入歧途而不自觉。在珠宝市场发展初期的卖方市场，消费者缺乏成熟的消费观念，在商品选择上受商家的引导，因此产品不愁销路，店长只需管好门店的"人、财、物"就足够了，不需花更大的精力分析市场。但在市场竞争程度越来越激烈的今天，市场风向瞬息万变，市场机会稍纵即逝，店长作为珠宝零售前线的指挥官，每天都要面临着复杂多变的情况，没有敏锐的市场嗅觉，不能对纷繁复杂的珠宝市场做出正确的分析和判断进而做出正确的决策，很可能在市场竞争中处于下风甚至被市场所淘汰。

7. 店长必须具有良好的沟通能力

店长即是总部派到门店的全权代表，肩负着总部政策的传达、协调和执行的重任，同时又是门店的最高领导人，有责任带领自己的团队从一个销售高峰攀上另一个销售高峰。根据门店的大小不同，店长属下的团队员工也从几人、几十人上升至几百人。如何协调员工之间的关系，增强员工的凝聚力和向心力也是店长要考虑的重要问题之一。同员工之间进行有效的沟通可以及时掌握员工的心理、行为，保持团队的团结，使每个成员都能正确理解公司的战略意图，激发团队的智慧，齐心协力争取更好的销售业绩。此外，真诚地与顾客沟通，顾客才能将真实想法表达出来，使企业能了解顾客的真实需求，准确地为他们提供产品和服务，从而提升他们对品牌的满意度和忠诚度；与供应商进行有效的沟通，可以使供应商与公司进行紧密的合作,为公司提供适销对路的产品;与媒体、行业协会以及政府相关管理部门进行沟通,有利于强化公共关系,让社会各界了解企业品牌,提升品牌的社会形象。这一切都需要店长有良好的沟通能力。

8. 店长必须具有运筹帷幄、把握全局的能力

虽然店长是在公司的战略框架下全面负责店务管理和店铺经营活动,但作为一店之长,对店铺的经营环境最为清楚,在公司战略指导下,店长必须结合店铺的经营环境,制订店铺的经营发展规划,这就需要店长具有高瞻远瞩、运筹帷幄的能力。诚然,终端店铺的管理者是公司战略的执行者,在公司战略指导下建立统一的品牌形象,实行统一的营销策略,但每个地区的经营环境是不同的,如店铺所在地区的经济发展情况、消费者的消费能力、审美观念、市场竞争状况及市场发展趋势等,这些环境信息只有处在营销一线的店长掌握得最清楚。鉴于宏观的公司战略,店铺的具体运营和管理方略必须由对店铺环境全盘掌握的店长做出决策。作为店长,从公司决定开店之日起,就要从市场发展的大势和公司发展的全局出发,规划终端店铺的经营战略并在经营过程中不断调整和改进经营方向,协助公司高层做好终端店铺的经营规划,同时起到上传下达的作用。如果店长没有高瞻远瞩的眼光和运筹帷幄的能力,是不可能做到这一点的。一名合格的店长应该及时把店铺各方面的情况汇总给公司并向公司提出改善经营的意见和建议,协助公司制订珠宝店未来发展规划,同时,也应该把公司制订的各项经营方针、计划及时传达给店铺全体员工,让员工领会公司的战略意图。如果店长只能按照公司意图对珠宝店实施管理而不能提供合理化的经营建议,那么,这名店长是一个不称职的、没有发展前途的店长。

9. 店长必须具有创新意识和接受新生事物的能力

珠宝首饰是时尚产品,市场的风向是不断变化的,在市场经济条件下,新思想、新观念、新潮流、新产品层出不穷,新的商业模式给传统的店铺经营模式带来巨大的冲击,激烈的市场竞争也要求珠宝企业不断创新去迎合消费者不断产生的新需求,引导市场消费潮流。这就要求从事门店经营管理的店长具有创新意识和接受新生事物的能力,通过创新获取竞争优势,在创新中求得更多的市场机会和企业生存发展的空间。一成不变的产品和经营管理模式只会使企业在市场竞争中处于被动。

店铺的创新包括产品创新、工艺创新、经营观念创新、管理创新、制度创新、文化创新、营销方式创新和服务创新等。创新不是店长一个人能完成的,每一项创新活动都需要在店长的统一布置下,群策群力,集思广益,发挥员工团队共同的智慧,结合市场的发展态势和店铺经营管理的需求适时推出。店长除了具有创新意识外,还要广泛听取和接受他人的意见和建议,不以自己的喜好作为创新决策的依据。如果总认为自己的观点、想法和做法永远优于他人,思想僵化、固执己见,不善于听取他人的意见,是不可能走在创新活动的前列的。

以上是一名店长应该具备的人格特征,具备这些人格特征的人才有能力胜任店长工作,才能很好地履行店长职责。一个强大的团队离不开一个重要的领军人物,并且领军人物的能力越强,团队能力就越强,领军人物的思想越宽,团队的目标就越远。一名店长要想建立一支有战斗力的团队,必须用自己的人格魅力去征服员工,去吸引员工。店铺全体员工出于对店长人格魅力的信服,会产生强烈的凝聚力和归属感。这样的团队在营销中就会产生无往而不胜的战斗力。

二、店长在终端店铺中的角色

如果说一个珠宝终端店铺是一个家,店长就是一家之长,家长要操心这个家的所有问题,如人员调配、顾客服务、商品买卖、货品陈列、店铺卫生、营业目标等。作为一个店的领导者、店铺的核心,店长不仅要协调和激励员工做好店内的营业工作,带领他们以团队精神塑造店铺特色,实现公司的经营目标,同时也要负责店铺内的人员管理培训,还要将店铺所在的地域环境情况和消费动态向总部反馈,以便总部及时了解市场情况,对市场变化做出相应调整。由此,我们可以对店长的角色定位。

1. 各方利益的代表者

首先,店长接受公司委托,全面管理店铺的日常事务,一方面要代表公司负责店铺的日常经营管理工作,建立品牌形象,维护公司利益,同广大顾客、社会有关部门建立广泛的联系,为公司取得良好的经济效益和社会效益;另一方面,店长也要代表终端店铺向公司争取各种权益,如公司统一管理下的自主经营权、管理权、分配权等。同时,店长也是员工利益的代表者和代言人,要代表员工向公司反映员工的利益诉求,维护员工利益。店长要在各方利益之间取得理想的平衡。

2. 店铺日常事务的管理者

终端店铺每天开门营业,迎接八方来客,店长必须负起总指挥的责任,营业场所的环境布置、货品的进出、营业期间各班次人员的工作安排、顾客的接待、店铺安全等都需要精心安排,同时还要激励员工以饱满的热情为顾客提供满意的服务,将最好的商品、最佳的服务、最好的品牌形象展现出来,以刺激顾客的购买欲望,满足顾客的需求,提升店铺销售业绩,为店铺经营带来最好的经济效益。店铺管理事无巨细,必须清楚哪些事务需要事必躬亲,哪些事务需要责任到人。

3. 店铺经营目标的执行者

每个公司都会根据各店铺经营环境、经营规模和竞争状况制订不同阶段的经营计划和具体的经营目标,如年度经营目标、季度经营目标、初期经营目标、长远经营目标等。这个经营目标表面看来是店铺经营目标,实际上是公司给以店长为代表的员工团队的经营目标。为了确保店铺经营目标的实现,店长必须认真审视店铺的综合资源,客观分析市场竞争状况,对实现经营目标的可行性进行分析,制定实现经营目标的具体方案和步骤,进而带领全体员工采取最有效的营销策略,逐步实现经营目标。所以,店长是实现店铺经营目标的具体责任人和执行者。

4. 员工士气的激励者

激励是当今企业管理的一项重要工作,科学的激励方式关系到能否激发员工的工作欲望和潜能,促使他们以积极认真的态度和饱满的热情投入到店铺销售工作。激励的时机和激励的方式会直接影响到员工的工作态度和工作效率。店长作为管理者引入科学的激励机制,选择合适的激励时机和方式可以使全店员工保持旺盛的工作热情,形成良好的工作态度,形成比、学、赶、帮、超的良好风尚,让全店员工人人都具有强烈的使命感、责任心和进取心。

5. 店铺各种问题的协调者和处理者

店长代表公司对终端店铺实行有效的管理，使店铺日常经营工作高效、有序地运作。但在门店运营过程中，不可避免地会出现许多问题，如产品质量问题、顾客的投诉问题、员工与员工之间的冲突问题、店铺与社会各界的关系问题等，都需要店长以最高决策人的身份出面协调和处理。店长在上传下达和内外沟通过程中，应具有处理好各种问题的耐心与技巧，协调好各方面的关系。

6. 店铺导购员的培训者

店铺培训包括企业文化培训和销售技能培训，公司的经营理念、企业文化是通过店长的言传身教传递给员工的，店长只有在认同企业文化的基础上，才能将企业文化和企业精神传达给员工，让员工在耳濡目染中逐步接受企业文化，并在企业文化的感召下激发强烈的工作热情，形成具有战斗力的销售团队，这是终端店铺取得良好经营业绩的基础。同时，员工业务水平的高低关系到店铺的经营业绩，店长必须发挥自己在销售技巧上和专业知识上的特长，不断强化员工培训，提升店铺员工的销售技能、技巧和专业素质，形成一个具有强大战斗力的销售团队。

7. 店铺营运的监督者和控制者

店铺运作管理表面上看就是日常销售管理，但它需要一系列其他活动作为支撑，并应在合适的时机对影响店铺运营的因素进行调整，如销售人员的合理调配、店堂环境的布局与改善、货品的进出与库存结构、现金的流量与资金投向、营销策略的实施与调整等。所以，作为一店之长，一方面要对整个店铺的经营环境、经营状况和服务水平进行监督；另一方面要根据经营情况不断评估店铺人力、物力、财力状况，优化店铺资源，还要根据市场的变化不断调整经营计划，对店铺各种事务和经营方向进行决策。在店铺运营过程中，店长必须对门店经营的日常运营与涉及到的一切事务进行有力的、实质性的控制，以保证店铺的实际运营高效而有序。

8. 店铺经营状况的分析者

店长应始终保持着理性，善于观察店铺日常经营状况，收集店铺运营管理有关的资讯，分析不同运营周期店铺经营业绩的变化情况，并将经营数据与竞争对手的经营数据和公司前一个经营周期的数据相比较，寻找经营业绩变化的原因，制订下一个运营周期的工作计划和改进方案。强烈的数据意识有利于管理细节的把握和对经营目标的关注，更有利于科学地决策，所以店长必须及时分析与销售业绩有关的数据，如客流量、客单价、连带率、件均价、货品类型比、款式销售比等。经营状况分析既要分析店铺自身的各种经营数据，又要结合整个市场环境同竞争对手进行比较分析，只有将市场环境、竞争环境和企业环境结合起来分析，才能更加客观地评估店铺的实际运营状况，提出改进店铺经营业绩的具体工作建议。

以上是珠宝终端店铺的店长在店铺运营中担当的角色，也是店长所从事的主要工作，只有对店长的角色有充分的认知，才能系统地开展店铺管理工作，使店铺有条不紊地运营。

第二节　店长的工作职责

围绕店长在终端店铺的角色，我们将店长的工作职责归纳为如下几个方面。

一、主持店铺日常工作

1. 店铺员工管理

店长要依照各项管理制度对员工进行管理,按照岗位需求配备导购人员,做好员工出勤、仪容仪表、精神面貌检查,按照制度要求规范上岗;本着一视同仁的原则公正考核,有序地做好组内工作分配,充分调动员工的工作积极性,保持热情、积极、活跃的卖场气氛。

2. 店铺环境管理

店长要对店铺营销环境进行管理,如店铺商品陈列、灯光布置、环境卫生等,保持店铺的良好形象,为顾客创造一个温馨、优雅的购物环境。

3. 销售过程控制

店长要对经营过程进行有效的控制,保证店铺的营销活动正常、有序地进行。

4. 主持各种例会

店长负责主持各种店铺销售工作会议,如晨例会、周例会、月例会,听取员工的工作汇报及对店铺经营的建议,总结前一个经营日(周或月)的工作,根据报表、单据及员工工作中反映出的问题提出具体的改进意见和建议,对工作中表现突出的人或事提出表扬,重点突出员工的团队意识,提高经营业绩,并有针对性地提出工作改进建议,布置下阶段工作的计划、目标和要求。

二、日常销售管理

1. 指导并参加店铺的各种营销活动

店长是终端店铺的管理者、店铺营销的总策划师,要在理解企业文化、经营理念和品牌战略的基础上,全面规划店铺的营销活动,制订不同阶段的销售计划,依据货品的特点、风格和经营地消费特点制定店铺营销策略,并指导员工执行公司的销售策略,在日常销售中做好示范,带领团队完成预定的销售任务。

2. 及时准确地组织完成店铺各类报表

店长要负责汇总各种经营数据,包括日销售报表,费用开支表,商品进、出货表(表4-1),日常损耗表,商品遗失表,退换货及维修表(表4-2),月商品盘存表,考勤表,员工工作绩效考评表,经营周期销售分析表等,并将经营报表及时上交相关部门。

3. 制订促销计划

店长要根据终端店铺营销的需要规划各种促销活动,如节假日促销、新产品促销、服务促销等。同时,制订每项促销计划的指导原则,由相关部门具体实施,并对促销的成果进行及时总结,为后续的促销活动积累经验。

表 4-1 货品调换记录表

转出部门：_____ 转入部门：_____ 转货日期：_____

序号	名称	条码编号	款式编号	件数	金额	备注
1						
总计						
转入部门主管	收货人	转出部门主管	制表人			
审核：				带货人：		

表 4-2 货品售后服务详细记录表

_____店

日期	单号	件数	货品名称	内容(维修)	承诺完成时间	维修时间	经手人	维修单位	完成单位	收货人	店经理检验记录	维修费	通知记录	顾客签收日期

店长签名：_____

三、店铺人事管理

1. 员工招聘

市场经济条件下各企业人员流动十分频繁，店长要根据工作需要向社会公开招聘新员工，将符合公司招聘要求或具有培养潜力的人员及时补充进营销团队。

2. 员工培训

员工上岗之前要进行综合培训，内容包括公司经营理念培训、品牌文化培训、团队观念培训、营销技能培训和专业知识培训。只有具备了导购员专业技能和必备的珠宝专业知识才能上岗。

3. 员工绩效考评和激励

在日常销售过程中，店长负责监督员工在工作过程中的表现，及时了解员工动态，纠正他们在工作中的不当言行，使店铺销售行为形成统一的规范，定期对员工表现及工作业绩进行考评，指出各个员工或员工团队工作中的突出表现（优点与不足），并以适当的方式激励员工。

四、店铺客户关系管理

1. 处理客户的投诉和其他售后工作

在终端店铺的营销活动中，不可避免地会出现客户投诉问题，如产品质量问题、导购员的服务态度问题、售后服务问题等。处理好顾客投诉是提高顾客满意度和忠诚度的关键，且多数投诉和售后服务问题又必须由店长亲自出面解决。店长亲自与投诉顾客接触和处理售后服务问题更容易得到顾客的宽容和理解。所以，处理顾客投诉和解决售后服务问题是店长的重要工作职责之一，处理顾客投诉和提高售后服务水平可以提升品牌形象，提高顾客的回头率，对店铺经营业绩的提升有着至关重要的作用。

2. 建立和维护客户档案，协助开展客户关系营销

我们在日常销售过程中会接触到大量顾客，导购员通过与顾客的沟通和交流，可以掌握顾客的需求、喜好、购买能力等相关信息，通过发放贵宾卡、赠送礼品、上门服务等可以掌握顾客更为准确的详细信息。店长应及时汇总这些信息并按一定的方式进行分类，建立一套记录顾客系统资料的客户档案，并以询问产品使用情况，赠送节日、生日、各种纪念日礼品等方式经常与顾客保持联系，与顾客建立良性互动关系，协助店铺开展关系营销。

五、货品管理

1. 关注库存

身为店长，应该对店铺货品库存现状了如指掌，关注库存的变化情况，对不同的款式（时尚款与经典款、热销款与滞销款）在店铺货品中所占比例有准确的掌握，及时对店内货品进行调配，做好补货、调货、退货工作，保持门店库存合理。

2. 及时补货

店长对每天的销售情况都要保持高度关注，根据一个经营周期的出货情况及时做好补货计划，并且对定时按季节、节假日制定促销活动所需货品、促销用品清单都要提前进行准备。

3. 回收旧货

几乎所有店铺都从事以旧换新（主要是黄金、铂金）业务，回收的旧货以及售后服务项目中待修理的货品、接受订制业务的半成品等，店长都要在当日营业结束后按业务单据如实清点，及时入库或交相关部门处理。

六、负责沟通协调

1. 上传下达的桥梁

店长在店铺中起着上传下达的作用，即将公司的战略思想、经营理念及时传达给员工，同时，门店的运营状况、经营业绩及存在问题也要及时反馈给公司，听取公司对店铺经营的指导意见，并结合店铺的实际情况提出改进建议。

2. 与员工的沟通

店长每周须有固定时间与每位员工进行工作沟通,通过有效的沟通让员工了解店长对他们的工作安排及期望效果,听取他们对店铺工作的意见和建议,同时了解员工的想法及困难并积极地给予必要的帮助,让他们感受到集体的温暖,全身心投入到店铺营销工作中去。

3. 团队的沟通与调和

营销团队中人与人之间、专柜与专柜之间、班组与班组之间不可避免地会出现各种矛盾,如果得不到及时处理,可能会影响到团队的团结和工作效率,甚至可能会导致团队的分裂。店长作为店铺的最高领导人,应该及时掌握团队内部出现的各种问题,与当事人进行深入的沟通,站在客观公正的立场调和矛盾、化解矛盾,保持团队的团结,提高团队的凝聚力。

七、财务管理

1. 清点当天销售款项

一个销售日结束后,店长要组织收银员按照销售单据核对当日销售款项,做到销售货品与销售单据对应,销售单据与销售款项对应。核对完毕后,由当事人将经店长审核的单据和现金直接上缴给财务管理人员。

2. 控制店铺开支

店铺的日常开支实际上是消耗店铺的纯利润。店长的职责是要提高员工的节约意识,勤俭经营,杜绝浪费,将日常开支控制到最小、日常经营费用及损耗控制到最低。

3. 管理店铺资金运营状况

店长要经常关注店铺资金运转状况,合理分配资金的用途,确定资金投向的最佳组合方式,加快资金流动速度,保持资金的良性运转。

八、公共关系管理

1. 负责处理社会各职能部门的关系

终端店铺的经营活动需要接受工商、税务、城管、消防、质监、物价、媒体等多个职能部门的监督和管理。店长作为终端店铺的领导者,在遵纪守法的基础上,负责协调处理与各职能部门的关系,保护店铺利益,维护店铺正面的品牌形象。

2. 保持与供应商、同业者的良性互动

终端店铺的珠宝营销活动必须得到供应商的强力支持。一方面,店长必须加强与供应商的互动,让供应商了解店铺的需求及货品需求规律,与供应商形成良好的合作关系,同时,要根据店铺业务发展的需要不断寻找新的供应商;另一方面,店铺参与市场竞争,争取更多的市场份额,必然会触及到竞争者的利益,如何与竞争者形成良性的竞争关系,在竞争中互相成长也是值得店长思考的问题。

九、店铺安全管理

1. 营业中的货品安全

店长负责制订各种安全防范措施,注意防火、防盗、防抢及防范营业中的货品丢失、兼守自盗或货品损坏,要经常教育员工提高营业中的安全防范意识,在为顾客提供服务时形成职业规范,尽量避免因货品安全问题对店铺带来经济损失。店长要及时纠正导购员在营业中的不规范行为,开业营业时、交接班时和结束营业时都要对货品进行认真的清点,明确责任,发现问题应立即整改。

2. 歇业后的安全

对于歇业后的店铺安全问题,店长更应该采取安全防范措施。每天闭门时应有专人负责检查水、电系统是否存在安全隐患,用电设备是否关闭,监控设备是否开启,库房及保险柜是否上锁,再加上安全保卫人员全天候值班,将防范措施系统化。

以上我们罗列了店长的九项工作职责,实际上,店长的工作事无巨细,这九项工作只是能够列出条文的,远远没有涵盖店长的所有职责。这些工作都是基于店长在有效的时间安排及清晰的工作安排下完成的,在管理的细节上,还有很多工作是具体条文不能列出和超出日常工作之外的,如员工的行为规范细节、经营中的细节、店铺的环境卫生等。常说"管理无小事",而在店长这个岗位上有无数的小事需要去履行职责。

第三节　店长的日常工作

我们在第二节中探讨了店长的工作职责,本节我们探讨在店长工作职责范围内的具体工作内容。

一、店长的日常工作流程

表4-3分别列出了珠宝终端店铺店长的日、周、月工作流程。

二、店长的日工作

1. 营业前的四项准备

俗话说:一年之计在于春,一日之计在于晨。店长的日常事务性工作始于开门迎客之前,止于闭门歇业之后,管控于整个营业期间。为了展示一个良好的企业形象和品牌形象,给消费者布置一个温馨的购物环境,让员工以饱满的热情走上工作岗位,开门营业前,店长要安排做好如下四项准备。

1)打扫店铺卫生

开门营业前,店长安排或带领员工打扫店铺卫生,清理店内垃圾和废品,保持墙面、地面、

表4-3 店长的日常工作流程

流程类型	工作项目	工作内容
每日工作流程	召开晨会	到店后组织开好每日晨会,提升士气,总结前一个工作日的销售工作,传递公司信息,确定当日目标,分解店内人手
	店铺检查	检查店铺每日检查表,关注货品的陈列、促销、清洁状况、灯光、道具、卫生、货品、员工、促销、音乐,主推款的FABE① 演练,激励士气
	带训跟进	带训员工,按照带训计划执行
	时段跟进	各个时段销售目标达成的进度
	库存确认	跟进入库出库单据,了解店铺库存
	结束营业准备	营业结束前半小时总结目标,完成报表
	召开晚会	营业结束:查看目标完成的情况,总结当天工作,解决问题,激励员工
	安全检查	检查水电安全,柜台、库房是否上锁,切断照明电源,开启监控设备,锁门
每周工作流程	周一工作	完成上周销售报表,针对库存情况安排补货工作,调整卖场陈列,召开店铺周会
	周二工作	跟督导沟通本周销售情况,召开柜长周例会,沟通需要支持的内容
	周三/周四工作	跟进周例会的各项安排工作,安排补货
	周五工作	检查本周的补货情况,调整店铺陈列,整理VIP(贵宾)资料,方便有活动时联系沟通
	周六/周日工作	主攻销售
月工作流程	月初1—5号的工作	1. 完成关于上月的各种业务数据的上报工作,主要包括月报表、考勤表、账单据、库存表、工资表等公司要求上交的报表; 2. 完成店内员工绩效考评; 3. 做本月工作计划,和督导沟通本月工作重点
	月中工作	1. 安排店铺带训计划的实施; 2. 15号左右做月中小盘点,分析库存数据; 3. 对专制晋升员工的考核; 4. 在20号左右的周会上连带作月销售分析,作销售冲刺安排
	月底工作	1. 跟进销售数据,组织店铺员工完成销售目标; 2. 安排作月底盘点准备

柜台、玻璃镜的干净整洁,为店铺销售创造一个干净的卫生环境。

2)安排货品上柜

店长首先安排各专柜清点未进仓库的赠品、道具、包装用品等,然后派专人从仓库中取出

---

① FABE,即features(特征)、advantages(优势)、benefits(利益)、evidence(佐证)的缩写,意指一种销售模式。

货品和陈列品,由各专柜导购员按规定将货品摆放进柜台,将陈列品摆进陈列柜,并完成清点和交接手续。

3)导购员形象检查

导购员上岗之前,店长都要按上岗要求检查他们的仪容仪表,监督他们整理工服、佩戴工牌,调整他们的情绪,做好上岗准备。

4)主持晨会

每天开店营业前半小时,店长要组织员工召开晨会,通过晨会分析前一个营业日营业情况,发现并解决工作中存在的问题,及时、准确地传达公司相关文件精神,增强管理人员与员工的相互沟通,明确当天的销售目标及任务,激发工作热情,鼓舞员工士气,使员工以饱满的精神面貌按时进入工作状态。晨会记录格式详见表4-4。晨会的流程及内容见表4-5。

表4-4 晨会内容记录表

主持人:＿＿＿＿＿＿　　审核人:＿＿＿＿＿＿　　日期:＿＿＿＿＿＿

晨会内容	
工作安排	
签名:	
今日未完成的事项和已发生的事情	

使用说明:

目的:记录本班晨会内容,明确当天工作目标,提高工作效率。

填写:记录好本班所发生与未解决的事情。

表 4-5 珠宝终端店铺晨会流程及内容

流程	内容
集结列队	门店的当班员工共同参加,以员工专柜为单位分别纵向排队,店长负责组织检查员工的仪容、仪表、胸卡佩带、出勤和到岗情况
晨会活动	1. 轮流由员工带领全体店员做体操; 2. 轮流由员工带领其他员工高呼商店口号(可以是公司经营理念、店铺服务口号),提振员工士气
店长发言	1. 宣读公司下发的文件和各项要求,并向员工解释文件内容; 2. 宣布公司在经营管理上新的规定与举措、新的营销策略和促销方法; 3. 总结前一天的工作情况,明确当天的销售目标及任务; 4. 明确当天商品构成和存、缺货情况,重点推销新推出的商品,制定销售任务; 5. 对推销方法、工作协调、待客服务进行示范讲评; 6. 对好人好事进行表扬,指出存在的问题; 7. 征询员工是否明确各自的任务、要求和有无其他事宜
员工发言	阐述对店长发言的理解,提合理的建议
总结	店长作此次晨会的最后总结,并作相应的工作安排

2. 营业中的五项管理

1)销售管理

营业中的销售管理是指店长为了实现既定的目标按照销售流程对卖场日常销售活动进行有效控制而进行的促销、服务和争取更多顾客的一切活动。珠宝销售是终端店铺利润的主要来源,所以,销售管理是店长日常管理中的一项重要工作。

店长的日常销售管理包括销售流程管理、销售业绩管理和销售账目管理。销售流程管理是指店长指导导购员按照销售流程为顾客提供规范服务,让顾客在购买过程中感受获得珠宝首饰的愉悦和店铺温馨的服务;销售业绩管理就是店长必须时刻关注顾客流量和购买情况,评价店铺促销活动的效果并及时调整促销策略和促销方式,促进销售业绩的增长;销售账目管理是指店长要监督导购员按要求开具各种票据,并在一个销售日结束后负责理清、回收票据,做好当天销售账目。

2)货品管理

营业中的货品管理是指在店长的统一安排下做好货品的结构管理,货品出、入库管理,货品质量管理和货品安全管理。

成功的货品组织是取得良好销售业绩的前提。不同的珠宝店有不同的产品组合,但一般分为主打商品、准主打商品、配套商品和陪衬商品。主打商品是完成营业收入的核心商品,准主打商品是将来的主打商品或市场关注度不及主打商品高的商品,配套商品是指能对主打商品的销售起到支持作用的商品,陪衬商品是能突出主打商品特征的商品,在营业收入中所占的比例较小。店长在日常货品管理中的作用就是要每天关注店铺的不同类型的产品组合,根据前一个工作日的销售情况对上柜商品进行补充和调整,保证合理的商品结构和主打商品畅销。

同时还要对商品的质量进行监控,让顾客能买到放心的产品,增强对企业产品的信心,并注意商品的安全,保证在日常销售中商品不会丢失和损坏。

3)人员管理

营业中的人员管理指在店长的统一指挥下,合理调配人员,规范人员行为,通过监督、激励等管理手段发挥每个人的主观能动性,保证每个人的能力都能得到充分发挥,使店铺日常运营高效而有序。

店铺的销售业绩是靠销售团队的共同努力才能取得的,这就要求团队的每个成员既要有明确的分工,又要有协作精神,店长要将目光放在每个人的身上,关注他们的行为,发挥他们的主观能动性,以各种激励方式提高他们的工作热情和工作绩效,加强团队协作。每个人的工作做好了,团队绩效也就自然提高了。

4)突发事件处理

营业中的突发事件是指店铺销售中随机出现的不可预料的事件。这些事件可能与店铺销售有关,也可能无关,但会对店铺销售活动造成不同程度的影响。如顾客在购买过程中突然身体不适,突然出现抢、盗行为,发生火灾等。

处理店铺经营中的突发事件,首先要求店长建立突发事件的管理制度和处理机制,教育员工保持高度的警惕,防范突发事件的发生。事件一旦发生,店长要保持清醒的头脑,冷静应对:一是对事件发生的原因、经过、性质以及可能造成的后果等进行认真分析;二是制定周密细致且行之有效的处置方案;三是要尽快控制局面,处置果断有力;四是做好善后工作,防止事态扩大;五是店长要同员工一起认真总结经验教训,剖析事件发生的深层次原因,找出工作中存在的失误和不足,避免发生类似的事件。

5)店铺环境管理

如果珠宝店是一个舞台,那么,店长就是一位导演,要负责对整个舞台进行精心的布局。比如商品的陈列既要新颖独特又要主题突出;灯光布置既能衬托商品特色,又不至于干扰顾客对商品的体验;海报张贴既能装饰现场,又能诠释主题;音乐播放既能渲染气氛,又不影响购物环境;促销既能吸引顾客购买,又要把握好尺度。还有店铺卫生的清理和保持、各种道具的摆放与使用后的及时归位、店员语言、行为的监督与纠正等。店铺环境的每一个细节都需要店长细心地体察,时刻保持良好的店铺形象,为顾客创造一个温馨、高雅的购物环境。

3. 营业后的六项总结

从早晨开门营业到晚上关门歇业,标志着一天营业工作的结束。店长要及时对当天销售的营业成果进行盘点,组织员工对上柜商品进行清点,核对当天商品进出情况并填写当日销售报表,核查费用开支情况,填写员工考评表并作为员工绩效考评的依据妥善保管。具体地说,店长应做好六项营业后的收尾工作:

(1)现金查收。按照当日销售单据查收当日销售收入,按现金(支票)、刷卡、记账等各种收款方式逐一进行核对,并会同财务人员办理交接手续。

(2)营业统计报表递交。协同各专柜清点当日商品出入情况,统计当日商品销售、现金收入、当日开支情况及包装用品、赠品的使用数量,将这些账目的汇总情况分别列账登记,呈交相关部门消账。如发现货品遗失,应及时查实责任人。

(3)文件单据整理。依次清理各专柜的销售单、补货单、调换货、货品维修单、维修货品交付单,并按照时间顺序存档,以便对账和查核。

(4)店铺整理。当日销售结束后,店长组织员工有序地将货品移交给仓库保管员,清理生活和工作垃圾,清理营业中弄乱的物品,归位日常用品,保持店铺的干净整洁。

(5)召开晚会。店长主持当日营业小结会,首先由各专柜柜长汇报当日营业情况,然后店长对当日营业中发生的问题作简单的回顾,对员工营业中的表现做出评价,尤其要表扬表现突出的员工,并提出以后工作中的改进意见。

(6)出门检查。店长主持营业结束前的安全检查,查看柜台、库房是否上锁,按规定应该收进仓库的货品是否有遗漏。然后,关闭水电,切断专柜的照明电源,打开夜间监控系统,启动报警装置,关(锁)好门窗,确保没有任何安全隐患。

三、店长的周工作

一周营业工作结束后,店长要主持召开周工作总结会议,分析、反馈、总结本周各项工作情况,交流工作经验,分析市场及竞争对手情况,公布本周销售业绩及每位员工的销售业绩,同时安排下周工作计划、销售任务及重点管理的工作事项。会议一般安排在星期日下午某个空当时间或营业结束后,要求全体员工必须参加,认真听取各方发言,做好记录。具体如下。

1. 主持周例会

周例会的流程:店长发言→员工发言→会议总结→记录文本→跟进(表4-6)。

表4-6 珠宝终端店铺周例会流程

流程		内容
店长发言		总结本周工作及销售情况,安排下周工作计划、销售任务、重点管理的工作事项等
员工	督导	指出本周违反管理制度的人和事
	导购员	反馈本周中遇到的各种问题、销售难题、竞争对手动态并相互交流
	库管员	汇报和分析库存情况
会议总结		分析、总结此次会议提出事情的原因,安排对策
记录文本		对此次会议要作书面的记录,并于两日内报送总经理
跟进		对各级人员提出工作要求及分工落实工作的跟进情况

例会需在店铺内召开,时间尽量控制在1h之内,如果是在营业期间召开例会,应安排几名店员正常接待顾客。周工作会议记录格式详见表4-7。

周营业分析的内容:

(1)本周营业额和目标达成情况。由店长汇总各专柜销售数据并向全体员工宣布销售总额、各专柜销售额及是否达到预定销售目标。

(2)营业数据分析。按专柜类型分析各类商品销售占比情况,如各专柜销售额占销售总额的百分比,并找出提升弱势专柜营销业绩的方法;从不同侧面分析各专柜的商品销售占比情况(钻石销售可以统计不同大小区间、不同款式、不同质量、不同镶嵌金属在钻石销售总量中的百分比),通过分析,确定哪类商品是热销商品,明确以后的销售方向和销售策略。

表 4-7　月/周工作会议记录表

_____店　　　　　　　　　　　　　　　　　　____年____月____日

时间	
地点	
出席人	
缺席人	
会议内容	问题跟进：
主持人	记录人：

签名：_____

（3）库存产品分析。分析库存商品结构，明确哪些是热销商品，哪些是滞销商品，为制订补货计划、商品推广计划、商品销售计划和滞销商品促销计划提供依据。

（4）员工销售业绩分析。分析本周各员工的工作表现和销售业绩（销售排行榜），对工作表现突出、销售业绩好和销售业绩有明显进步的员工提出表扬，为全体员工树立学习的标杆，形成比、学、赶、帮的团队氛围。

（5）销售价格分析。分析客单价（即顾客单笔购买价）、物单价（即单件商品成交价）及商品标价之间的关系，为商品进货和价格决策提供依据；分析各导购员的营销数据，计算他们的利润贡献率，以此作为考察导购员的营销能力和工作态度的依据之一。

（6）服务状况分析。分析本周客户投诉和退换货情况，探讨客户服务中还存在哪些问题，如何提高售后服务水平，改进服务质量。

（7）营销环境分析。分析店铺橱窗、商品和道具的陈列及店内营销环境还存在哪些问题，提出陈列调整方案，进一步改善店铺营销环境。

（8）竞争对手分析。分析本周竞争对手在营销策略上作了哪些调整，对本店可能会造成什么样的冲击，本店的应对策略是什么等。

（9）促销效果分析。如果本周店内有促销活动，店长要组织员工对促销效果进行分析，提出保持和改进促销效果的意见。

以上是周例会上需要分析的内容。接下来，店长要宣布下周的销售目标、商品到货情况和商品促销安排，强调下周应该注意的问题和工作努力的方向。

2. 填写周报表

作为珠宝终端店铺的领导者，店长在公司里起着上传下达的作用，要及时将店铺运营情况向公司领导汇报。周例会结束后，店长要负责将店铺运营情况、销售情况、存在的问题等材料进行分析整理，提出店铺工作改进意见和建议，将这些材料制成店铺讯息周报表（表 4-8），于次日上交至公司领导。

表 4-8　店铺讯息周报表

_____店　　　　　　　　　　　　　　　　　　　　　　　　　　月　　日至　　月　　日

一、周销售业绩情况						
本周销售额		万元	上周同期比	%	周计划任务达成率	%
本周销售件数		件	上周同期比	%	周计划任务达成率	%
本周毛利额		万元	上周同期比	%	周计划任务达成率	%
说明						
二、周经营情况分析						
黄金类	周销售额		万元	上周同期比	%	占本店毛利比	%
铂金类	周销售额		万元	上周同期比	%	占本店毛利比	%
镶嵌类	周销售额		万元	上周同期比	%	占本店毛利比	%
玉器类	周销售额		万元	上周同期比	%	占本店毛利比	%
其他类	周销售额		万元	上周同期比	%	占本店毛利比	%
本周进店人数		人	周成交人数			人
周成交率		%	周人均成交额			元
三、分析存在问题						
建议						
本周开展促销活动情况说明			是否达到预期目标		是□　　否□	
运用店内、外促销宣传形式	□店外巨幅　□店内海报　□DM 单页　□店内吊旗　□厂家店外露演 □厂家店外静态展示　□厂家店内促销区展示　□其他形式					
四、市场调研情况						
市调对象		市调时间		月　　日　　时		
市调内容						
发现问题						
应对措施						
情况分析						
五、店内商品管理情况						
本周店内商品平均库存额			万元	本周退残数额		万元
月新品销售额	万元	月新品出样型号数	种	新品销售占比		%
月主推销售额	万元	月主推型号数	种	主推销售占比		%
六、工作建议						
七、下周工作计划						
销售目标				毛利目标		
其他计划工作事项						

续表 4-8

以上七项由各商店业务副店长于每周一经营例会汇报					
八、客户服务情况					
本周客户投诉		人/次	投诉意见	解决结果	
本周客户褒奖		人/次	褒奖内容	褒奖员工	
九、员工管理情况					
店内员工总数		人	促销人员数		人
周人均销售额		元	上周同期比		%
周人均毛利额		元	上周同期比		%
以上九项由各商店店长于每周三管理例会时通报					
备注：					
1. 本周报内容可根据需要由各分部确定增加项，由各分部总经理办公室负责汇总留存；					
2. 负责填报人员必须如实填写周报所涉及各项并对填报内容的真实性负责					
填表人：				店长签字：	

四、店长的月工作

对于一个正常经营的珠宝终端店铺来说，一般将上月 29 日至当月 28 日设置为一个经营周期。在一个经营周期内，店长的工作除正常的日常经营管理外，要在月初组织员工对店铺经营进行一次盘点及完成员工绩效考核并主持月例会；月中安排店铺培训计划的实施，结合日例会和周例会安排日常销售工作，检查阶段销售指标的完成情况；月底跟进销售数据，组织店铺员工向销售目标冲刺，安排月底作盘点准备。期间还要组织实施公司的促销计划，周而复始。其中，组织盘点、店员考核和主持月例会是店长月工作的重点。

1. 组织盘点

珠宝终端店铺的月度盘点是指对本销售周期结束后的上柜商品进行全面清查，核实商品有无丢失、记错账、错消账等情况，同时为分析商品结构和补货提供依据。

盘点工作由店长安排各专柜柜长组织实施，盘点前对本销售周期商品的进、销、存进行统计，制成上柜商品存货清单，核实存货的真实情况，如果发现问题，应及时清查问题发生的原因并追究责任人。

2. 店员考核

店长在每月 5 日以前完成店铺员工的绩效考评，结合员工当月表现和销售业绩对员工进行综合评价，将考评结果与工资、职务晋升等激励措施挂钩。考评内容包括员工销售业绩考核，员工出勤情况考核，员工遵守制度及行为规范考核，员工团队精神、工作技能、责任心考核等。

在盘点和员工绩效考评的基础上，店长要完成关于上月的各种业务数据的上报工作，主要包括月报表、考勤表、账务单据、库存表、工资表等公司要求上交的经营店月营运表(表4-9)。

表 4-9 经营店月营运表

_____店　　　　　　　　　　　　　　　　　　_____月_____日至_____月_____日

一、月销售业绩情况						
本月销售额		万元	上月同期比	%	月计划任务达成率	%
本月销售件数		件	上月同期比	%	月计划任务达成率	%
本月毛利额		万元	上月同期比	%	月计划任务达成率	%
说明						
二、月经营情况分析						
黄金类	月销售额	万元	上月同期比	%	占本店毛利比	%
铂金类	月销售额	万元	上月同期比	%	占本店毛利比	%
镶嵌类	月销售额	万元	上月同期比	%	占本店毛利比	%
玉器类	月销售额	万元	上月同期比	%	占本店毛利比	%
其他类	月销售额	万元	上月同期比	%	占本店毛利比	%
本月进店人数		人	月成交人数			人
月成交率		%	月人均成交额			元
分析存在问题						
建议						
二、本月开展促销活动						
第一周毛利额			万元	上月同期比		%
第二周毛利额			万元	上月同期比		%
第三周毛利额			万元	上月同期比		%
本月开展促销活动情况说明				是否达到预期目标	是□	否□
运用店内、外促销宣传形式	□店外巨幅　□店内海报　□DM 单页　□店内吊旗　□厂家店外露演 □厂家店外静态展示　□厂家店内促销区展示　□其他形式					
四、市场调研情况						
市调对象		市调时间		月　　　日　　　时		
市调内容						
发现问题						
应对措施						
情况分析						
五、店内商品管理情况						
本月店内商品平均库存额			万元	本月退残数额		万元
月新品销售额	万元	月新品出样型号数	种	新品销售占比		%
月主推销售额	万元	月主推型号数	种	主推销售占比		%

续表 4-9

月盘点情况	盘点盘盈		元	盘点盘亏		元
店内商品盘盈盘亏情况分析						
盘点处理结果						
六、工作建议						
七、下月工作计划						
销售目标				毛利目标		
其他计划工作事项						
八、客户服务情况						
本月客户投诉		人/次	投诉意见		解决结果	
本月客户褒奖		人/次	褒奖内容		褒奖员工	
涉及其他部门的问题和建议						
九、员工管理情况						
店内员工总数			人	促销人员数		人
月人均销售额			元	上月同期比		%
月人均毛利额			元	上月同期比		%
填表人：				店长签字：		

3. 召开月例会

店长应在每月 5 日前主持召开月工作例会，应提前两天告知公司领导月例会的时间、地点、会议主要议题，提前一天通知员工并告知员工会议的主要议题，要求员工提前准备。例会要求所有员工参加，无特殊情况不得请假。月工作总结与计划表如表 4-10 所示。

表 4-10 月工作总结与计划表

_____店   年   月   日

本月总营业额		本月总营业指标		相差额		相差比率	
金额		金额		金额		金额	
本月营业情况							
销售							
人员							
货品							

续表 4-10

下月目标	
各组长表现情况	
改善点	
纠正	
下月工作重点（不超过五项）	
执行计划（包括下个月）	
领导批示	

注：本月总营业额＝本月实际销售金额

本月总营业指标＝本月营业额目标

相差额＝本月总营业指标－本月总营业额

相差比率＝相差额(本月总营业指标－本月总营业额)÷本月总营业额

月例会的内容包括：

(1) 传达公司对店铺下达的各项指示。店铺追求的是经营业绩，而公司要从全局考虑不同时期的发展和品牌建设问题。店长要从战略的高度引导员工理解公司的经营决策，使公司麾下的所有终端店铺保持一致的行动步调，并要求员工从大局出发认真执行和落实公司下达的各项任务。

(2) 确定专门的培训议题。针对员工的业务状况和公司业务发展的需要，布置当月员工业务培训工作，提高员工业务水平。

(3) 上月营业总结。公布上月销售业绩、各专柜销售业绩和目标达成情况，将销售业绩作纵向和横向比较，分析经营业绩取得的原因、存在的不足、有待改进的地方等。

(4) 上月店员考核情况。综合评价上月员工工作表现，公布员工绩效考评结果，对经营业绩突出的个人、专柜或营销团队，鼓励先进、鞭策后进，为全体员工树立标杆，号召员工以标杆为榜样，齐心协力，提升店铺整体绩效。

(5) 本月营销计划。结合市场营销环境和公司下达的目标任务，探讨本月销售目标达成方式，制定相应的目标任务实现途径和促销方案，为员工实现销售目标提出努力方向。

☞ **思考题**

1. 一个优秀的珠宝零售终端的管理者需要具备哪些素质？
2. 珠宝零售的管理者在终端管理中扮演着什么角色？每个角色的主要职责有哪些？

第五章　打造高效运营的终端销售团队

在倡导团队精神的今天,越来越多的企业注重团队建设。团队建设也是企业文化建设的一个重要组成部分,抢占终端市场,争取更大的市场份额不仅是实现企业目标、争取更大发展空间的需要,也是品牌建设的需要。在市场竞争越来越激烈、市场信息化高度发达的今天,企业的产品特色、运营方式、经营策略都可以被竞争对手模仿,当产品没有差异时,就只有人的差异,打造高效运营的终端营销团队正是要建立一支竞争对手无法模仿的、能够为顾客提供最满意服务的、与众不同的营销团队。有了这样一支团队,就能展示良好的企业形象,为顾客提供更优质的服务,为企业创造非凡的销售业绩,为实现既定的销售目标打下基础。本章我们将探讨如何打造一支高效运营的终端销售团队。

第一节　高效运营的终端销售团队的结构、职责和特征

一、珠宝终端店铺的人员结构

通常,一家珠宝终端店铺的人员配备如图 5-1 所示:店长(总经理)1 名、店铺督导 1 名、柜/组长 1~2 名、仓库主管 1 名、收银员 1 名、保安员 1~2 名、维修技师 1 名,根据营业面积安排导购员数量(柜/组长 A 和柜/组长 B 是指一天当中的两个班次的柜台负责人,如人员班次只有一班,则只安排 1 名负责的柜/组长)。如果店铺面积较大,可以按产品类别安排专柜柜长,负责本专柜的管理事务。

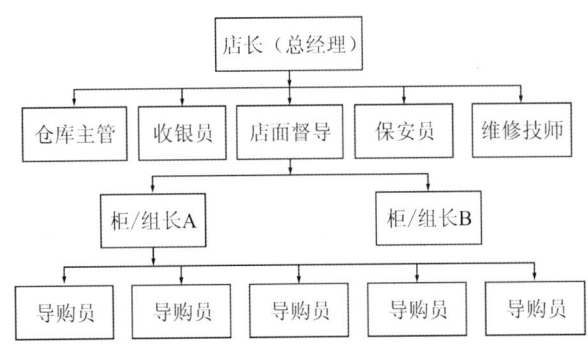

图 5-1　珠宝终端店铺的人员结构图

二、珠宝终端店铺岗位职责

不同岗位的员工既有分工协作，又有不同职责（表5-1），各店铺应视经营规模和经营特点配备相应的人员。

表5-1 珠宝终端店铺岗位职责和工作要求

职位	职位说明	工作职责	工作要求
店长	接受公司指派全面负责珠宝终端店铺的经营管理	1. 积极宣传企业形象及品牌文化； 2. 传达和落实公司有关的营销思路、经营理念及管理制度； 3. 负责店内日常经营管理有序、规范的运作； 4. 负责带领员工落实销售计划，完成销售目标； 5. 负责店铺财产、设备的安全管理； 6. 负责店内货品分析、陈列、库存、盘点、财务、商品交接和损耗等工作的有序执行； 7. 负责及时完成各项工作报表； 8. 负责建立并维护本店与顾客及相关单位的良好关系； 9. 负责激励员工工作热情，增强团队合作气氛； 10. 负责收集、整理市场信息，为制定营销政策提供依据； 11. 负责代表公司对外行使职权，处理突发事件	1. 拥有良好的沟通、领导能力； 2. 对公司忠诚，有高度的责任感； 3. 具备电脑操作的基本知识； 4. 能发挥模范带头作用，以身作则，公私分明，心胸宽广，工作认真负责； 5. 认真学习专业知识和业务知识，提高自身的业务能力； 6. 熟悉并遵守公司的各项管理制度； 7. 保守公司机
店铺督导	负责监督和指导所在店经营管理的人员；拥有店铺的人事建议权和各项绩效考评权	1. 积极宣传企业形象及品牌文化； 2. 负责加强终端店铺标准化管理的建设； 3. 负责协助店长解决店铺的各种问题； 4. 负责协助提升店铺销售业绩； 5. 负责协助店长开展相关工作； 6. 负责协助执行促销活动及其他市场宣传推广工作； 7. 负责协助店长对店员进行企业文化、产品知识、销售技巧及售后服务政策的培训； 8. 负责了解区域市场状况及主要竞争对手的情况，提出科学有效的营销方案； 9. 监督各种促销方案的实施与效果评估； 10. 保守公司机密	1. 拥有良好的沟通协调领导能力； 2. 对公司忠诚，有高度的责任感； 3. 具备电脑操作的基本知识； 4. 具有一定的市场营销产品讲座经验； 5. 熟悉并遵守公司的各项管理制度； 6. 保守公司机密
仓库主管	在店长（总经理）的领导下，负责本店库存产品的保管与处理的工作人员	1. 积极传承和弘扬公司文化； 2. 切实执行公司的各项制度、规定及上级的指令； 3. 负责店铺产品及销售物料的管理； 4. 区域内产品调拨与库存分析； 5. 保持环境卫生，做好卖场维护工作； 6. 不断总结工作经验，积极提出合理化建议，收集并汇报商圈、竞争对手、顾客、商品等方面的信息； 7. 及时向店长汇报商品库存情况，提出产品改进建议； 8. 保守公司机密	1. 具备良好的服务意识； 2. 服从、协作意识强； 3. 熟悉并遵守公司的各项管理制度； 4. 具备电脑操作的基本知识； 5. 保守公司机密

续表 5-1

职位	职位说明	工作职责	工作要求
维修员	负责本店货品的维修与处理的工作人员	1. 积极传承和弘扬公司文化； 2. 负责本店货品的维修与处理； 3. 负责对本店的产品进行定期检查、维护、修理； 4. 保守公司机密	1. 熟练掌握首饰的抛光、翻新、焊接、改指圈、镶嵌的维修工作； 2. 具备良好的服务意识； 3. 服从、协作意识强
保安员	负责店铺内人员、店铺货品安全和进入店铺的顾客人身和物品安全的工作人员	1. 积极传承和弘扬公司文化； 2. 切实执行公司的各项规章制度及上级的指示； 3. 督促员工遵守安全保卫制度和安全工作流程； 4. 果断处理突发事件，及时汇报或报案，必要时掩护顾客和其他员工安全撤离； 5. 检查、维护本店安全设施，消除安全隐患； 6. 早班保安员负责营业款的存、取保卫工作； 7. 夜班保安员当班期间对店内资产负有看管责任； 8. 维护店铺营业期间的正常秩序，制止不法行为； 9. 保守公司机密	1. 防盗意识强，具有一定防盗技能； 2. 具备服务意识，服从、协作意识强
收银员	负责店铺日常销售中每笔营业款、营业票据的收进、保管、对账及营业收入的交付的工作人员	1. 严格遵守公司各项规章制度及财务管理制度； 2. 有高度的工作责任感； 3. 熟练掌握现金、信用卡等结账程序； 4. 熟练掌握公司内部销售系统； 5. 掌握本店的销售政策和促销政策； 6. 具有基本的商品专业知识； 7. 熟练掌握面额现钞的鉴伪技术及验钞机的使用方法； 8. 具备良好的心理素质，坚持微笑服务； 9. 严格遵守公司保密制度	1. 遵守公司的各项管理制度； 2. 具备良好的服务意识； 3. 具有一定的财务知识； 4. 微笑服务，态度诚恳，主动接待顾客； 5. 具备电脑操作的基本知识； 6. 保守公司机密
导购员	从事店铺日常销售和顾客接待、为顾客提供满意服务的销售人员	1. 严格遵守公司各项规章制度； 2. 以主人翁精神全身心地投入日常销售工作； 3. 有全局观念和较强的服从意识； 4. 具有良好的心理素质、较强的亲和力，坚持微笑服务； 5. 熟练掌握专业知识及销售技巧； 6. 具备应变能力、沟通能力、团队协作能力； 7. 时刻关注市场信息	1. 遵守公司的各项管理制度； 2. 具有良好的服务意识和较高的服务水平； 3. 具有良好的耐心、较强的亲和力，坚持微笑服务； 4. 具备应变能力、沟通能力、团队协作能力

三、高效运营的终端销售团队的特征

团队是指一种为了实现某一目标而由相互协作的个体所组成的正式群体，是由员工和管理层组成的一个共同体，它合理利用每一个成员的知识和技能协同工作，解决问题，达到共同的目标。在团队内部，他们有共同的理念、共同的目标、共同的价值观和行为准则。工作上，团

队的每个成员有各自的长处或优势,在团队中充当不同的角色,既有明确的分工,又可以相互协作,是一个心往一处想、劲往一处使的有机的整体;对外展示一致的形象和良好的精神面貌,说一样的话,做一样的事;当工作出现失误时,团队成员会集体担当,不互相推诿,当工作取得成绩时,不是一个或几个人的荣誉,而是团队的荣誉,团队成员共同分享集体的荣誉。这样的团队会形成一种自然的凝聚力,有了这样的团队,在实际工作中就会无坚不摧、无往不胜。所以,高效运营的销售团队具有如下特征。

1. 团队有明确的共同目标

团队目标是形成团队精神的核心动力,优秀的团队首先要有明确的共同目标。即团队在企业文化的感召下,将企业经营理念作为团队理念,将企业经营目标作为团队目标。团队成员清楚地了解所要达到的目标以及目标所包含的重大现实意义,并且都有实现这个目标的强烈使命感。企业应将总目标转化为各个成员的业绩目标,再将业绩目标细化为每个阶段能够完成的阶段性目标,让每个成员的主观能动性都能得到充分发挥,为实现团队共同的目标同心协力地工作。

2. 团队成员之间可以相互协作

一个高效运营的销售团队,其每个成员都具备实现企业经营目标所需要的技能,并能够保持良好合作。团队成员之间的技能可以互相补充,即团队成员中的每一种技能都是为完成团队的目标所必需的能互济余缺的技能,为实现团队目标提供了有力保障。

3. 不同的团队成员在团队中有不同的角色

在保证团队协作的基础上,团队每个成员能够发挥所长,在团队中充当不同的角色,突出每个人的特色。如有的销售能力较强,有的服务态度较好,有的善于与客户沟通等。总之,在这个团队中每个团队成员的能力加起来可以形成一股合力,而每个成员的特长又可以使自己在团队中担当某一角色时能够独当一面。

4. 团队成员之间保持良好的沟通

优秀团队的成员之间能够相互理解、相互信任、相互支持,有良好的沟通,在工作中配合默契,相互承担责任,和睦相处。在这样的良好氛围中几乎任何日常事务和销售工作的完成都能达到事半功倍的效果。不管是正常经营过程中还是上下班、交接班时,甚至在日常生活中,团队成员都能互相进行充分沟通、理解,并主动承担责任。

5. 团队成员有共同的价值观和行为规范

团队的价值观是团队在长期培育、成长过程中形成的,得到全体成员认同的行为规范、价值取向、文化理念等,是团队取得成功的重要基础。团队价值观影响团队成员的习惯,引导团队成员行为,而团队成员的习惯和行为又影响团队的目标走向。一个高效运营的销售团队一定有共同的价值观,在共同的价值观的驱使下形成一致的经营观念,即每一位成员都明白怎样做是对企业有利的,而且都自觉自愿地这样做,久而久之便形成了一种习惯,再经过一定时间的积淀,习惯成了自然,成了人们头脑中一种牢固的观念。这种观念一旦形成,又会反作用于大家的行为,逐渐以规章制度、道德公允的形式成为团队所有成员的行为规范和行为准则。统一的价值观能促进团队成员相互认同、相互信赖、相互支持,将他们凝聚成一个强大的不可摧毁的整体。

6. 团队成员具有强烈的归属感

归属感是指员工经过一段时间的工作,对公司、团队、工作氛围有一定的认识后,在思想上、心理上、感情上对公司产生了认同感、信任感、使命感和成就感,这些感觉最终归结为员工的团队归属感。一个高效运营的营销团队的每个成员必定对公司有一种强烈的归属感,公司就像是自己的家,经营公司业务就像经营自己的家庭事务,公司的兴衰与自己休戚相关,公司的发展与自己荣辱与共,当公司取得经营业绩时,大家一起分享成功的快乐,当公司经营遇到困难时,大家会互相鼓励、共度时艰,这就是团队成员具有强烈归属感的表现。

7. 团队领导者极富领导魅力

一个优秀的团队必定有一个合适的领导,他专业、热情、亲民,管理人性化,或极富人格魅力,或德高望重;他管理经验丰富,能不断增进成员对团队的认同感和归属感,提高凝聚力。一个高效运营的销售团队的领导(店长)往往担任的是教练、顾问的职务,或作为营销团队坚强的后盾,对团队提供指导和支持,积极寻找外部资源,为团队的销售活动提供保证。同时对内在管理上善于授权和激励,不断调动全体成员的工作激情,而不是试图去控制下属,从而向着更优秀、更卓越的目标迈进。

以上是我们总结的一个高效运营的销售团队的特征。每个管理者都应该明白,一个公司的成功靠的是每个人的工作,业绩不是几个英雄创造的,而是由若干个优秀的个人组成的营销团队创造的。所以,注重团队建设和不断提升团队素质才是公司取得良好经营业绩的有效途径。

第二节 珠宝导购员的聘用与管理

珠宝终端店铺的员工团队是由不同岗位的员工组成的、相互协作的集体,导购员团队是这个集体的中心,能否取得良好的经营业绩,关键在于销售团队的建设。所以,我们在这里重点讨论导购员的聘用与管理问题。

一、优秀珠宝导购员的特征

优秀的珠宝导购员具有三类特征:第一,态度特征,乐观自信、工作勤奋,具有耐心和顽强的毅力;第二,工作技能特征,具有良好的应变能力、亲和力、口头表达能力和观察力;第三,知识结构特征,具有系统的知识,包括产品知识、市场知识、消费心理学知识、待人接物的知识等。

1. 知识

珠宝导购员所具备的知识是系统的知识,包括公司的状况和产品知识(如公司经营理念、珠宝知识及公司产品特色和卖点的知识)、竞争对手的产品状况、珠宝行业的状况、企业环境状况(什么样的市场销售什么样的产品)等,还有作为导购员的礼仪知识、能正确分析消费者购买心理的心理学知识。

2. 态度

俗话说:态度决定一切。销售业绩的取得取决于导购员接待客人的态度,以良好的态度与客人沟通,客人才愿将自己的想法说出来,才有成交的机会。工作态度包含以下内容:第一,对待知识的态度,知识是内功,如果内功不好,无论你的招术多么精良也只是花拳绣腿,因为你缺乏底气;第二是对生活的态度,对生活乐观、自信,积极向上,常怀感恩之心,充满激情;第三是对待学习的态度,自觉、主动地学习多方面知识,不断提升自己的能力;第四是工作过程中的态度,不同的态度会产生不同的行为,不同的行为会导致不同的结果,销售过程中自信是首要的,对公司、产品、服务要有自信心,对待客户要真诚,真诚的服务才能感动客户;第五是寻求自我发展的态度,人总是向上的,对于导购员来说,销售目标就是业绩,这是导购员永远的追求,只有制定长远发展目标,不断提高销售业绩,才能为自己争取提升的机会。

3. 技能

优秀导购员应具有如下技能:第一是观察力,善于察言观色,将观察得到的结果运用到销售中去;第二是亲和力,导购员具有亲和力,顾客才愿意与之交往;第三是沟通力,通过沟通了解顾客的需求与喜好;第四是说服力,通过良好的口才可让顾客接受你的产品;第五是想象力,要善于引导客人产生联想;第六是预见力,我们每次销售都会遇到不同的客户,会听到各种意见相左的声音,有预见力才会知道怎么去应对。

珠宝营销是一项高雅的事业,只有建立一支训练有素的销售队伍才能取得良好的经营业绩。知识、态度、技能是导购工作中必不可少的,知识可以通过学习获取,技能可以通过培训提升,态度可以在工作中改变,但一切都需要一定的基础,这个基础就是一个人的基本素养。

二、珠宝导购员的招聘流程

1. 发布招聘信息

一般情况下,珠宝店铺招聘方式不外乎以下几种:第一,门店张贴招聘启事;第二,在各大相关论坛发布招聘信息;第三,在本地信息类招聘专栏发布招聘信息;第四,在微博或者QQ群发布招聘信息;第五,参加当地举办的招聘会;第六,让导购员或朋友介绍、推荐。

发布招聘信息时,要按照岗位职责的要求和公司对导购员的品质、素质要求,详细清晰地罗列任职资格要求。珠宝导购员的任职资格要求一般描述为:

(1)仪容、仪表端庄,学历在高中以上,年龄在18~35岁,身高1.6m以上;
(2)具有良好的职业道德、人品好;
(3)具有亲和力和良好的语言表达能力,有销售经验者优先;
(4)具有较好的服务意识和理念;
(5)性格乐观,心态积极,能吃苦耐劳。

通过以上途径广泛地扩散招聘信息,争取更多的人前来招聘,可以让导购员招聘具有更大的选择空间。

2. 收集和甄选简历

根据任职资格要求,对上门应聘者进行资格初步审查,接收简历,随后对收集到的简历进行甄选。整理和挑出合格的简历。整理甄选简历时,管理者要结合门店的实际情况思考一下需要什么样的导购员,需要高手、熟手还是生手?生手与高手、熟手的区别在于生手就像一张白纸,可以根据公司的需要任意描绘;而高手、熟手固然能很快进入角色,但他们在以前的工作经历中可能已经形成一些固化的观念和行为,不容易改变。所以,对于高手、熟手,营销经验固然是考察的重要因素，但更重要的是要考察他们在以前单位的工作情况、跳槽的原因、个人的人格特征；对于之前没有从事过销售或没有在珠宝行业从事过营销的新手，首先要按珠宝导购员的任职资格判断是否达到基本要求，再根据出身背景考察是否具有吃苦耐劳的精神，再看简历中对自己的描述是否具有积极向上的心态，尤其要关注与岗位相符的某些应聘者在某个方面的突出能力，最终甄选出合格的备选人员。

3. 组织面试

根据预计招聘的导购员数量甄选出一定数量的合格简历之后，就可以开始组织面试。面试之前，可以通知面试者准备一下个人的相关资料以备查验，如身份证复印件、学历证件等。同时要为面试官准备一份面试的评分表，评分要素大概为语言表达能力、沟通能力、应变能力、仪容仪表、人际交往能力、销售技能等内容，各项总分为100分，面试官根据每位面试者的具体表现进行评分。

当参与招聘的人数较少或招聘名额比较有限时，可以进行单独面试，反之，可以采用集体面试，面试程序相对复杂一些。正式集体面试可以按如下步骤操作：首先，分别给面试者发一张纸、一支笔和一份评分表，要求每一位应聘者给同组其他应聘者打分并记录在评分表中；然后，每位应聘者分别作自我介绍，时间2~3min，通过自我介绍可以知道每位应聘者是否了解自己能够做什么、不能做什么、表达能力如何、曾经干过什么、对自己的过去是怎么认识的，还可以让面试官知道应聘者来自哪里、职业兴趣是什么等；接下来可以考虑作一个案例分析，案例是面试官已经准备好的、店铺内发生的真实的事情或者是客户服务中的一个场景，根据这个案例提供的背景材料，让应聘者对这个案例中的问题提供解决方案，要求应聘者在5~10min内完成，最好能够写出来或者讲出来。如果面试是在店铺内进行，那么最后一个步骤是销售情景模拟或销售实战操作，即让应聘者进入柜台进行实际销售。如果当天进店顾客人数较少，时间间隔较长，就可以让应聘者直接进行销售模拟。

经过以上的步骤，面试官根据自己的印象和判断给每一位应聘者在评分表上打分。然后，店铺主管将分数作一个简单的统计。从应聘者对同级其他人的评分情况可以看出他的为人处事的风格，再结合每个应聘者的个性特征和应聘得分情况，就可以判断应聘者是否适合做一名珠宝导购员了。

三、入职培训

入职培训是指公司向每一个新入职员工介绍公司历史、公司文化和经营理念、基本工作流程、行为规范、组织结构、人员结构，并对员工进行珠宝专业知识和营销基本技巧培训的总称。随着培训的进程，新员工即将融入公司这个大家庭。而能否在这个大家庭中快乐地生活和工作，取决于能否通过培训并在培训中充分认识和认同公司文化，找到归属感；能否明确自己该做什么、怎么做，并迅速找到自己的位置，明晰自己的发展路径，围绕公司发展战略建立自己的职场规划。所以，公司要在明确入职培训目的的基础上，系统规划培训内容和培训方式。

1. 入职培训的目的

新入职的员工一般有两种类型：一类是刚从学校毕业走入社会的学生，另一类是已在社会上闯荡多年、尚未找到合适工作的社会青年。从学校走入社会的学生带着热情和朝气，同时也带着深深的学生生活的烙印,面对纷繁的社会,他们会感到迷茫,如何成功地从一个学生转变成职场人员是这些新员工面临的紧要问题;而社会青年虽然有一定的工作经历,但他们能否认同公司文化和经营理念、能否胜任珠宝导购员这一工作也是一种考验。所以,入职培训的目的通常包括以下几方面。

1)引导新员工认识企业和企业文化

不管新员工是否是真正地初入职场,在新到一家企业时,每个新员工都渴望多了解自己新加入的企业是一个什么样的企业、具有什么样的经营理念、是否为自己理想的事业发展平台等。可以说是主动地希望得到企业文化的熏陶,希望尽快融入这个团队。这时,新员工会有意地弱化自己的行为习惯,更倾向于适应新企业的企业文化、经营理念和管理方式。因此,入职培训是最佳的企业文化传播机会,非常有利于企业文化建设。

2)减少新员工的压力和焦虑

员工新到一个企业,难免会有很多顾虑,比如说,他们是否适应这份工作、应该如何开展工作、工作能力能否得到领导和同事们的认同等。通过入职培训可以让他明确做什么、怎么做,应该遵循哪些规章制度,同时让他们认识公司,了解未来的工作岗位,学习胜任工作岗位所具备的技能。如果在培训过程中再给他们一些鼓励,就会增强他们的自信心,减小他们思想上的压力,为走上工作岗位做好充分的知识储备。

3)降低员工流动

通过培训,新员工会对公司文化、工作性质、岗位职责、工作规范和规章制度有一个全面的了解,他们会结合自身素质全面思考自己是否认同公司文化、是否接受公司的管理、是否能够融入新的团队以及自身能力是否胜任即将从事的工作等问题。经过系统的权衡,他们会自行决定去留,不至于在上岗以后发现不能适应本职工作而离职。培训的过程是新员工认识公司和自我认识的过程,也是双向选择的过程,通过培训的筛选留下来的员工就是能够与公司达成工作意向的员工。同时,通过培训使新员工具备了从事相关岗位工作的能力,为公司建立一支稳定的销售队伍奠定了基础。

4)缩短新员工业务水平达到工作要求的时间

迅速熟悉未来的工作岗位、掌握必要的业务知识和销售技巧是入职培训的一个重要目的。在入职培训过程中,公司会组织专业培训师在规定的时间内完成对新员工的培训,并通过系统的监督、考核机制,督促新员工系统学习和掌握相关的知识和技能,使员工的业务水平在短时间内有一个较大的提高,缩短了新员工的业务水平达到工作要求的时间。从新员工进入公司到成为一名精通珠宝销售业务的高手需要一个很长的职业化塑造过程,但入职培训会为他们走上职业化的道路奠定一个良好的基础。

5)帮助新员工建立职业规范

珠宝导购员需要有相应的职业操守和行为规范。新员工在入职培训时必须按照岗位职责要求规范行为,树立良好的职业形象,明白在工作岗位上应该怎么做、哪些能做、哪些不能做,建立良好的职业意识,养成良好的职业习惯。固然,职业规范的建立是靠制度来约束,但入职培训也是入职教育,职业意识和职业习惯的养成需要一个过程,培训的过程也是职业规范的形成过程。企业应通过努力将职业规范变成新员工自觉的行为。

6)鼓励新员工形成积极的态度

一名合格的珠宝导购员必须掌握与岗位相适应的专业知识和能为店铺带来销售业绩的销

售技能,更为重要的是要有积极的生活态度、学习态度和工作态度。入职培训对新员工应该以什么样的态度投入工作提出了具体的要求,并激发了员工的工作热情。同时,随着对工作岗位、工作环境的了解,专业知识和工作技能的熟悉掌握,新员工会对即将赴任的工作岗位充满信心,继而形成积极的工作态度。

7) 指导新员工快速融入工作团队

让新员工了解并认同企业文化,培养他们的团队精神,帮助他们快速融入团队是入职培训的重要内容。不管他们具有什么背景、来自什么样的公司,都要用强化的方式让他们接受培训并快速适应公司文化,形成与公司文化相适应的形象、团队氛围,展示一致的公司形象,为新员工快速融入团队创造条件。其实,这才是新员工入职培训最重要的一个目的。

8) 建立新员工的归属感

员工归属感是指员工经过一段时间的工作,在思想上、心理上、感情上对企业产生的认同感、公平感、安全感、价值感、工作使命感和成就感。这些感觉最终内化为员工的归属感。据权威机构研究表明:一个新人要摆脱外来者的心态,一般需要半年左右的时间,而要真正了解自己的公司需要3年甚至更长的时间,其中最难解决的问题实际上是一个新人对这个公司文化的理解和融合。通过入职培训可以对新员工进行引导,让他们感受到工作环境、人际关系、生活待遇正是他们所需要的,他们在公司被尊重、被关注、被关心,来到公司有家的感觉,这样,他们就会安下心来,融入到企业的基本价值观与信念中去,迅速进入职位角色,建立以公司为家的信念,与公司同呼吸、共命运,肩负起与公司共进退的历史使命。

2. 入职培训的内容

一般来说,导购员的入职培训包括基础培训、专业知识培训和销售技能培训。

1) 基础培训

基础培训是让新员工全面了解公司的运营、公司的管理及任职要求等,由公司或店铺主要领导负责完成,培训时间一般需要1天。具体内容包括:

(1) 公司概况。公司创业发展史、公司的愿景及长远战略规划、公司的经营现状以及在行业中的地位、公司的组织机构、各部门的职能和企业的经营业务。通过了解公司概况可以让新员工了解公司文化和工作环境,对公司产生认同感。

(2) 公司管理制度。介绍公司的各项规章制度,如薪酬福利制度、企业奖惩制度、员工行为规范等,要求新员工自觉遵守各项规章制度,服从公司管理。

(3) 职业礼仪。介绍日常顾客接待过程中应该注意的各种礼仪,以及如何加强自身修炼,养成职业习惯,文明经营,礼貌待人。

(4) 职业生涯规划。引导新员工认识珠宝行业和公司的发展前景,树立"以公司兴为荣、以公司衰为耻"的理念,以公司作为自己事业发展的平台,制订职业生涯规划,使自己的职业生涯随公司的成长而成长。

(5) 人际沟通技巧。入职的新员工是未来公司销售一线的导购员,只有学会与人沟通,在将来的销售中才能与顾客交流,准确地掌握顾客的需求,进而以产品满足其需求。入职培训要教会新员工与人沟通,掌握沟通的方法与技巧。

新员工面对一个陌生的环境和陌生的面孔,难免会有紧张和不安的感觉,同时,初次参加公司培训也最易于形成好或坏的印象,因此,培训师要给予新员工家一样的温馨、兄长一样的关怀,以诚挚友善的态度对他们的到来表示欢迎,使新员工有宾至如归的感受;在介绍公司政策和规章制度时,也要表现出领导的权威性和公司管理的严格性;培训过程中还可以穿插一些团队项目,展示团队合作的重要性。

2)专业培训

专业培训主要是教授新员工珠宝专业知识、营销礼仪和营销技巧,一般需要4天以上的时间,具体内容包括:

(1)珠宝专业知识。珠宝专业知识培训是提升员工专业素质必不可少的培训内容,要结合公司经营的产品类型,向新员工介绍本公司经营特色、产品特色及产品知识,如产品的质量、产品在市场的销售状况、产品的目标顾客、本公司产品有别于竞争对手产品的特色等;还要让新员工掌握公司经营产品的相似品与仿制品的特点及区别,将理论与实践结合,提升新员工的专业素质。

(2)销售礼仪。礼仪是一门综合性较强的行为科学,是指在人际交往中,自始至终地以一定的约定俗成的程序、方式来表现的律己、敬人的完整行为。销售礼仪培训内容包括电话礼仪、接待礼仪、介绍礼仪、名片礼仪、举止礼仪、握手礼仪、表情礼仪、个人形象礼仪、语言的使用礼仪等。销售礼仪不仅是个人文化素质、修为、涵养的表现,也是团队形象、品牌形象、团队文化的展示,礼仪可内强个人素质、外塑店铺形象,是人际关系的润滑剂,是提高服务质量、处理客户异议、提高店铺美誉度的重要手段。

(3)销售技巧。销售过程就像拍照,如果没有对准焦距,即使拍再多的照片,也是忙而无果、收效甚微。新员工要成为一名合格的导购员,必须要有营销意识,必须掌握销售的流程以及各个流程的技巧,如探寻需求的流程和技巧、产品推荐的流程和技巧、成交的流程和技巧等。每一名导购员都应该清楚,导购员的首要任务是销售,如果没有销售,产品就不为人知,企业也就没有利润,而销售的过程实际上是发现顾客需求并满足其需求的过程,沟通是成功销售的唯一桥梁,通过沟通取得顾客的信任,了解他们的需求,可争取最大的成交机会。

(4)顾客抱怨投诉的处理技巧。日常销售过程中,每天都要接待几十甚至几百名顾客,如果我们提供的服务不能令顾客满意,就会遭受抱怨或被投诉,最终导致顾客流失,店铺的信誉度下降,对店铺经营业绩造成负面影响。所以,导购员必须了解顾客抱怨、投诉产生的原因,以及处理流程和处理技巧。在培训时可以运用店铺发生的真实案例,让新员工一起讨论,探索处理顾客抱怨和投诉的方法和技巧。

3. 入职培训的方式

不同的企业使用不同的入职培训方式,不同的培训内容也要选择合适的方法才能达到理想的培训效果。入职培训形式可分为两大类:一类是传统型培训形式,主要有在职培训、现场培训、讲座培训与程序化教学培训等;另一类是新型培训形式,主要有非正规学习培训、试听化培训、模拟式培训、远程网络培训、户外式培训与咨询式培训等。无论是传统的培训形式还是新型培训形式,都各有其优劣,关键是针对培训资源、培训对象、培训内容等因素灵活选择培训方式,达到最好的培训效果。珠宝店铺的导购员培训一般有集中讲座式培训和带训两种形式。

如果一次招聘的新员工人数较多,入职培训一般以集中讲座式培训为主,辅以现场培训、模拟式培训、户外式培训等形式。通过培训,可使员工了解公司文化、经营理念和经营特色,了解公司的各项管理制度,形成一致的行为规范,掌握导购员必备的珠宝知识、礼仪、珠宝销售技巧,使员工团队建立一致的形象,养成团队意识。但一名优秀的珠宝导购员是不可能通过几天的集中培训造就的,只有经过长期的实践经验积累并不断学习和总结,才能成为一名珠宝销售高手。所以,除集中培训外,后续的学习和总结是必不可少的,如晨例会强化各类知识点、周例会集中学习以及不定期举办各类知识和技能学习讨论会等,可让员工在学习和实践中不断提高职业素质和销售水平。

如果一次性招聘的新员工较少,入职培训除必要的知识和技能外,更多的培训内容是以带训的方式来完成的。实际上,新员工进入工作岗位都需要经历一个带训(OJT)的过程。

所谓 OJT(On the Job Training),意思是在工作现场内,上司或技能娴熟的老员工在工作现场对新员工所必须掌握的知识、技能、工作方法等进行教育的一种培训方法,习惯上称为带训或职场内培训。OJT 是一种类似于师傅带徒弟的培训方法,它的特点是带训师傅在具体工作中对工作要领进行示范讲解,在实践中学习,新员工有不明之处可以当场向带训师请教,带训师可以通过实际演练传授给带训员工知识和技能,及时纠正他们在工作中表现出的不规范语言和行为,使培训更加具有针对性。同时,带训师还可以在互动中发现以往实际工作中的不足之处,使自己的行为不断规范,达到教学相长的目的。

如果珠宝店的管理者制订了明确的带训计划和培训目标,那么 OJT 的作用是非常明显的。

首先,OJT 强调在实践中学习,具有很强的针对性和明确的培训目标,新员工不仅可以从带训师身上学到珠宝知识和营销技巧,还可以从他们身上感受到公司的经营理念和公司文化,使新员工能迅速融入营销团队,迅速成长为一名合格的珠宝导购员。

其次,新员工上岗能够为销售做一些辅助性工作,能快速解决店铺销售人员不足的问题,培训、销售两不误,为提升店铺整体销售业绩提供了人力支持。

再次,带训师为新员工树立了标杆,有助于新员工的学习和成长,有助于形成一致的销售风格,如果新员工注重总结,一方面吸收带训师的技能之所长,一方面发挥自身之所长,努力将两者有机结合起来,便能形成自己独特的销售风格和销售技巧。

最后,带训师承担着培训新员工的任务,体现出公司领导对带训师工作能力的肯定,必然会督促带训师规范自己的言行举止,为新员工做出表率,也会促进他不断学习和进步,改进自己的工作,提升自身的销售水平。

那么,如何做好 OJT 培训工作呢?

第一,带训师的选择。所选的带训师必须熟悉店铺经营业务,接受并认同公司文化,对公司经营理念有全面而深刻的理解,具有较强的业务能力和高度的责任心,在营销团队中具有较高的声望;能够从公司整体利益出发,从新员工成长的角度出发,与新员工分享自己营销成功的经验;还要有良好的沟通能力,与新员工保持良好的沟通,以宽容的态度对待新员工,充分展示和蔼可亲的大哥大姐形象。

第二,在培训计划的制订上,要让新员工清楚地了解培训目的、培训目标、培训内容和培训的具体要求,以及在培训过程中可能会遇到什么样的问题,应该以什么样的心态对待培训中出现的问题等。同时,指导和帮助新员工制订学习计划,让他们了解:短期内的学习内容是什么,应该达到什么样的目标,达到目标的时间;中长期的学习内容是什么,以及要达到什么样的目标和达到目标的时间。还要让新员工带着清晰的任务参与培训,督促新员工对照培训的具体要求自查培训效果,尽快提高自身素质,成为一名合格的珠宝导购员。

第三,在带训师与新员工的沟通上,带训师要准确掌握新员工的个性特征、以前的工作背景和工作情况、工作技能掌握情况。带训师要明确地告诉新员工,现在他们的知识、技能、技巧与所要达到的水平之间差距有多大,如何缩短这种差距,要以什么样的态度对待工作和培训,以什么样的态度对待工作中的压力与批评,并不断提高他们的工作积极性和参与销售的热情。同时,带训师要灵活运用鼓励与批评的艺术,抓住新员工工作中的闪光点进行表扬,鼓励他们大胆地开展营销工作;在他们有不当的言行举止时要在不损害他们自尊心的基础上加以批评,关注他们工作中的每个细节,不失时机地加以引导和规范。

第四,带训师必须加强自我修炼,严格要求自己,为新员工做好表率,要求新员工做到的事情,自己首先要做到,以自身的形象、知识、技能和态度展示自己的能力,凭借自身实力赢得新员工的尊重。决不能以师傅、老大自居,摆出一幅盛气凌人的架势,让新员工觉得有距离感。OJT培训的效果在很大程度上取决于带训师与新员工之间合作的默契程度,带训师只有在平时留心观察、了解新员工,才能明白"指导什么、怎么指导",只有展示平易近人的态度,才能拉近与新员工之间的距离,在潜移默化中对新员工施加影响,使新员工的成长和能力提升于无形之中。

第五,在对新员工的培训管理上,建立新员工培训监督考核机制,分阶段对培训情况进行效果评估,对知识、技能的掌握程度进行实际测试,并建立淘汰机制,以此引起新员工对培训的重视。如果没有考核机制、没有淘汰机制,会使新员工感到没有学习压力,出现得过且过的心理。有了监督考核机制,就会给新员工一定的压力,促使他们重视学习,提高他们进步和成长的速度。考核方式详见表 5-2。

4. OJT的实施

OJT是珠宝店铺员工培训最常用的方法,它的长处在于:可以在工作中进行培训,工作、学习两不耽误,双方都不必另外投入时间、精力和费用;而且,实战训练取代了模拟教学,使培训和实际销售密切联系,形成教与学的互动,发现问题可以及时解决,可以帮助新员工迅速提高营销水平。OJT也有短处:带训师如果不擅长教育别人,那么成效则会不理想;而且,工作一旦忙起来,往往就顾不上认真、详细地说明讲解,且对新员工的教育不能当着顾客的面进行,有时就可能错过最好的教育时机。还有一个严重的问题就是职场内的"俄罗斯套娃"现象。

俄罗斯套娃是一种儿童玩具,大娃套着小娃,小娃里面还有更小的娃,自大而小,一个套一个,一般是三层,也有五层的,一模一样,只是一个比一个小,与中国文化谚语中"武大郎开店,一个比一个矮"的意思是相近的。管理界常用俄罗斯套娃说明人力资源管理中的一个现象:假如最外层的套娃是有权选才的人,他只能容纳那些能力不如自己而且习惯、性格跟自己相近的人,那么下级一个比一个能力低,这样做的结果是沟通高效,对管理者也没有什么威胁,对企业的影响是永远吸纳不到高水平的管理人才,企业永远无法发展壮大。

在销售队伍管理中,"俄罗斯套娃"现象出现的机率很大,因为销售队伍的流动率是所有职业中最高的,很多企业每个月都在招聘导购员,如果所有级别的管理者都不能容忍能力比自己强的人进入公司,那么,招聘的结果就可想而知了。而OJT沿袭的是中国传统的师傅带徒弟的培训方式,很多人还有"教会徒弟,饿死师傅"的观念。带训师如果心胸狭窄,不从店铺整体利益考虑人才培养的重要性,就很可能出现不尽心培养新员工,甚至排挤能力强的新员工的现象,于是,"俄罗斯套娃"现象就在导购员队伍中出现了。

表5-2 新员工入职培训跟踪考核表

一、员工基本信息			
部　　门： 姓　　名：		岗　　位：	
主管领导： 带 训 人：		入职日期：	
二、七日工作日志			
工作日	工作日志	带训人评价	
第一个工作日		学习积极性：□主动　□较主动　□一般　□不主动	
		协　作　性：□积极配合　□较配合　□不配合	
		解决问题能力：□强　□较强　□一般　□弱	
		知　识　接　受：□收获很大　□有收获　□无收获	
		工　作　表　现：□优　□良　□中　□差	
		现　职　工　作：□适应　□基本适应　□不适应	
第二个工作日		学习积极性：□主动　□较主动　□一般　□不主动	
		协　作　性：□积极配合　□较配合　□不配合	
		解决问题能力：□强　□较强　□一般　□弱	
		知　识　接　受：□收获很大　□有收获　□无收获	
		工　作　表　现：□优　□良　□中　□差	
		现　职　工　作：□适应　□基本适应　□不适应	
第三个工作日		学习积极性：□主动　□较主动　□一般　□不主动	
		协　作　性：□积极配合　□较配合　□不配合	
		解决问题能力：□强　□较强　□一般　□弱	
		知　识　接　受：□收获很大　□有收获　□无收获	
		工　作　表　现：□优　□良　□中　□差	
		现　职　工　作：□适应　□基本适应　□不适应	
第四个工作日		学习积极性：□主动　□较主动　□一般　□不主动	
		协　作　性：□积极配合　□较配合　□不配合	
		解决问题能力：□强　□较强　□一般　□弱	
		知　识　接　受：□收获很大　□有收获　□无收获	
		工　作　表　现：□优　□良　□中　□差	
		现　职　工　作：□适应　□基本适应　□不适应	
第五个工作日		学习积极性：□主动　□较主动　□一般　□不主动	
		协　作　性：□积极配合　□较配合　□不配合	
		解决问题能力：□强　□较强　□一般　□弱	
		知　识　接　受：□收获很大　□有收获　□无收获	
		工　作　表　现：□优　□良　□中　□差	
		现　职　工　作：□适应　□基本适应　□不适应	

续表 5-2

工作日	工作日志	带训人评价
第六个工作日		学 习 积 极 性：□主动　□较主动　□一般　□不主动
		协　　作　　性：□积极配合　□较配合　□不配合
		解决问题能力：□强　□较强　□一般　□弱
		知　识　接　受：□收获很大　□有收获　□无收获
		工　作　表　现：□优　□良　□中　□差
		现　职　工　作：□适应　□基本适应　□不适应
第七个工作日		学 习 积 极 性：□主动　□较主动　□一般　□不主动
		协　　作　　性：□积极配合　□较配合　□不配合
		解决问题能力：□强　□较强　□一般　□弱
		知　识　接　受：□收获很大　□有收获　□无收获
		工　作　表　现：□优　□良　□中　□差
		现　职　工　作：□适应　□基本适应　□不适应
三、综合评价			

对象	评价项目	评分	主管评语
新员工	1. 专业技能熟练程度(5分)		评语：
	2. 团队合作及沟通能力(5分)		
	3. 工作主动性(5分)		
	4. 进取心(5分)		意见：
	5. 责任心与敬业精神(5分)		□提前转正　□继续试用
	6. 学习与适应能力(5分)		□停止试用
	7. 执行能力(5分)		
	8. 工作效率(5分)		
	9. 工作质量(5分)		签字：
	10. 和谐心态(5分)		日期：
带训人	1. 预期目标：□达到　□基本达到　□未达到		评语：
	2. 带训方法：□满意　□基本满意　□不满意		
	3. 责　任　心：□强　□较强　□一般　□弱		签字：
	4. 满意度调查：□75分以下　□75分以上		日期：
	5. 综合评定：□优　□良　□中　□差		
人力资源部意见：		总经理意见：	

备注：
1. 此表用于新员工入职培训的过程中，目的是为了更好地对新员工的入职培训过程进行有效监控。
2. 工作日志应由带训人在每天培训工作结束后填写，带训人可由部门主管或主管指定人员担任。
3. 此培训结果将作为新员工转正评估的参考依据，相关人员应认真、客观并及时地填写本表格。
4. 涉及内容前有方框的，请在框内打"√"，评分栏填写：优秀 4～5 分，合格 3～4 分，基本合格 2～3 分，不合格 0～1 分。
5. 该表格全部流程完成后，由人力资源部统一收回存档并作为关联人考核依据，将结果反馈给部门负责人及关联人。

为了避免 OJT 过程中的"俄罗斯套娃"现象，第一，要在公司形成一股相互学习、相互促进、互帮互学的氛围，在日常工作中营造互相交流、共同提高的团队风气。传、帮、带的风气一旦形成，对新员工就不存在士气打压和传授保守的问题了。第二，要注重带训师的选择，带训师必须是有大局观、懂得从店铺整体利益考虑人才培养重要性的人。在团队的氛围中有些带训师性格的劣根性显示不出来，但当得到一定的权力时，其劣根性便充分暴露出来了，如专横独断、以权压人、带训保守，这样的人是不能胜任 OJT 工作的。第三，要经常评估带训效果，及时发现带训过程中存在的问题，督促他们改进带训方法，提高带训水平，改进带训质量和效果。第四，要将带训的结果与带训师绩效考评和激励机制结合起来，对带训成效显著的带训师给予物质和精神上的奖励，让他们的付出有相应的收益，提高他们带训的积极性。

第三节 高效运营的终端销售团队的培育

2006 年，世界杯足球赛在德国举行，本届比赛的用球叫"团队之星"，因为 11 个人的足球赛靠大家的配合。每个球员经过平时的苦练（当然也要有足球的天赋）都有过人的技术，只有每个球员都有自己的专长，大家各司其职，再加上 11 个人完美的配合，才能在全球顶尖球队中脱颖而出，站上冠军这个制高点。一支战无不胜的冠军球队如此，一个高效运营的终端营销团队也是如此，必须经过长时间的艰苦培育，让每一名导购员都有独特的技能和团队意识，并且在一个独具领导魄力的店长的带领下，才能取得领先的经营业绩。当然，导购员团队要成为一个优秀的团队，首先要经过职业化塑造。

一、终端营销团队的职业化塑造

在前文中，我们探讨了店长的职业化塑造。职业化的店长必须带出一支职业化的团队，使团队具有职业化的工作态度、职业化的工作形象、职业化的工作技能和职业化的工作道德。

1. 职业化的工作态度

导购员职业化的工作态度主要体现在日常工作的细节中，包括接待客人的态度、服务的态度、参与公共事务的态度、对待团队的态度、对待货品的态度等。一位表现平庸的导购员可能只会认真按店长的吩咐或导购员的行为规范做事，保证在工作中不犯错误，既不会受到客户的批评，也不会给客户留下深刻的印象。而优秀的导购员会用心把事情做好，用心把事情做到位，在服务中的表现常常会超出客人的预期，给客户带来意外的惊喜，留下深刻的印象。

一般的导购员认为，在日常工作中只要按照工作职责的要求完成工作任务就可以了，殊不知，工作任务的完成是有很大弹性的。职业化的工作态度要求导购员不仅要用心把工作做好，更要用心把工作做对，超出客人的预期。举个简单的例子：一位客人在店铺买了几件首饰，导购员本来按流程将货品交付给客人就可以了，客人也不会对导购员有什么深刻的印象。但当他（她）完成付款手续返回柜台时，发现导购员已经将货品进行分类包装，不仅如此，还为客人准备了一个更大号的包装袋，告诉客人：看您手上拿的东西很多且零散，我为您准备了一个包装袋，您可以将这些零散的东西装在一起。这时客人会非常感动。这就叫用心，观察细致，把事情做好了，也赢得了客人的赞誉。再举个简单的例子：假如店长简单地吩咐一句"大家把环境搞干净",那么员工就不会明白怎么样才算干净、干净的具体标准是什么。这句话其实交代的不清楚,如果没有"把环境搞干净"的职业化描述,下属是无法执行到位的。一旦导购员具备了职业化的工作态度时,就会马上联想到环境干净就是"墙面无尘、地面无垢、玻璃明亮、道具整洁……",然后用心地去做、细致地去做、精益求精地去做,自觉地将工作做到位。

我们在日常销售中为客人试戴戒指时,店长会要求店员在取出戒指时一定要戴上手套,试戴后应擦干净放回原位。但我们的导购员在实际操作时不愿意那么麻烦,会随手取出给客人试戴,试戴结束后又随手放回原位,根本不作任何处理,这其实是没有职业化的工作态度的表现。我们常常说珠宝首饰是高档消费品,既然是高档消费品,就要用心呵护、备受珍惜。作为导购员,正确的做法是小心翼翼地取出钻石戒指,试戴后立即擦干净,再小心翼翼地放回原处。导购员自己都不爱惜自己的产品,会让客人怎么看、怎么想?所以,职业化的工作态度不仅要求导购员认真做事,更要用心做事。图5-2为销售员戴手套以标准姿势展示货品。

图5-2 销售员戴手套以标准姿势展示货品

现在企业招聘的新员工大多是"90"后,再往后就是"00"后了。独生子女越来越多,他们从小在家就是一个娇娇宝贝,到学校就是把书读好,到了公司就是每天上班,从小就养成了一切以自我为中心的习惯,什么事情都不会主动地沟通,更不会主动地关心。有些导购员认为:店里来了客人,主动打个招呼似乎就已经尽了自己的义务;日常销售,按照正常的程序接待完客人似乎就可以了。他们做事情总是留下一些尾巴,等别人提醒,等别人收拾;开完例会,就迫不及待地逃离会场,不知道将动过的椅子及时归位;设计一个促销活动,举办一场表演,做一场产品发布会,活动一结束,屁股一拍就走人,这些都是没有良好的工作态度的表现。当惰性占了主导地位时,职业化的工作态度、工作职责早已抛至脑后了,这些都是缺乏职业化的工作态度的表现。

珠宝终端店铺的完善需要培养导购员职业化的工作态度:一方面,管理者要客观认识"90"后年轻人的特点,循循善诱,更要以身作则,在工作中以职业化的工作态度去感化他们;另一方面,要善于发现他们的优点,及时加以表扬,并以某些导购员良好的表现为标杆,鼓励其他员工向他们学习,决不能以简单、粗暴的方式进行批评,从而让每一位员工都能认真做事和用心做事。更为重要的是要将工作态度与工作绩效挂钩。口头上要求员工用心,不是事倍功半,就是无济于事。员工不用心,即使管理者耳提面命、苦口婆心地教育,其实作用也并不是很大。管理学中有这么一句话:不附带处罚的要求是没有意义的。部门主管对工作态度欠佳的员工要用文字提醒,甚至公布。为了给表现差的员工留一点尊严,可以将员工的工作态度分成优、良、可、劣四个等级,公布考评结果时只写出这四种人的人数。人是很聪明的,一看到考评结果中有被评为"劣"的,90%的员工都能猜得出来那"劣"指的是谁,被评为"劣"的人自己也会有感觉。如果屡教不改,那就只有让他离开这个团队。

2. 职业化的工作形象

职业化的工作形象是导购员在工作中展示出来的,与店铺形象、产品形象相一致的形象,就是"看起来像干这一行的人",它是客户直接认知的职业精神最基础的表现形式,包括导购员的穿着打扮、仪容仪表、言行举止。客户从导购员的工作形象就大致可以看出店铺员工的专业素质,可以想象店铺的产品是什么样子。一个良好的形象可以增加客人与导购员接触的意愿,是取信于客人的基础,当导购员的衣着、行为、语言一看起来就像一个从事珠宝销售的专业人士时,客户才有可能信任导购员的专业水平,才会有在店铺购买产品的意愿,导购员也才有机会用语言、行动、利益等职业化的技能去争取客户。

职业化的工作形象包括公司、个人两个层面。公司的职业化形象就是我们平常所说的专业化企业形象,它要求在品牌形象、装修风格、内部陈设上体现专业的形象、产品的特色和品牌的定位。如品牌名称、LOGO(标志)的设计等要与珠宝有关,让人从品牌识别要素上就知道这个企业是从事珠宝经营的;在装修风格上要体现珠宝的特征,要么尊贵典雅,要么简约时尚,内部陈设也要显得有档次,与公司的产品定位一致。这些都是公司对外的静态形象展示,它能让客人知道这家公司是经营珠宝的,能将客人吸引进来,但客人能否成为客户,还是要靠动态的形象——导购员能否给客人展示一个值得信任的工作形象,这是珠宝店铺能否取得经营业绩的基础。如果导购员给客人的初步印象是做事漫不经心,穿着很不得体,对客人表情冷漠,看上去不专业,是很难留住客人的。

职业的工作形象要求珠宝导购员穿着打扮整洁、行为举止高雅、谈吐大方、待客礼仪规范。具体要求做到如下几点。

1)衣着和谈吐

衣着是外表,谈吐是内涵。衣着是对一个人的第一印象,是取得客人信任的第一步。一个农贸市场的摊主如果穿着整齐的西装去做生意,大家一定不会找他买东西,因为他的衣着"不入行"。餐厅里服务员的穿着永远是干干净净的,警察永远穿着显示威严的警服,他们在工作中总是挺直着腰杆,这叫职业的工作形象。珠宝导购员的工作形象对着装有什么要求呢?第一,保持衣着的干净整洁是最基本的要求;第二,一个销售团队在着装上要保持颜色、式样上的一致性,它可以向外界展示一致的工作形象;第三,与珠宝首饰的尊贵典雅相适应,导购员的衣着要显得高贵、正规、有气质。所以,在衣着选择上,男性一般选择深色的西服、长裤和白色的衬衣,搭配合适的领带和鞋袜。女性服装花式很多,但在工作场合最好选择与男性颜色一致的西服、长裤或裙装。男性不要穿背心、短裤和拖鞋,女性不要赤脚穿凉鞋,不要穿吊带衫。

衣着是一个人的外表,谈吐是一个人的内涵。一名珠宝导购员谈吐上也要有内涵,谈吐高雅,反映了他的智慧和文化层次。在与客人交流时应尽量讲普通话,最好注意自己的用词和语气,如果用太多不必要的虚词、叹词,会感觉很不庄重、很浅薄;尽量不要用一些比较时髦的词,比如很酷、我是你的粉丝等,在面对顾客时还是用一些较为正式的字眼比较好;讲话要简练,不要多,要有针对性。语言是一种表达艺术,与一个人的表达能力、文化涵养、个性有很大关系。珠宝导购员应该刻意训练自己的表达艺术,努力掌握语言表达的技巧。

2) 仪容仪表

衣着是仪容仪表的一部分,我们这里所讲的仪容仪表更倾向于个人形象的修饰。仪容是指个人形体的基本外观,导购员的仪容仪表会影响客人对其专业能力、任职资格、能力大小、团队意识和自信程度的判断。珠宝导购员的工作形象一定要显得高贵、干练、自信、干净利索,但又要从众,不能过于个性化。这就需要每个导购员注重修饰自己的形象,男性不能留长发、胡须,更不能修剪个性化的发型或将头发染成个性化的颜色,而应保持面部的干净整洁,指甲不可过长;女性只能留齐肩的长发,最好不要染发,不要化浓妆或喷洒带刺激性气味的香水,可以化淡妆,指甲不可过长,不可涂指甲油。总之,导购员的仪容要展现自己的亲和力,要为大众所接受,因为我们展示的形象是大众都能接受的工作形象。

职业化的工作形象要求珠宝导购员在工作中微笑服务,通过一张张笑脸体现导购员职业化的工作态度。笑是一种心境,体现了导购员的愉快心情,也体现了对顾客的热忱与欢迎,是一种爱的表现;笑也是一种艺术,在面部表情上给人以愉快、真诚、自然、热情的感受;笑更是一种涵养,展现了导购员待人接物的风格。真笑、假笑、奸笑给客人的感受是不同的,导购员要笑出真诚、笑出热情,让客人感受到导购员的笑是从内心发出来的。

职业化的工作形象要求珠宝导购员在工作期间保持穿着的整齐。衣服纽扣要齐全,衬衣的领口要扣严,袖口要扣好,领带(结)要打正,工牌要戴在规定的位置,不要佩戴首饰。每天上岗之前,导购员都要对着镜子检查自己的仪容仪表,达到要求方可上岗。

3) 行为举止

导购员职业化的工作形象塑造最后一步是行为举止,即导购员肢体动作的行为要求。这个问题看似简单,其实,从基本的站立坐行到身体语言、眼神交流等都很影响员工的形象,都能够体现出一个人的品位与自信。那么,导购员的行为举止如何规范呢?一般来说,没客人时要保持站立状态,女导购员站立时身体要端正,抬头,挺胸,收腹,双眼平视前方,嘴微闭,面带微笑,双臂自然下垂或交叉体前,双脚呈"V"字形,双膝和脚后跟要靠紧(切忌双脚叉开),双臂交叉体前时要右手压左手。男性导购员站立时,双脚自然分开,与肩同宽,双膝紧挺,双手自然背垂于后,不可太高,一般在腰际处,不可叉于腰间、抱在胸前、伸到衣兜里或插到衣袖里;站立时身体不可东倒西歪,不可耸肩歪脑,更不可单脚独立。站立时应留意与周围同事的合作,要精神饱满,表情自然,切不可呆若木鸡、心不在焉,不可倚靠柜台站立,更不可若无其事地坐下,要做到"眼观六路,耳听八方",随时准备为客人服务;与客人交流时要错位站立,身体微向前倾,注意倾听,并以规范的语言与客人交流,交流过程中集中精力观察客人的表情,不能表露出过分的喜怒神色,始终保持一种放松的心态。

总之,职业化的工作形象是公司形象的动态展示,是顾客对导购员信任与否的第一印象,必须以制度规范导购员的工作形象。

3. 职业化的工作技能

珠宝导购员的职业化工作技能主要体现在专业知识和专业技能上。从事每项工作都必须具备相应的知识、能力或技术,当客户的知识、经验超过我们时,他们就很容易对我们的能力产生怀疑甚至放弃我们。举个例子,一个销售钻石首饰的终端店铺的导购员就必须懂得钻石的历史、钻石的特性、钻石的产地、钻石的工艺、钻石的质量评价、钻石的文化和钻石卖点的相关知识,如果不具备这些基本的知识,我们在销售工作中正好遇上一个在某一方面比我们更懂钻石的人,他可能就会对我们的知识、技能产生怀疑而认为我们不专业。

每一个导购员都要有必须具备的知识和能力。我们每位导购员都要检讨一下,自己对岗位所需的知识掌握多少?能力具备了吗?导购员应找出存在的差距和努力的方向,通过日常的学习和培训逐步缩短差距,做自己岗位上的专家。珠宝终端店铺的管理者们总倡导把销售团队打造成"顾问式销售团队"。所谓"顾问式销售团队"就是要做到以下几点:

(1)从对珠宝知识的掌握程度上来讲,顾客不知道的,你知道;顾客知道的,你知道的比他更清楚、更正确。比如说:某公司销售的钻石总是很亮,至于为什么会亮,为什么亮的钻石质量会比较好,顾客不知道,而销售人员会告诉顾客它"亮"在哪里:因为我们的每一粒钻石都是精挑细选的,除了颜色比一般的钻石白以外,更因为切工比一般的钻石好,切工好的钻石对光的反射程度就高,看起来就比较亮。导购员可能还需要向客人描述切工对钻石的重要性,同等大小的钻石价格会有差异的原因等。专业、自信的导购员可以为顾客消除钻石消费中的不少疑惑,从而赢得顾客信任,这样的营销团队就是顾问式营销团队。

(2)从知识范围上来讲,导购员除了要了解公司产品知识外,还要了解与产品相关的知识。还是拿钻石来讲,导购员除了要掌握钻石专业的鉴别、评价、工艺知识外,还要掌握钻石的相关知识,如钻石作为爱情见证的由来、钻石产自哪里、为什么南非钻石很有名、当今市场钻石销售情况如何、本店钻石与众不同的特色是什么、钻石同其他宝石相比有什么独特的地方等。导购员的知识面越广、越专业,越容易取得顾客的信任和依赖,这样的销售团队是不可能让客户轻易流失掉的。

(3)从立场上来讲,导购员是公司的一员,固然要站在公司的立场上说话,但是不要忘了,导购员是在帮客户"买"东西,不是"卖"东西给客户。销售的过程是买卖双方的一个沟通过程,销售人员要有帮助顾客的心态,要设身处地地为客人考虑。导购员要帮客户选购东西,而不是硬要将东西卖给客户。日本有一个叫御木本的珍珠品牌在日本乃至全世界都非常有名,英国和日本的皇室都是他们的客户。在参观那里的时候会发现,养殖场的竹架子编织的非常整齐,海女穿的衣服非常洁白,他们的工作坊打扫得非常干净。顾客到那里去买珍珠,她们会介绍很多有关珍珠的知识,最重要的不是让顾客买,而是让顾客了解珍珠,从而令顾客爱上珍珠。当客户有了对珍珠的需求,就会想起这里,就会来这里购买。而有的导购员总是急不可耐地想做生意,效果往往会适得其反。

(4)从效果上讲,营销的过程是了解需求并满足需求的过程。顾问式导购员会通过交流了解顾客的真正需求、潜在需求,然后再有针对性地介绍产品的性质、特色、功能、利益(核心价值)以及能证明利益的证据,这样就会有比较好的介绍效果。很多珠宝导购员都是按照公司的教条式介绍词来开展工作,即在不了解客人真实需求的情况下,一碰到客人就像背书一样背给人家听,这样是不可能取得好的效果的。

总的来说,职业化的工作技能就是要求珠宝导购员要有一个做事的样子,要在自己的业务范围内比客人知道的更多、更专业、更正确,这样的导购员才能成为顾问式导购员。

4. 职业化的工作道德

珠宝导购员的职业化工作道德要求导购员以诚信的精神对待职业,严格遵守公司职业规范和公司制度,对公司忠诚,坚持公司利益高于一切,决不泄露公司机密,全力维护公司的品牌形象,这是从道德层面对职业化团队提出的要求。员工必须具有诚信、责任心和对品牌的忠诚,诚信是为人之本,是一切道德的基础。学习成长和工作的动力也来自于责任心。

良好的信誉能给自己的生活和事业带来意想不到的好处。做人、做事、做生意都一样,成功的第一要诀就是诚实守信,包括对领导的诚信、对同事的诚信和对消费者的诚信。真诚地对待领导才能取得领导的信任,领导才会将重要的工作放心地交给你,为你的成长搭建一个重要的平台;真诚地对待团队中的每个人,同事才愿意与你交心,把自己真实的想法告诉你,在生活和工作中愉快相处、荣辱与共;真诚地对待客户,才能取得客户的信任,客户才会把真实的想法告诉你,不仅为公司争取了成交的机会,也为品牌增加了信任度。然而,现实工作中珠宝导购员的表现常常不尽如人意,工作中欺上瞒下,同事间明争暗斗,对客户关心的产品质量问题总是闪烁其词,其实是缺乏诚信、不具备职业化工作道德的表现。

职业化的工作道德要求每位珠宝导购员有强烈的责任心,在自己的工作岗位上尽职尽责,要以对公司、对客户负责的态度对待平常的每一项工作,认真负责任地做好每一件事。企业招聘中,有些应聘者可能是来自其他公司的跳槽者,至于为什么会跳槽,他们可能会将以前的公司、以前的部门或以前的同事描述得一塌糊涂,那么,这样的员工能受到重用吗?今天他为了得到一份工作可以去抹黑以前的公司或同事,明天也可能为了个人利益去抹黑现在的公司或同事,这种没有责任心的人是不可能得到重用的,因为他对公司缺乏应有的责任心。加入一个公司,就要认同公司的经营理念和公司文化,就要将自己的职业生涯与公司命运紧紧联系在一起。至于跳槽,在当今市场中已是很正常的现象,是一个人的思想、能力超前或滞后于公司的发展造成的,不管到什么时候,对于我们曾经工作过的公司都要有一份感恩之心,这是职业化工作道德的要求,也是对公司责任心的体现。对客户负责,就是要站在客户的角度去思考问题,让客户购买到放心的产品,享受到真诚的服务,让客户在购买产品时感受到公司的真诚、友善,进而产生对品牌的忠诚度。实际上,这也是珠宝企业建设品牌的需要。一般来说,客户要认同一个品牌分三个阶段:第一个阶段是通过差异化的产品形成的核心竞争力让客户喜欢这个品牌;第二个阶段是通过优质的服务和诚实守信的作风让客户信任这个品牌;第三个阶段是让品牌产生社会影响力,让客户觉得自己的选择是对的,进而对品牌产生忠诚度。当知名度、信誉度、满意度和忠诚度都形成了,品牌就自然形成了。一个品牌形象的建立和培育是艰苦而长期的工作,导购员诚实守信实际上是品牌建设的需要,也是对品牌的忠诚。

中国的珠宝市场虽然很庞大,但从消费者到导购员都不成熟,在这样的市场环境中从事珠宝营销,建立职业化的销售队伍就显得更加重要了。它可以展示企业独特的专业形象,为企业带来恒久的销售业绩。所以,珠宝终端店铺的管理者要重视职业化的珠宝销售队伍的培育,以制度加以约束,并与企业文化建设结合起来,不断监督,不断强化,使他们成为珠宝企业专业形象的一部分。

二、终端营销团队的团队精神塑造

我们前面谈到了高效运营的珠宝营销团队的特征,一个团队是否能够高效运营取决于这个团队是否具备了团队精神。所谓团队精神,是一个团队所有成员都认可的一种集体观念或集体意识,是大局意识、服务意识和协调意识的综合反映,是增强团队凝聚力、促进团队进步的基石。团队精神尊重每个成员的兴趣和成就,要求团队的每一个成员,都以提高自身素质和实现团队目标为己任。团队精神的核心是合作协同,目的是发挥团队的最大潜在能量。所以我们可以说,团队是现代企业不可或缺的精神灵魂。而良好的团队精神来自于企业正确的管理文化,没有良好的从业心态、自我约束和自我牺牲的精神,就不会有坚实的团队精神。

1. 塑造团队精神的重要意义

团队精神的重要性在于团队力量的体现,每个人都将自己融入集体,并在这个集体中充分发挥个人的作用,才能体现团队强大的力量。个人与团队的关系就像小溪与大海的关系一样,小溪只能泛起小小的浪花,只有融入大海,才能迸发出惊涛骇浪。个人的力量再强,但相对于团队来说永远是渺小的,只有融入团队并形成一个有机的整体,才能产生一股无坚不摧的强大力量。

团队精神的核心就是协同合作意识,如果没有合作意识就不能称为团队,而只是一个团体。一个团队是积极合作、以完成相同目标为目的的一群人,他们不仅仅是做自己的工作,而且相互沟通、相互合作、相互关怀,并帮助其他团队成员完成团队目标,每个人都会把自己的智慧和力量贡献给自己正在从事的工作。俗话说:一个和尚挑水喝,两个和尚抬水喝,三个和尚没水喝;一只蚂蚁来搬米,搬来搬去搬不起,两只蚂蚁来搬米,身体晃来又晃去,三只蚂蚁来搬米,轻轻抬着进洞里。"三个和尚"是一个团体,他们没水喝的根本原因是因为他们不讲协作,工作互相推诿,没有形成合力;而"三只蚂蚁来搬米"之所以能"轻轻抬着进洞里",正是它们团结协作的结果。这样看来,一个终端营销团队如果缺乏合作意识就如同一盘散沙,这样的团队就不能称为团队,而只是一个工作群体。所以,塑造团队精神的意义首先是可以形成团队的合力。

每个人都有自己的长处,也有自身的短板,虽说勤能补拙,然而,要求每个人都成为"全才"却不是那么容易的事情。在一个团队里,每个人都能够充分发挥自己的优势的话,就会产生大于"1+1"的力量。所以,团队精神不仅可以弥补个人的短板,而且所形成的团队合力不是简单的个人能力的相加,而是激发出的团体不可思议的潜力,使团队合力远远超过成员个人能力的总和。

一个高效的团队内部必定有很好的沟通,通过沟通让每个成员明白自己的工作任务、工作方向和工作目标。大家上下一心,齐心协力,发挥出自己的特长,不仅可以把自己的那份工作做好,还可以发挥协同作用,为企业创造辉煌的经营业绩。

塑造团队精神的意义还在于:团队建设是企业文化建设的一个重要组成部分,是企业参与市场竞争的法宝。在一个充满凝聚力的环境中,每个成员都会精神饱满地投入到销售工作中,为企业取得良好的经营业绩发挥自己的聪明才智,这样的团队才会无坚不摧、攻无不克。当一个具有团队精神的团队以饱满的热情出现在顾客面前时,它也成为企业的一道亮丽的风景线,成为企业精神的代表。

2. 如何塑造团队精神

团队精神的形成并非一日之功,它需要在一个具有管理艺术的领导者的带领下,经过长期、细致的工作才能培育出来的,并要在实践中不断强化、不断充实其内涵。

1)建立有效的沟通机制

团队精神的培育首先要建立良好的沟通机制,包括店长与柜长之间、店长与导购员之间、柜长与柜长之间、柜长与导购员之间都要有良好的沟通。通过沟通,可以感受领导与普通员工之间、员工与员工之间的真诚,增加彼此之间的信任和了解,让导购员明白工作任务和工作目标，增进团队成员之间的团结与互助。理解与信任是一个团队经过长期的共事、沟通，并在此基础上形成的彼此之间的一种默契与包容。沟通达成共识，可以消除团队成员间的各种误会与心结，增进彼此之间的相互理解，认识彼此的性格特征，找到和睦相处、团结合作的最好方法，使团队愉快地工作，为管理者减少不必要的麻烦。

沟通是一门艺术，沟通的效果取决于沟通双方是否掌握了沟通的艺术。

第一，沟通需要真诚。真诚是一种态度，无论店长与店员的沟通还是老员工与新员工的沟通，首先要表现出应有的真诚，只有真诚才能拉近双方心的距离。如果摆出一副以上压下、以老压新的架势，沟通是无法进行的。第二，要学会聆听。每个人都会有独特的主张，无论对与错，都希望对方能理解和接受。聆听的目的是听懂对方要表达的意思，抓住问题的症结或关键点，并以此为沟通的突破口，寻找达成一致的途径。第三，要学会正确地处理异议。当店长给导购员布置任务时，导购员如果认为是正确的，就要迅速地将店长交付的工作转化为具体的、操作性较强的措施进行落实，并将落实情况随时汇报。若认为店长下达的任务不正确时，要及时提出自己的想法和建议，尽量说服上级领导，若不能说服领导，也要保留自己的意见，做到坚决执行，在执行中根据客观事实不断修正和完善方案，适时地再向领导提出建议，尽最大努力将工作任务完成，达到"做正确的事，用正确的方法做事"的目的。而当店长对导购员的工作有异议时，要从大局出发，做细致的调查研究，找出存在异议的原因，再寻找处理异议的方法，绝不能主观臆断，更不能以偏概全。第四，店长在布置工作任务时，要让店员理解自己的经营思想和公司的经营策略，不要总是要求他们如何做，而应给他们讲明关键的步骤和这样做的原因。只有懂得了总体经营思想和策略，在经营过程中才能灵活地开展经营活动，提高工作效率，激发工作热情。第五，店长要充分信任下属，信任是沟通的基础。店长要大胆地放权给下属，充分地信任他们，当他们对完成工作任务信心不足时，店长应该给予鼓励，而当工作中出现一些偏差甚至失误时，店长作为上级要主动承担责任，不揽功推过。

2）创造和谐的团队氛围

一个优秀的团队必须形成良好的人际关系，领导与领导之间、领导与员工之间、员工与员工之间都要倡导和谐理念，培育和谐精神，尊重差异，包容多样，形成相互关爱、相互体谅、健康快乐、积极向上的和谐氛围。没有和谐的氛围，团队成员之间互相猜忌、互相拆台，团队就会因形成不了合力而变成一盘散沙，团队运营就不可能高效。

创造和谐的团队氛围需要达到以下目标：第一，改善人际关系，形成相互关爱的团队氛围。团队成员之间不论地位高低，不论年龄大小，都要相互关爱，让公司有家一般的温馨。第二，培养相互配合、互相支持的团队精神。在工作中既要发挥个人所长，又要有合作意识，相互配合，互相支持，才能应对复杂的营销环境，提升团队的总体业绩。第三，畅通内部沟通与信息交流渠道，形成团队大局意识。大局意识是从公司总体利益出发的一种大局观念，它要求每个员工在明确公司总体经营目标的基础上，不计较个人得失，一切以大局为重，要求公司内部有很好的沟通机制和良好的信息共享平台。第四，营造公平、公正、公开的工作环境。店长在主持日常工作时，要以客观公正的态度对待每一个人，处理好每一件事，不管是老员工还是新员工，在工作环境、工作强度和收入分配上力求做到一视同仁，决不厚此薄彼。第五，形成求真务实、开拓进取的团队工作作风。店长要以积极的心态和具体的措施鼓励员工努力地工作，不断总结，注重创新，为公司奉献自己的智慧和力量。

有了和谐的团队，成员之间才能相互尊重、相互理解、相互关爱。拥有一颗爱心的团队就能做到共享欢乐、分担忧愁,使大家都能感受到团队的温暖,在团队内部形成一股合力,从而高效地运营。

3) 树立标杆

俗话说:榜样的力量是无穷的。一个团队要不断地学习和进步,就必须在团队内部树立合适的标杆,将那些在工作和学习中表现突出的店员挑选出来,作为大家学习的标杆,不仅可以促进这些标杆不断进步,还可以在团队内部形成一股"比、学、赶、超"的氛围。比,就是将个人工作业绩与标杆进行比较,找出自己的差距,努力向标杆靠拢;学,就是要向标杆学,以标杆为榜样,学习他们敬业爱岗的精神,学习他们的经营思维和经营策略,并结合自身的特点形成自己独特的销售风格,最终赶上甚至超越他们。超越了公司内部的标杆,我们还可以去学习同行业中的标杆,再努力超越同行中的标杆,使自己成为别人学习的榜样。

树立标杆是一把双刃剑,如果用得好,让标杆人物有成就感,他们就会规范自己的行为,不断学习和进步,以良好的绩效维持自己的标杆形象和地位,也让其他员工有明确的学习目标和学习动力。如果用得不好,不仅会影响以前工作表现本来不错的员工,还会使标杆在团队内受到排挤,团队成员之间勾心斗角,破坏团队的团结,使团队的运营效率下降。所以,树立标杆,首先要选择正确的标杆对象,建立一套合理的评选机制,以公平、公开、公正的方式选取,并在部门里公开表彰那些在日常工作中表现好、经营业绩优、在员工团队中具有较好声望和凝聚力的员工;然后,要组织其他员工以诚恳和谦虚的态度向标杆学习,决不允许以己之长比标杆之短,在团队中制造分裂或不和谐的氛围,而是要以适当的方式监督和鞭策落后的员工尽快向标杆看齐,在店铺形成"比、学、赶、超"的良好风气,提高整个团队的经营水平,进而推动店铺经营业绩的提升。

4) 建立高效的协同机制

导购员是珠宝店铺的一线销售人员,表面看来,店铺的经营业绩取决于导购员的销售能力,实际上,店铺经营业绩的取得是在整个经营团队共同努力下实现的。导购员处在销售的最前线,固然是实现销售业绩的中坚力量,但是,市场竞争中任何一个经营环节都有可能变成战场,无论是在前线冲锋陷阵,还是在后方做管理、技术、服务等保障工作,每一个环节都在店铺运营中充当着重要角色,如果没有高效的协同机制,单靠导购员的冲锋陷阵不可能使店铺经营取得良好的业绩。比如,市场调查人员必须将市场需求信息反馈给店铺;补货人员必须及时研究商品库存情况,补充适销对路的商品;售后服务人员必须向顾客提供满意的服务等。任何一个环节与店铺脱节,都会影响店铺的运营效率。所以,店长必须从宏观上对店铺运营进行领导和控制,保持店铺各职能部门的高度协同,进而实现店铺的高效运营。

5) 建立完善的激励机制

激励机制属于企业文化建设的范畴,是企业人力资源管理的重要内容。目的是要通过激励机制的实施调动员工的工作热情,发挥最大的工作能量,使"人尽其才,物尽其用",并与员工的个人职业生涯结合起来,做到"以事业留人,以感情留人,以发展留人",最终促成企业的可持续发展。

从心理学的角度来看,要改变一个人的行为,有两种手段:惩罚和激励。惩罚是负激励,是对员工的否定,是消极的、被动的。惩罚会导致员工行为退缩。适度的惩罚有积极意义,过度惩罚是无效的,滥用惩罚的企业肯定不能长久。一个经常被否定的员工,其工作热情也会荡然无存。激励是积极的、主动的,能持续提高工作效率。管理者对员工的激励和肯定有利于增加员工对企业的正面认同,调动员工工作的积极性,提高工作效率。而对于员工的频繁否定会让员工觉得自己对企业没有用,进而员工也会否定企业。同时,激励的度与激励效果并非成正比关系,而是存在边际效用递减的规律。所以,珠宝店铺建立完善的激励机制就是要从人的心理角度出发培养团队灵魂力量,对激励的力度、激励的方式、激励的范围、激励的频度等加以科学地选择,并及时评估激励的效果,最大限度地调动员工工作的积极性,提高工作效率。这个问题将在随后的章节中深入探讨。

6) 不断向企业文化注入新的内涵。

企业文化是企业长期形成的共同理想、基本价值观、作风、生活习惯和行为规范的总称,是企业在经营管理过程中创造的具有本企业特色的精神财富的总和,对企业成员有感召力和凝聚力,能把众多人的兴趣、目的、需要以及由此产生的行为统一起来,是企业长期文化建设的反映。它包含价值观、最高目标、行为准则、管理制度、道德风尚等内容。它以全体员工为工作对象,通过宣传、教育、培训和文化娱乐、联谊等方式,来最大限度地统一员工意志,规范员工行为,凝聚员工力量,为企业总目标服务。

高效运营的营销团队必定有与企业文化相适应的团队文化,如团队的经营信念、团队的士气、团队的经营风格和作风等,是企业文化在企业经营实践中的具体体现。这些文化特色任何时候都不能丢、不能变,但企业文化的内涵并不是僵化的、一成不变的。随着社会的变革,传统的企业管理理念也会发生深刻变化,作为企业灵魂的企业文化也应该不断地拓展,不断被赋予新的内涵。珠宝营销团队作为企业文化的践行者,不断传承和创新企业的文化特色,将新的企业文化内涵作为企业运营的推动剂,推动企业的运营效率上一个新的台阶。

总之,高效运营的营销团队需要有效的沟通和协作,需要和谐的团队氛围,需要塑造同心协力、蓬勃向上的团队精神,需要完善的激励机制,而最核心的是在企业文化框架下建立特色的企业人本文化、规范的制度文化和团队营销文化,并在经营实践中不断创新,丰富企业文化的内涵。有了特色的企业文化,企业就会无坚不摧、无往不胜。

三、如何让营销团队高效地运营

珠宝营销团队是否高效地运营,其考察指标主要还是经济指标,如总销售额、总利润额、利润率等。营销团队是否能够高效地运营,除了塑造团队精神以外,还要求管理者在销售活动中善于处理各种关键细节,全面思考与店铺营销有关的每一个环节,做到全面规划,系统安排,使店铺运作高效、规范、有序。

1. 研究市场,从特色中要业绩

2003年以来,中国珠宝行业引入连锁经营的商业模式,加快了市场扩张的步伐。珠宝企业的"跑马圈地"导致珠宝终端店铺数量骤增,"僧多粥少"的局面越演越烈。许多企业为了争取更多的市场份额,纷纷祭出价格的武器,以价格打折为主要手段的竞争一刻也没有停止过,许多企业都在死亡的边缘苦苦挣扎。造成这种状况的根本原因是产品同质化问题。多年来,珠宝企业市场定位不清、目标市场选择不明的问题始终没有解决,对于不同地区、不同年龄、不同社会阶层的消费者对珠宝首饰的真正需求是什么,他们追求的核心利益是什么等问题,珠宝企业很少去研究或研究得不够深入,导致产品与消费者追求的方向脱节,消费者的需求不能得到满足。

珠宝终端店铺处在营销的第一线，导购员可以直接获取消费者需求的真实信息，所以，导购员要注重市场调查研究，加强与消费者的沟通，掌握市场走向和消费者的真实需求，设计和组织适销对路的产品来满足消费者的需求，并以消费者追求的核心利益为主线来突显产品特色，力争做到"人无我有、人有我多、人多我优"。同时，在营销中以满足消费者追求的核心利益为抓手，努力将更多的潜在客户转化为现实客户，提高店铺的销售业绩。

2. 科学地排兵布阵

不管是商场珠宝专柜还是繁华闹市的珠宝专卖店，都要对人力资源进行优化配置，因为不同时间的顾客流量是变化的，要根据店铺大小、顾客流量安排适当的导购人员，但为了店铺的安全，在店铺营业的任何时刻都必须保证有收银员及两个以上导购员在现场，且在任何时候必须有一人充当店长角色，负责处理经营中可能出现的各种问题，如顾客投诉、突发事件等。每个店铺都要分析不同时段的销售业绩（包括交易笔数和单价），总结顾客来店购买的规律，尽量把销售能力强的导购员安排在人流量多的时段，且无论如何，都必须保证高峰时段销售人员的数量。特别是在周末或节假日，尽量让所有导购员都按时到岗，因为这些时段常常是珠宝销售高峰时段，最容易提升销售业绩。导购员的轮休尽量安排在周一至周五。

多数珠宝店铺会根据营业时间将导购员分成早班和晚班轮流上岗。在排班时，尽量将新员工安排在非高峰班，一是让他们有更多的时间观摩学习，二是防止因新导购员销售经验不足导致顾客流失。每个班次都要考虑人员搭配问题，如男女搭配、新老搭配、营销风格搭配等。每个班次必须有营销能力较强的导购员在岗，绝对不可以出现某一班全部是新人的状况。

总之，在排兵布阵时，要考虑人员的合理搭配，更为重要的是要考虑销售业绩问题，要知道，再优秀的导购员，如果没有顾客，也不可能发挥出应有的作用。所以，好钢要用在刀刃上，科学的人员配置，再加上团队优势的发挥，就不会错过为店铺带来较高经营业绩的任何机会。

3. 研究顾客心理，提高单兵作战能力

任何一个行业的营销都是相通的，对于珠宝导购员来说，只有掌握了必要的珠宝知识和营销技巧，才能胜任珠宝营销工作。但是，我们也应该知道，每个导购员有不同的个性特征，有自己独特的销售风格。同时，每位顾客也有不同的个性特征，有不同的购买心理和行为。如果导购员的销售风格和服务风格与顾客追求的风格一致（习惯上叫做"投缘"），就很容易达成交易，反之，就会错过成交机会。因此，导购员要注意顾客的性格特征和购买心理，通过简单的交流和观察，迅速对顾客的特征做出准确的判断，然后有针对性地进行交流和提供服务，这样必定会提高成交概率，缩短达成交易的时间。

每个导购员都要注重学习，善于观察和总结，不断提高业务素质，不仅要培养团队精神和协同意识，更要注重研究顾客的个性特征和购买心理，不断总结，形成经验，找到服务于各种不同类型顾客的最佳途径和最好方法，争取创造良好的个人业绩。团队中每个成员的业绩提升了，团队业绩也就自然提升了。

4. 引入团队内部竞争机制，实现团队的良性互动

店铺经营业绩的提升就是要争取更多的客户购买企业产品。企业要取得良好的经营业绩，除了要以更具特色的产品、更优质的服务和更多的推广手段从竞争对手那里争夺更多的客户以外，在团队内部引入竞争机制也是非常必要的。

与外部市场竞争不同，企业之间的竞争在一定程度上来说是此消彼长，团队内部竞争是一种激励式竞争,是在互相借鉴、互相学习、共同提高的基础上的良性竞争。店铺管理者可以通过销售竞赛、评选优质服务标兵、销售排名榜等方式鼓励导购员与导购员之间、不同班次之间、同级别店铺或卖场之间开展销售竞赛。同时,管理者要为导购员创造一个公平的内部环境,使竞争双方只为成功找原因,不为失败找借口,一方面为店铺经营创造业绩,另一方面还要保持团队的团结。

5. 有效的激励,调动员工销售的积极性

珠宝店铺要在激烈的市场竞争中求得生存和发展,必须取得持续增长的市场份额和不断增长的销售收入,必须调动每个销售人员的积极性和销售热情。单纯地强调对公司的忠诚、对事业的热爱和个人的责任心是不可能达到这一目的的,最有效的手段还是建立完善的激励机制,让导购员的努力与付出能够得到预期的回报。

在营销队伍中建立完善的激励机制,首先是了解员工的真正需求,有的需求是精神上的,有的需求是物质上的;其次是选择合适的激励方式,不同的需求需要以不同的激励方式来满足;再次就是如果采用目标管理,应考虑目标设置的合理性,目标设置太高,让导购员觉得不可能达到,就会抵消努力的动力;最后是激励的程度,即激励是否适度,根据导购员对店铺贡献的大小并参照例行规定确定激励程度。

6. 打造销售精神,创造持久的业绩

培养一支高效运营的团队不是一朝一夕之功,团队运营更不是追求一朝一夕的高效,而是追求长久的高效,这就需要在店铺中打造一种文化氛围,形成一种销售精神,让员工持之以恒地、充满激情地工作。

店务管理主要是人员管理和事务管理,其中,人员管理又是店务管理的重中之重,它直接关系到店铺的团队建设,进而影响到店铺的工作氛围和运营效率,这就需要管理者去思考:如何管好人、要培养一支什么样的团队、要建设一种什么样的企业文化。在企业文化建设中,制度文化是企业文化的一个重要组成部分,但是,管理者应该明白,制度是用来规范员工行为的,而不是用来压制员工的。在制度面前,不同的管理者会带出两种不同的团队:一个是温驯乖巧、不堪一击的羊群;一个则是凶猛无比、充满威力的狼群。团队是要做狼群还是羊群?不言自明。一个服从性的团队,每天"扛着"制度过日子,不可能创造出非凡的业绩;一个充满活力的创新团队,制度对于他们不是压迫,而是激励,激励他们以顽强的毅力去开拓进取,不断创造新的业绩。有了这样的团队精神,我们的事业才会充满希望,才能为店铺创造持久的经营业绩。

☞ **思考题**

1. 珠宝零售终端的员工岗位有哪些?简述这些岗位的岗位职责。
2. 简述一支高效运营的珠宝终端销售团队的特征。
3. 简述一个优秀的珠宝导购专员应该具备的素质。
4. 简述终端营销团队的职业化塑造的重要性。

第六章 珠宝零售终端的商品管理

珠宝终端店铺的商品管理包括商品的采购管理、商品出入库管理、商品的价格管理、商品销售管理，商品管理是珠宝终端店铺管理的一项重要内容。科学合理的商品管理是保证珠宝终端店铺正常运营的基础，也是优化商品组合、保证珠宝店铺有限的资金得到最大限度地使用，并使店铺经营取得良好经营业绩的基础。

第一节 珠宝终端店铺的商品规划

珠宝终端店铺的商品规划是指为了突出店铺经营特色，结合店铺所选择的目标市场的需求和喜好，合理设计和规划店铺的产品组合，确定店铺的产品品类、主打产品、附属产品、连带产品等，使店铺产品能最大限度地满足顾客的需求，为店铺经营取得良好的经营业绩的过程。

营销学中有一个概念叫做目标营销，它是现代营销管理的一大经典成果。所谓目标营销，是指企业在市场细分基础上，通过评估分析，选定一个或若干个消费群体作为目标市场，并针对目标市场追求的利益制定营销策略的过程。它要经历三个步骤：第一，要搞清市场上存在哪些需求，也就是将一个大的异质市场按照一定的标准划分为若干个不同需求类型的过程，每一种类型的需求具有相同或相似性或对营销组合的提供物做出相似的反应，这一过程叫做市场细分；第二，要搞清楚在这些细分市场中哪些需求是我们的产品能够满足的，这些细分市场就是我们可以选择的目标市场；第三，向目标市场传达企业的产品诉求，表明企业产品正是他们所需要的，这一过程叫做定位。定位是从产品开始的，不管珠宝店铺的属性如何，都会有一定的产品组合，定位的过程实际上是寻找目标客户群体、评价目标客户群体并制定相应营销策略满足目标客户群体利益的过程。

一、珠宝店铺商品规划的思路

在确定目标市场的基础上，店铺的商品规划应考虑以下三个问题：

（1）商品在目标市场中的地位如何？我们向目标顾客群体传递的利益诉求对其满足程度是否最大化？产品定位要适应消费者的需求，投其所好，给其所需，以建立产品在目标顾客群体心目中的独特地位和形象，促进购买行为发生。同时，产品定位要适应企业自身的人、财、物等资源配置的要求，以保质保量及保障商品的供应。

（2）产品在营销中的利润如何？企业经营是以赢利为目的的，如果店铺定位的产品不能为企业带来利润，那么，这种定位是无效的定位。

(3) 产品在市场竞争中的竞争地位如何？是否具备竞争优势？产品的竞争优势取决于产品的特色和差异化程度，产品的差异化程度越高，特色越明显，对消费者需求的满足程度越高，就越具备竞争力。所以，珠宝店铺的商品规划一定要注重确立店铺的竞争优势。

二、珠宝店铺商品规划的方法

确定了目标市场以后，就要根据目标市场的需求确定珠宝店铺的商品品类及每类商品的投资比例和货品比例。

1. 确定店铺的经营特色

所谓店铺的经营特色就是店铺在产品上所表现出来的、可供人们直接描述的或可以识别的店铺经营特征。如店铺产品是优质的还是一般质量的、是经典的还是时尚的、是高价的还是低价的、是专业经营某一珠宝品种的还是综合经营的、是高档的还是低档的等。经营特色一旦形成，就会在社会上形成一种口碑，传播出去就会形成消费者对店铺产品的深刻印象，并且与竞争对手形成显著的差异，对追求相应利益的消费者产生吸引力。

如何形成店铺的经营特色呢？首先，通过市场调研了解目标顾客群体追求的利益；其次，在比较竞争产品的基础上，在目标顾客群体追求的利益点上提炼差异；再次，加强宣传，让目标顾客群体了解这种差异，且这种差异与竞争产品相比更能满足消费者的需求。差异化的经营特色一旦形成，便可以成为店铺的竞争优势。

2. 确定店铺的商品品类

商品品类即店铺经营的商品大类，也即珠宝店铺的产品组合。店铺的商品品类与店铺的综合实力、竞争优势和选择的目标市场有关，实力强的店铺可选择综合经营，在产品组合上可以选择素金首饰、钻石首饰、玉器、彩色宝石等商品类型，以满足全方位目标市场的需求；具有特色优势的店铺可以选择开设特色产品专卖店，如钻石专卖店、翡翠专卖店等；综合实力较弱的店铺则可选择一个补缺市场，从一个不被大企业重视的补缺市场突围。

3. 确定商品的种类和构成比例

珠宝店铺的商品分为主打商品、附属商品和连带商品。主打商品是反映店铺经营特色的商品，在整个店铺的商品中占比高，能创造较高的销售记录，是店铺利润的主要来源；附属商品也称比附商品，是用来衬托主打商品、使主打商品特色或优势更加突出的商品，在店铺商品中起陪衬作用，不一定能够对店铺利润带来贡献；连带商品是主打商品的配套商品，常常是在销售主打商品时，为了与主打商品配套而购买的商品。比如说，一家以钻石为经营特色的钻石专卖店，其主打商品一定是钻石戒指，如果这家专卖店是以销售优质钻石为特色的，那么，它必须准备少量的质量一般的钻石首饰（如颜色较黄、效度较低、切工较差等），这就是附属商品，目的是衬托主打商品的优质。同时，消费者在购买钻石戒指时，可能还需要购买钻石耳钉或耳环、钻石项链或吊坠、钻石手镯或手链等，这些就是连带商品。

从赢利的角度来讲，珠宝店铺的商品可分为微利商品、常规利润商品和高利润商品。并不是所有的店铺商品都是赢利的，主打商品常常是常规利润商品，附属商品和吸引人们眼球的商品是微利甚至不赢利商品，连带商品可能是高利润商品。由于不同类型的商品在销售中充当的角色不同，为店铺带来的利润也不同，必须合理配置不同类型的商品比例。一般来说，主打商品在店铺商品中所占比例在60%以上,附属商品在15%以内,连带商品在25%左右。以一家专营钻石首饰的专卖店为例,假如上货量为500件,那么,钻石戒指的数量应该在300件以上,钻石耳钉或耳环在50件左右,钻石吊坠(含少量钻石项链)在50件左右,手镯和手链在25件左右,其他为附属商品。当然,为了促进钻石吊坠的销售,还要配置一定数量的18K金项链和铂金项链。

总之,不管珠宝店铺的规模如何,在规划商品或商品组合时,一定要突显店铺的经营特色,突出经营重点。如果店铺规模有限,配置的商品种类过多,就会将珠宝店变成杂货店,导致什么都有,但什么样的需求都得不到满足。同竞争对手相比,这样的店铺离关门不远了。

第二节 商品采购管理

不同类型的终端店铺采购方式有所不同,如加盟连锁的店铺大都实行统一的配货制度,商品采购仅限于加盟总部配货,而直营店铺则可以根据需要任意采购。但不管店铺属性如何,商品采购都是终端店铺经营的一个核心环节,采购的商品是否适销对路,直接关系到店铺的销售业绩,进而关系到店铺经营能否获取较好的利润。正因为如此,多数珠宝店铺的商品采购都是由店长亲自负责或指派专人负责。

一、商品的采购原则

珠宝店铺的商品采购十分复杂,不仅要根据店铺经营的产品类型确定采购品种,还要根据店铺的定位确定商品采购的质量与档次,根据店铺商品库存情况和销售预测确定采购的种类和数量。更为复杂的是,一些商品采购不是直接采购成品,而是采购半成品再委托加工,这就增加了采购的复杂性,要求商品的采购遵循如下原则。

1. 保持适当库存

珠宝终端店铺的库存商品包括店铺陈列商品和未上柜商品,这里所说的保持适当库存是指未上柜商品。珠宝终端店铺除保证店铺正常的商品陈列外,还必须保持一定数量的库存,以便在商品销售以后,柜台陈列商品能够及时得到补充,不至于影响店铺陈列的美观和正常的销售业务。特别是那些热销的商品,销售后应该及时补充上柜。

2. 按需进货

每家珠宝店铺都有其相应的市场定位,必须紧紧围绕目标市场的需求进行商品采购。珠宝首饰的品类很多,对任何一家珠宝店铺来说,绝不是什么货都可以进、什么货都可以卖的,必须围绕店铺的定位、店铺的经营特色和既定的产品组合,及时补充货品。所以,按需进货也可以理解为以销定进,即什么商品销路较好就进什么货,什么商品卖掉了就补充什么货,完全由市场需求或销售状况决定。

3. 快进快出

珠宝终端店铺的进货必须遵循"快进快出"的原则基于两个原因:一是保持店铺资金快速流转,对于珠宝终端店铺来说,只有实现货品的快进快出,才能实现资金的快速流动;二是规避投资风险,在不同的时期内,珠宝首饰的价格并没有稳定的市场行情,价格的波动会给店铺经营带来很大的风险。以黄金首饰为例,2013年以来,黄金的国际行情步入下跌通道,如果货品不能及时出手,就有可能因价格的下跌给店铺带来亏损。所以,多数商家的做法是小批量、短周期进货,快进快出,减少因价格下跌带来的经营风险。

4. 以进促销

以进促销即在进货时就要对商品的销售进行预测,预测内容为:这类货品是什么人喜欢的、采用什么通路、以什么形式进行宣传才能使顾客接受这类货品、货品的卖点在哪里等。也就是说,珠宝零售店铺在进货前就必须做好市场调研工作,对市场需求有充分的了解,一旦进货就要迅速利用各种促销活动使商品进入流通环节,实现资金的快速回笼,为店铺带来应有的利润。

5. 节前预定

中国的珠宝销售主要是靠节假日拉动的,在节假日到来前,一定要提前做好销售预测和商品采购计划,以免影响节假日的销售业绩。因为一些商品需要委托加工,而加工需要一个加工周期,所有商家都集中在节前下单,必然会给首饰镶嵌厂的正常出货带来一定的困难。如果在节前销售预测的基础上提前准备,就能保证货品在节前顺利上柜,不至于对销售造成影响。

另外,珠宝销售有淡、旺季之分,在旺季到来之前,也要提前做好商品采购计划。

6. 恪守商业信用

珠宝采购中,恪守商业信用是十分重要的,可以说它是在行业内建立良好的口碑、树立良好的形象、积累企业商誉的重要途径。在珠宝行业有很多不成文的规定,比如:在翡翠交易中,买卖双方可以讨价还价,买方出价而卖方同意成交,买方就必须购买;在黄金交易中,价格经常会因国际金价的波动而出现订货价与取货当日金价不一致的情况,订货价低于当日交易价,买家固然高兴,但如果订货价高于当日交易价,买家也不能反悔。否则,就会破坏商家在行业中的声誉。商家订货一般不会签订正规的订货合同,仅靠买卖双方的口头约定,如果没有商业信用,就会在行业中声名扫地,是很难在行业中立足的。

二、对采购人员的基本要求

珠宝采购直接关系到商品是否畅销、店铺资金是否正常流转和能否为店铺带来利润,对采购人员必须有如下基本要求。

1. 了解目标客户的需求

每个珠宝店铺都有特定的目标市场,作为采购人员,要了解目标客户群体的喜好,对他们的购买能力、审美观念、喜欢的商品类型等了如指掌,保证采购的商品能满足他们的需求。同时,采购人员要对市场流行风向有正确的判断,能根据市场流行风向及时补充新产品,满足目标客户群体的需求。

2. 熟悉库存

采购的主要目的是补充商品库存的不足,因此,采购人员应对店铺各类商品的库存情况非常清楚,并熟悉店铺商品的产销比、存销比、TOP10滞销、TOP10热销等关键数据指标。通过数据分析知道哪些商品是畅销商品，哪些商品是时令商品，进而决定采购的重心是什么。

3. 熟悉供应渠道

珠宝首饰的商品采购地因商品种类的不同而不同，如黄金首饰、钻石首饰主要集中在深圳，翡翠首饰主要集中在广州等。采购人员对各类商品的产地情况、供应情况、价格情况和质量情况都应十分清楚，一旦店铺有采购任务，可迅速深入产地从事采购工作。

4. 熟悉珠宝加工的工艺流程和工艺评价

珠宝店铺的商品采购分成品采购和半成品采购。采购的半成品需要以委托加工的形式将它加工为成品，各类商品加工的工艺流程、加工周期、各首饰加工厂的工艺质量都不尽相同，所以，采购人员必须熟悉各类首饰加工的工艺流程和工艺质量，合理地委托加工厂家，保证商品质量和生产进度，使商品能及时补充到柜台。

5. 控制成本

企业经营以营利为目的，珠宝店铺也不例外。追求更高的利润，是所有从业人员为之努力的目标，但珠宝行业在市场竞争异常激烈的今天，已成为名副其实的微利行业，如果不注重控制成本，就会在销售价格上失去竞争优势或使销售利润蒙受损失。

从哪些方面考虑控制成本呢？首先，从进货价格上控制成本，要注重收集供货信息，掌握市场行情的变化，进货时货比三家，寻找在价格上有优势的供应商，同时要有丰富的商业谈判经验和技巧；其次，从进货批量和频度上控制成本，一般来说，进货量越大，越能取得价格优势，进货频度越小，越能降低差旅成本；第三，对某些宝石品种，要看好长期走势，如果价格长期看涨，可以屯货。

三、珠宝采购技巧

珠宝首饰是奢侈品，是用来满足消费者心理需求的商品，即消费者购买珠宝首饰实际上是追求一种心理满足。珠宝首饰也是具有文化内涵和审美价值的商品，不同的消费者购买珠宝首饰具有不同的消费心理，即不同的消费者心理追求的利益点是不同的。还有，不同消费者群体对商品价格的接受程度是不同的。所以，珠宝终端店铺的商品采购，就是要抓住目标顾客群体的消费心理，抓住消费者的心理需求，采购那些能满足消费者心理需求的商品。即在商品的概念价值上与消费者的追求一致，在商品价格上与消费者的接受程度一致，在审美观念上与市场潮流一致。

1. 在商品的概念价值上与消费者的追求一致

从功能价值上来说，珠宝首饰的价值包括装饰价值、保值增值价值、收藏价值、鉴赏价值、储备价值等，这些无疑是珠宝商家提炼的商品卖点，也是多数消费者购买珠宝首饰的理由。然而，这只是珠宝首饰概念价值的一部分，还应包括消费者的其他心理需求，如购买玉器的祈福、护身、保平安心理，购买钻石寓意爱情恒久不变的心理，购买黄金的显阔心理等。所以，珠宝店铺在采购商品时，应该充分了解消费者的这些购买心理，使商品的题材、款式造型和其他特征充分体现消费者追求的这些概念价值，使融入商品中的这些概念价值成为左右消费者选择的重要因素。如，钻石是爱情恒久的象征，我们就应该将这些概念做到极致，在订购钻石情侣对戒时，刻意选择13分、14分的钻石制作一对情侣对戒，寓意"一生一世"；选择13分、20分钻石的搭配,寓意"一生爱你";选择50分的钻石做饰品,代表"我的另一半";选择100分的钻石做饰品(克拉钻),代表"一百分爱你";等等。在采购玉器首饰时,要注意玉器题材的寓意,围绕着吉祥、护身的寓意,满足消费者祈福、护身、保平安的消费心理。

2. 在商品价格上与消费者的接受程度一致

每家珠宝店铺定位的目标顾客群体都是具有一定购买能力的特殊群体,这些目标顾客群体的购买能力是店铺定位的主要依据。通过定位,我们已经知道了目标顾客群体的需求、喜好,同时,我们了解了目标客户群体的价格接受能力,在商品采购时,目标顾客群体能够接受的价格区间的商品便是采购的主要对象,这个价格区间的商品就是店铺的主打商品。

由于不同地区存在经济发展水平和消费文化的差异,不同地区消费者的消费能力和消费倾向也有所不同。从消费能力上来说,一、二线城市消费能力较强,三、四线城市消费能力较弱;从消费倾向上来说,南方与北方、城市与农村在珠宝消费倾向上有明显的差异。城市的消费者消费多元化趋势明显,农村的消费者则以黄金消费为主,广东和云南的消费者喜欢翡翠首饰,新疆的消费者喜欢和田玉。因此,在不同的地方开店,应进行充分的市场调查研究,搞清楚当地消费者的购买倾向,进而确定店铺经营的珠宝品类,更重要的是要了解消费者的购买能力,根据当地消费者的价格接受程度确定商品的价格区间。

3. 在审美观念上与市场潮流一致

中国珠宝市场流行风向千变万化,从大的流行趋势变化来看,20世纪90年代以前,珠宝首饰销售以黄金首饰为主体,随后,钻石首饰、铂金首饰的销售逐步成为市场潮流。受传统消费文化的影响,2000年以后,翡翠和和田玉首饰逐步跻身前台,成为珠宝市场的消费热点。黄金首饰重新回归。2008年以来,彩色宝石持续受到消费者的追捧,推动彩色宝石的价格不断上涨。可以预测,未来的珠宝市场会在钻石、彩色宝石、玉器、黄金、铂金等市场消费热点上不断切换。作为管理者,必须跟上市场发展的步伐,紧盯市场消费热点和变化趋势,科学地布局和调动店铺有限的资金,实现店铺销售的利润最大化。

在中国传统文化观念中,黄金是财富和权力的象征,备受大众的喜爱,除了佩戴、保值的用途,在现代的婚姻嫁娶中,购买三金也作为一种习俗流传了下来,黄金常常作为一种传家宝传于子孙后代。在金价连续上涨十多年的背景下,2013年国际金价暴跌,一部分人引领了一波抢购黄金的热潮,短短几日,众多黄金销售柜台内的现货金无论饰品还是金条都被抢购一空。正当人们慌忙"抄底"之际,金价稍作反弹后再次暴跌,"抄底"变成了"被套","抢金热"也随之迅速"退烧"。

从小的流行风向来看,受珠宝企业的宣传鼓噪、新产品的推广和名人效应的影响,商品的销售热点更是切换频繁。珠宝企业不断在产品中植入新的概念,一旦让消费者接受,就会成为一种流行风向。而新产品常常是高风险、高利润的,一旦推广成功,就会在市场上受到热烈追捧,成为消费者追逐的热点,为企业带来丰厚的利润;反之,就会造成商品积压,给企业带来资金周转的困难和经济上的损失。那么,商品进货过程中如何分析商品的销售潜力、如何把握好进货的节奏和批次就显得非常重要了。对于这类代表市场潮流和流行趋势的商品,一般要经过少量试销来观察市场反应,再小批量、多批次地进货,随时准备迎接一个新的时尚潮流的到来,做到手中抓住一个"潮流",心里想着一个"潮流",眼睛盯着一个"潮流"。

总之,珠宝终端店铺要取得良好的经营业绩,必须管理好商品采购环节,合理的商品规划和适宜于销售的商品才能实现商品的快进快出和资金的快速流转。采购工作做好了,销售才能跟上市场的节奏,销售工作做好了,供应商才会对商家更有信心,在合作方式和进货价格等方面才有更大的余地,店铺的运营也才会步入一个良性循环。

第三节　商品价格管理

市场经济条件下,商品价格是最活跃的一个因素,它涉及到历史与现实、物质与精神、政治与经济等社会的方方面面,是一个多层次、极复杂的社会经济现象。价格的提高可以提高企业利润率,但会降低市场占有率;价格的降低可以促进销售,但会减少销售利润率。特别是对珠宝这个人们不太了解的商品,定价问题更是值得我们重视,因为定价高了可能会失去客户,降低店铺的市场竞争能力,定价低了可能给消费者造成一种产品质量有问题的印象。因此,珠宝终端店铺要结合企业的内、外部条件和品牌在市场上的竞争地位制订一套既能为店铺带来利润,又有利于商品销售、抵御市场竞争、为消费者接受的、灵活的价格管理体系。

一、珠宝终端店铺定价的基本思想

对珠宝终端店铺来说,赢利是店铺经营的根本,所希望的销售价格是由进货成本加单位利益来决定,利润越大对店铺越有利;而消费者所希望的价格,则是消费者认定的购买此商品能够给自身带来的利益的价值,在不能有效评估利益的价值大小时,消费者希望店铺获利尽可能地少。由此可知,买卖双方的逻辑正好相反。而对市场来说,珠宝终端店铺的定价应使店铺获取竞争优势。因此,我们可以从店铺、消费者和市场竞争三个层面来探讨珠宝终端店铺定价的基本原则。

1. 店铺层面:消费者接受和有利可图

从店铺层面来说,为珠宝首饰定价时必须考虑两个因素:一是站在消费者的立场,考虑如何定价才能让消费者购买,即价格对消费者的吸引力;二是站在企业的立场,考虑如何定价才能收回成本、获取利润或使利润最大化。简单地说,前者是依据市场价值来决定价格,后者是先决定价格才考虑市场价值。这两种立场有着本质上的差异,且就字面上而言也是相互矛盾,但若能使它们趋于一致,即消费者能够接受、店铺又有利可投的价格才是最适合的商品价格。因此,店铺管理人员在为商品定价时,一方面要站在店铺的立场考虑,另一方面也要站在消费者立场考虑,才能制定出合理的商品价格。

2. 消费者层面:价值大于价格

从消费者层面来说,消费者是珠宝首饰价格的接受者,也会考虑两个问题:一是对商品价格的承受能力,能承受即有能力购买;二是以某种价格购买这种商品是否合算,即消费者对商品价值的认同是否大于(至少等于)价格。所谓商品的价值,是指商品所提供的、让消费者看得见的利益(功能、品质、设计、品牌形象),商品所提供的利益越多,对消费者需求的满足程度就越高。只有在消费者会认为物有所值或物超所值的情况下,才能激起消费者的购买欲望。消费者对商品价格的认同除与商品属性和品牌特征有关外,还与销售技巧有关。如果销售人员以独特的技巧让消费者认同该商品具有价值,而且认为所显示出的价格符合自己的预期,此项商品才能卖出去。

所以,商品的价格能否被接受,须视消费者对该物品的认知程度而定。如果商品具有的价值被认为超过其价格,则必然畅销无疑,甚至商家还能提高售价。反之,商品价值被认为低于其定价,则必然卖不出去,即使降价也未必能挽回颓势。

3. 市场层面:具有竞争优势

珠宝终端店铺并不是独立存在的,任何一个区域市场都可能存在竞争者。珠宝终端店铺的商品定价如果高于同行业竞争对手,就可能受到消费者的抵制而使商品卖不出去,如果低于同行业竞争对手,产品固然可以畅销,但店铺的赢利能力会降低,同时,还可能受到竞争对手的联合打压,在这个区域市场受到排挤。因此,珠宝终端店铺在确定商品价格时,必须首先评估店铺在这个区域市场的竞争地位和竞争优势,尤其是与同等实力的竞争品牌相比较的竞争优势,并在品牌形象、品牌知名度、商品特色等方面尽可能地发掘差异化的优势。差异化的优势是店铺商品定价的重要依据,只有与众不同的商品才能拥有商品定价的自主权。

所以,珠宝终端店铺的商品定价的基本思路首先是店铺必须赢利,至少以回收成本为底线;其次是消费者能否接受商品的价格,即消费者认识到的商品价值是否高于价格;再次就是店铺在区域市场的竞争优势,它直接决定了消费者对本店铺商品价格的接受程度。

二、影响终端店铺定价的因素

影响珠宝店铺商品定价的因素有很多,主要包括商品成本、营销目标和营销组合策略、商品价格弹性、商品的品质和消费潮流、品牌的知名度和信誉度、商品的差异化程度等。

1. 商品成本

商品成本包括商品进价和商品流通费。商品成本是指企业购进商品的原始进价,商品流通费是指企业在商品采购、调拨、储存、销售活动中所发生的费用。商品成本是商品定价的基础,是制定商品价格的最低经济界限,是维持简单再生产和经营活动的基本前提。商品的价格必须能够补偿店铺经营过程中的所有支出,并能补偿店铺为产品承担风险所付出的代价。珠宝终端店铺要扩大销售或增加利润,就必须降低成本,从而降低价格,提高商品在市场上的竞争力。

对珠宝首饰的商品成本起支配作用的因素很多,如货源、进货量大小、管理机构的繁简、营销策略的选择、企业员工的敬业精神等都会对商品成本带来影响。企业经营管理者应从各个方面考虑,尽可能地降低商品成本。

2. 营销目标和营销组合策略

珠宝终端店铺的定价是以店铺的营销目标为基础的,不同的目标决定了不同的策略和不同的定价方法和技巧。例如,如果以扩大销量为目标,商品的定价就应该低于同级别的竞争对手。如果以提升品牌定位、追求长远的利益为目标,商品定价就应该高于同级别竞争对手,当然,多数连锁经营的珠宝终端店铺的商品定价是统一的,是连锁经营总部根据品牌地位和形象所作的统一安排,在不同的时期可能有不同的价格策略。

同时,由于价格是市场营销组合因素之一,商品定价时还要注意价格策略与产品的整体设计、分销和促销策略相匹配,形成一个协调的营销组合。商品的定价不能脱离其他营销组合而单独决定。

3. 商品价格弹性

价格弹性又称需求弹性,是指需求量相对价格变化做出的反应程度,即某商品价格下降或上升(以百分比表示)时所引起的对该商品需求量增加或减少的百分比。其大小以系数 $Ep=$ 需求变动的百分比÷价格变动百分比的绝对值来表示。

计算结果表示:当 $Ep=0$ 时,表明商品无弹性,即价格变化时对需求没有影响,Ep 值越大,表明弹性越大。一般来说,日常生活必需品、替代品或者竞争者很少的商品价格弹性较小。珠宝首饰非生活必需品,具有一定的价格弹性。对于需求价格弹性小的商品,可适当提高价格;对于需求价格弹性大的商品,可以适当降低价格,通过提高销量来增加收入。

但是,在应用需求价格弹性为珠宝首饰定价时应慎重,一是因为珠宝首饰的价值是概念价值,消费者并不能从商品本身感受到其真正的价值;二是珠宝消费是非专业消费,商品的降价可能让消费者误以为是因质量问题而降价,即误认为高价格是高质量的反映,低价格是低质量的反映;三是中国的珠宝市场是同质化市场,全面的商品降价可能会招致行业的排挤和打压。

4. 商品的品质和消费潮流

虽然珠宝首饰的消费是非专业消费,但珠宝的品质还是有可比性的,品质好的定价高,品质差的定价低,这种定价不仅可以体现店铺经营的专业性,也为消费者根据需求和价格接受能力选择商品提供了参考依据。

珠宝首饰时尚性也是影响商品定价的一个重要因素。一般来说,时尚首饰是企业为迎合市场潮流开发的新产品,具有一定的经营风险,理应在定价上为企业预留更大的利润空间。在这方面,珠宝店铺能做的是加大宣传力度,引导消费者紧跟时代的流行趋势和时尚潮流。对追求时尚的消费者来说,价格是消费者考虑的因素,但不是主要因素。只要珠宝店铺在品质上能给消费者以信赖,在首饰的时尚性上对消费者有足够的说服力和吸引力,消费者也能接受价格高一些的首饰饰品。

5. 品牌的知名度和信誉度

品牌的知名度和信誉度对产品的定价有很大的影响,只要珠宝品牌在市场上的地位高、在消费者心目中的品牌形象好,商品的定价就可以适当地提高。如周大福在国内珠宝市场有很高的知名度和信誉度,其定价普遍高于国内珠宝品牌。香港品牌的珠宝进入内地市场后的售价普遍高于内地品牌,其根本原因就是消费者认为香港是珠宝业较发达的地区,其产品质量好、值得信赖。所以,强势品牌总是以其市场知名度和信誉度获利,而弱势品牌总是以低价参与市场竞争。这也从另一个侧面说明了我国珠宝行业创立自主品牌的重要性。

6. 商品的差异化程度

商品差异化是指企业在提供给顾客的产品上,通过各种方法造成足以引发顾客偏好的特殊性,使顾客能够把它同其他竞争性企业提供的同类产品有效区别开来,从而达到使企业在市场竞争中占据有利地位的目的。商品的差异化不仅是参与市场竞争的有效手段,也为商品的定价留下了灵活的空间。一般来说,商品的差异化程度越高,对追求这种差异化的消费者来说选择范围越小,企业定价的主动权就越大。所以,为了增加更大的利润空间,珠宝终端店铺应该密切关注市场上差异化的需求,不断开发新产品满足这种需求。

三、珠宝终端店铺的商品定价流程

珠宝终端店铺的商品定价是一个复杂而困难的工作,因为需要考虑的因素多,商品种类复杂,每类商品可能要选择不同的定价方法,更主要的是,定价合适与否直接关系到商品的销售额和企业的利润,也关系到店铺的发展前途。为了使定价工作顺利进行,需要有一套比较完善的切实有效的定价程序,归纳起来有以下六个步骤。

1. 选择定价目标

全面评价珠宝终端店铺在区域市场上的影响力和店铺的核心竞争能力,确立店铺的竞争优势,在此基础上,评估店铺商品定价对市场的影响力和对消费者的吸引力,结合店铺的营销策略,确定企业为满足基本生存和发展条件所需达到的利润率。对于一个不知名品牌来说,店铺的定价目标是以生存为目标,随着品牌影响力的扩大,可以逐步调整定价目标。

2. 测算需求价格弹性

需求价格弹性即店铺经营的各种商品价格发生变化时所引起的需求量的变动率。它反映了需求量对价格变动的敏感程度。如上所述,它可以通过需求量的变动率和价格的变动率之比表现出来。

3. 估算成本

这里所说的珠宝终端店铺的进货成本,包括店铺正常的经营费用摊派到每件商品的总和。商品进货成本相对比较容易计算,经营费用则只能大致地估算,因为这部分费用包括店铺租金、员工工资、水电费、差旅费、税金、店铺各种设备折旧费等,还与店铺的资金投入额、资金周转速度有关。估算成本时一般按商品进货成本加若干百分点作为摊派费用。即:成本=商品成本$(1+x)$%,其中 x 为摊派费用的百分点。

4. 分析竞争对手的商品和定价

在珠宝终端店铺的商品定价前必须首先了解竞争对手(尤其是综合实力相当的竞争对手)的商品特色和定价水平。店铺的商品定价必须发挥从实力强大的竞争对手那里瓜分市场份额、与实力相近的对手相比具有优势、对实力弱的竞争对手具有打压效果的作用。通过与竞争对手的比较,可以确定店铺经营特色和差异化的竞争优势,为店铺商品制定一个比竞争对手更有吸引力的价格奠定基础。

5. 选择适当的定价方法

商品的定价方法有很多,它常常与商品的特征和店铺的营销策略联系在一起。珠宝终端店铺要结合不同商品的特征、在店铺中的地位(是主打商品、附属商品还是连带商品)和店铺的营销策略,选择适当的定价方法。

6. 确定产品价格

不同的商品应选择不同的定位方法。在确保店铺利润和配合营销策略的基础上,应确定每件商品的上柜价格,且价格一旦确定,不得随意变动。

四、珠宝终端店铺的定价方法

零售业的定价方法有多种,如成本加成定价法、预期目标定价法、竞争导向定价法和认知价值定价法等。不同的定价方法可能适应不同的商品,以下我们分别介绍。

1. 成本加成定价法

这是珠宝终端店铺最常用的定价方法,既简单又实用,多数店铺仅依照商品进货成本加上固定倍率来计算,不考虑经营费用,即:

$$单位商品价格 = 商品成本 \times (1+x)$$

商品成本是指宝石及将宝石加工为成品所付出的材料费和工费,x 为店铺追求的利润倍率。如一枚 0.20ct 的钻石,用 Pt950 铂金(3g)镶成钻石戒指,每枚戒指的加工费为 75 元,其商品成本的计算方法为:

钻石成本:8000 元/ct,0.20ct×8000=1600(元)。

Pt950 铂金成本:300 元/g,加工计耗 15%,3×300×(1+15%)=1035(元)。

加工费:75 元。

所以,此钻石戒指的商品成本为 2710 元。假如理想盈利为 100%(即 $x=1$),则:

钻石戒指的价格 = 2710×(1+100%) = 5420 元

从中我们可以看出,商品成本中并未包括管理费、店铺租金、员工工资、旅差费、促销费等经营费用,这些费用只能从利润中支出。而理想利润的倍率是以竞争对手的定价为参考,由企业自行决定的。这种定价方法简单直观,便于操作,通过与市场价格的比较很容易得出理想利润的指标,价格不会与竞争对手产生大的出入。但这种定价方法有其致命的不足:首先,在以成本为依据制定商品的价格时没有将经营费用考虑在内,仅是毛利润,而经营费用的摊派比例是与销售额相关的,一旦企业产品销路不畅,便会出现亏损。在与竞争对手的市场竞争中,当盲目的打折、让利行为发生时,销售价格看似有利润,但除去经营费用后可能出现亏损。其次,这种方法没有考虑商品自身的特征,如果千篇一律地运用此方法,就不能体现特色商品的价值和不同的商品在店铺赢利中的作用。所以,实施时应当注意:

(1)要考虑负担的固定及变动费用,在设定毛利润目标时,利润倍率必须大于预期费用。

(2)店铺所有经营的商品不能依照同一倍率来加成,而要按主打商品、附属商品和连带商品分别设置倍率系数。同时,要评价每件商品的需求弹性、商品特色、流行性、竞争状况等,设定不同的加成倍率。

2. 预期目标定价法

预期目标定价法是在不考虑商品成本的情况下,对商品特征和消费者的接受程度进行评估,在此基础上决定商品的价格。它适用于某些特色商品的定价和在一个销售周期内某类特定商品的进货和价格决策。例如,店铺采购到一翡翠挂件,题材很有特色且是出自名家之手,商品的进货价非常合算,预计会受到消费者的追捧,定价就可以不考虑商品成本而制定较高的价格;又如,店铺采购到一批时尚首饰,进货价格 100 元/件,预期通过促销在一个销售周期销售 1000 件,店铺希望通过此次促销预期获取毛利 50 000 元,则其零售价为:

商品价格 = 商品进货价格 + 目标报酬销售量/预期销量,亦即为 100+50 000/1000=150 元。

此种定价方法带有很大的主观性，如果对商品的市场评估出现失误，就可能导致商品的积压，因此，要慎用这种方法。

3. 竞争导向定价法

竞争导向定价法是指店铺从市场竞争的角度出发，以竞争对手的同类商品价格为依据来制定本店铺的商品价格，而不考虑店铺本身的成本或利润目标。这种定价方法在目前中国珠宝市场的激烈竞争中采用得比较普遍。竞争导向定价法涉及的定价策略并不是以成本和需求为定价依据，而是以竞争者的价格水平为依据，在全面评估自身品牌在区域市场上的影响力的基础上制定店铺的商品价格。当店铺的品牌声誉提升时，可以适当提高商品价格；而当在市场竞争中处于劣势时，可以适当以打折让利的方式体现本店铺商品价格优势。这种定价方式对店铺在短期内争取更大的市场占有率会有一定效果，但对店铺树立长期的品牌形象是不利的，因为消费者是不可能了解珠宝首饰的价格底限的，无限的打折和让价会让消费者对其价格、产品质量产生怀疑，不利于品牌形象的建立，更不利于店铺的长远发展，且会对整个市场造成严重的不利后果。

4. 认知价值定价法

认知价值定价法是以店铺或品牌在消费者心目中的地位或对商品的认知价值为基础的定价方法。运用此种方法定价较为复杂，如果以店铺或品牌在消费者心目中的地位为定价依据，就必须对店铺或品牌的市场影响力进行跟踪评估，不断改进经营环境，为消费者提供满意的服务；如果以消费者对商品的认知价值作为定价依据，就要善于挖掘商品的文化内涵，围绕消费者的需求、喜好提高商品的概念价值，这需要一批训练有素的导购人员来完成。但这种定价方式可以摆脱商品定价受进货成本的限制，为店铺带来更大的利润。

以上四种定价方法中，成本加成定价法和竞争导向定价法是通用的珠宝终端店铺定价方法，而另两种方法一般作为它们的补充。珠宝终端店铺的商品定价要综合运用这些方法，形成既能抵御市场竞争又能为店铺带来更大利润的定价体系。

五、珠宝终端店铺的商品价格变动

由于市场的波动和店铺促销活动的需要，珠宝终端店铺的商品价格需要不时进行调整，调整的方式有两种：涨价和降价。实际上，涨价和降价对店铺来说有利有弊，涨价可以使店铺获得更大的利润空间，但可能降低商品的销量；降价则降低了利润空间，但可能可以提升商品的销量。作为店铺管理者，不能以投机的思想对待调价，而应根据市场状况和店铺的实际运营灵活操作。

1. 价格变动的原因

珠宝终端店铺的价格变动有四种原因：一是国际市场行情的波动。表现比较明显的是黄金和钻石，黄金价格的趋势与全球经济有密切的关系，受多种因素的影响，是珠宝首饰中价格变动最为频繁的，任何一次黄金国际行情的明显波动都会导致终端零售的价格变动。二是需求的变化。当供给减少或需求增加时，可能导致价格的上升，反之，则会导致价格的下跌，终端的零售价格也会随之变化。三是时尚潮流的变化。很多商品都有其市场生命周期，特别是时尚首饰更是如此。当一种消费潮流被另一种消费潮流取代时，前一种消费潮流的商品变为过时商品,商品的销售便会步入下降通道,对市场变化敏感的商家会在步入下降通道之前降价销售,以免造成商品的积压。四是店铺的促销活动。珠宝终端店铺为了提升短期的销售业绩,会设计各种促销活动,降价促销常常是主要的促销手段。为了吸引消费者的眼球,他们会将店铺的部分商品降价,以微利甚至保本促销,带动店铺整体商品的销售。

2. 价格变动的方法

面对复杂多变的市场行情和激烈的市场竞争,珠宝终端店铺要密切跟踪市场行情和流行风向的变化,综合运用各种价格手段,争取更好的经营业绩。

(1)延缓涨价法。当价格上涨已成为市场发展的一个趋势时,对某些生产周期长的产品,一方面增加屯货,另一方面维持当前库存商品价格不变,以体现本店铺商品的价格优势,吸引更多的消费者前来购买,随后逐步提价,拉近与市场行情间的距离。例如,2008年以来的翡翠、彩色宝石等价格逐年攀升,消费者一时难以承受,便可以这种方式调价。

(2)自动调整法。即价格随市场而变动。对于一些价格经常波动且价格信息比较透明的珠宝首饰,零售价格可以随市场行情的波动而变动。

(3)分解报价法。对于一些价格构成比较复杂的商品,商品总价较高,消费者难以承受,可以将一些服务项目或零配件独立出来单独报价,这种方法称为分解报价法。例如,一些体现工艺难度的群镶钻石首饰,碎钻的价格较低,但镶嵌费用较高,可以将材料费、加工费分别报价。

(4)价格扣让法。这是珠宝终端店铺常用的调价方法。在不改变商品标价的情况下,商品的价格调整以打折的方式让利于消费者。

当然,企业调价幅度应根据市场竞争状况、产品特点、店铺实力等多种因素决定,要掌握好调价频度和调价幅度。一般情况下,当商品价格需要调高时,调高幅度应小一些,每次不要超过10%,可以增加调价频度;而当商品价格需要调低时,降低幅度应尽可能大一些,实践表明,降价幅度在15%以上才能对消费者产生明显的吸引力。

第四节 商品销售管理

珠宝零售终端的商品销售管理是为明确商品销售流程以及相关职能部门的责任划分,使工作脉络更加清晰明了,提高终端销售管理效率。珠宝店铺的销售管理并不是人们所想象的"付款—拿货—离开"这么简单。珠宝销售管理是珠宝店铺各项管理中的最核心环节,其目的是为了让珠宝商品价值和店铺服务在此环节中得到最大限度的发挥。珠宝店铺的商品销售管理主要指对珠宝顾客到达珠宝零售终端后,从展示货物到顾客离开,所发生的所有销售流程的管理。

本节的珠宝销售管理主要从店铺的主要销售流程及与其对应的管理文件上展开论述。

一、商品销售管理

珠宝销售终端在日常经营中一系列的销售活动的记录是依靠各类销售管理文件完成的,在此环节中,有四个要点是销售主管要关注的重中之重。

(1)保管票据及报表。柜台导购员应保管当班所有的货品销售凭证(各类销售存根)。

(2)完成每日销售报表。柜台导购员每销售一件货品都应该及时填写日销售报表,同时完成每日货品明细表中的各类信息(表6-1)。

表6-1 日销售报表

_____店　　　　　　　　　　　　　　　　　　　　　　　　　年　　月　　日

日期	销售							品名	件数	产品编号	标价	售价	品名	件数	产品编号	补差	备注
	品名	件数	产品编号	标价	折扣	售价											
当日销售																	
累计销售																	

	收入部分			付出部分	
项目	件数	金额	项目	件数	金额
上日结存					
当日购进					
换回上柜					
修理货					
当日结存					

店长签名：_____

(3)完成每周销售报表。柜台导购员每周需根据销售情况填写周销售报表,每周日交给店长。

(4)清点货品。柜台导购员应该保管好柜台内的货品并经常清点柜台内货品的数量。每月最后一天定为盘点日,店长、导购员和库管员都应该提前作盘(存)货准备。

二、货品盘点管理

货品盘点管理是每个珠宝销售终端对已展示货物和库房存货的清点,能够帮助店长、销售主管和各类销售人员清楚了解店铺货品的一项工作。例如设定每月最后一天为盘点日,店长、柜台营业员和库管员都应该提前作盘(存)货准备,将珠宝店铺的台账制度落到实处。

1. 柜台盘点

(1)柜台营业员应根据柜面日销售报表、柜台货品明细表和已存销售凭证核对本月的销售记录,然后汇总本周期内的销售并填写日盘点汇总表(将镶嵌类及各玉石按品类、件数或套数、价签金额进行汇总,素金类按种类、数量、质量进行汇总)。

(2)柜台营业员应根据本月柜面日销售报表、补货明细单(包含调出入货品清单)汇总本月的补充货品并填写本月盘点汇总表(将镶嵌类及各玉石按品类、件数或套数、价签金额进行汇总,素金类按种类、数量、质量进行汇总)。

(3)柜台营业员应根据本月柜面日销售报表、入库明细单及调出入货品清单汇总本月柜台的入库货品,并填盘点汇总表(将镶嵌类及玉石类按品类、件数或套数、价签金额进行汇总,素金类按种类、数量、质量进行汇总)。

(4)柜台营业员可根据销售汇总、补货汇总和入库汇总计算出本月柜台货品的汇总情况并填写盘点汇总表,具体计算方式:

上月柜台汇总＋本月补货汇总－本月销售汇总－本月入库汇总＝本月柜台汇总

(5)柜台营业员根据柜内现有货品完成盘点明细表并确认签字后汇总,然后与本月盘点汇总表进行核对,盘点明细表的汇总结果应该等同于盘点汇总表的汇总结果,然后营业员应将盘点明细表和本月盘点汇总表一起交给店长。

2. 金库盘点

(1)库管员应根据金库内现存货品(以调出入货品清单、库存交接表为依据)来进行金库的核对。

(2)库管员将金库盘点汇总交给店长。

3. 填写报表

店长或销售主管根据柜台营业员和库管员的汇总报表填写月销售报表(表6-2)。

表6-2 月销售报表

_____店　　　　　　　　　　　　　月　日至　月　日

销售单号	销售日期	品名	件数	产品编号	标价	折扣率	售价	现金	刷卡	备注	填写人

4. 货品盘点注意事项

在货品盘点工作中,有很多细节需要店长和销售主管注意。

1)盘点前的准备工作

(1)让全店人员明确盘点的目的和工作程序。

(2)对下属做好明确分工,货品归类整理,避免重复点数或遗漏。

(3)避免频繁出入货品。

(4)提前准备好盘点用的表格。

(5)同品牌的货品原则上集中放在同一个地方。

2)保证盘点正确的要点

(1)把货品的品名、规格、单价、数量分别填入盘点表。

(2)确定货场、箱子中的货品是否相符。

(3)数量的清点和盘点表的记录分别由不同的人负责。

(4)破损残次品另外放置,并详细注明数量。

(5)做作好盘点当日的店铺现场指挥,使盘点顺利实施。

三、货品交接管理

由于珠宝实体销售终端店铺人员配置较为多样、珠宝货品品类众多和营业班次轮换等，珠宝销售终端的货品交接大致可以分为如下几种：开门交接、关门交接、补货交接、入库交接、班次交接和收银交接。

(1) 开门交接。珠宝销售终端在每日营业前，店铺库管员将货品交给各柜台营业员清点，并与库存交接表和柜台陈列表核对货账无误后，双方签字确认，然后进行交接。

(2) 关门交接。珠宝店铺每日最后一个班次下班后，当班营业员需要将柜台内各货品收进金库，库管员清点货品数量并填写库存交接表，交接完成后，双方签字确认。

(3) 补货交接。①柜台营业员应先根据补充货品抄写补货明细单并汇总，将汇总结果详细注明在当班转货单中(一式三份，其中柜台导购员和库管员各执一份，另外一份交由店长或店助存档)。②柜台营业员回柜后还要填写柜台日记账，待补充货品全部补充进柜台后，对柜台货品统一清点一次，确保货品数量和金额无误。

(4) 退货交接。①柜台营业员应先根据需入库货品抄写入库明细单并汇总，然后将汇总结果详细注明到转货单中(一式三份，柜台导购员和库管员各执一份，另外一份交由店长或店长助理存档)，并将需入库货品送至库房入库。②专柜没有设立库管员，可以与当值负责人完成入库交接手续。

(5) 班次交接。由于部分珠宝零售终端每日有早、晚两班次，早班和晚班导购员需要在换班时进行柜台销售货品交接。①早班导购员需要在下班之前清点柜台内货品数量、整理好销售凭证并在货品明细表中记录，最后填写柜台日记账。②接早班的晚班导购员需要在上班之前清点柜台内货品数量，同时根据销售凭证核对货品明细表和柜台日记账。③早、晚班导购员核对无误后，双方在柜台日记账上签字。

(6) 收银交接。珠宝店铺的收营员也存在交班事宜，和销售岗位一样，早班收银员应在下班之前整理好销售凭证和现金，晚班收银员应在上班之前核对销售凭证和现金，双方核对无误后完成交接。

四、货品对账管理

(1) 店长对账。店长每周都要核对销售凭证即陈列货品明细表和柜台日记账，每月定期核对各类销售凭证，如月盘点明细表、日库存交接表、销售日报表、销售月报表。

(2) 导购员对账。珠宝店铺销售员需要在每个班次、每天、每周、每月定期核对柜内各类货品和各类销售管理账目，保证货品和销售金额的无误。

(3) 收银员对账。收银员每个班次、每天、每月都应该核对收银台备用金、销售凭证和销售款。

(4) 库管员对账。库管员应每天、每周、每月核对库存交接表和转货单。

第五节　其他商品管理

一、订做与维修货品管理

很多珠宝店铺在店铺服务中提供了很多满足顾客个性化需求的项目,如个性化首饰的定制和已售货品的返店维修。其主要销售流程和服务流程与上节讲到的很多销售流程大同小异。虽如此,店铺管理者同样不能马虎,因为这些服务项目和定制产品能够为店铺提升商誉起到良好作用。

1. 定制首饰的主要流程

定制首饰的主要流程为:填写订货单→联系供应商订货→到货检查→通知顾客并发货。

(1)填写定制首饰货单:根据顾客要求填写定制首饰货单并请顾客在确认栏签字确认;顾客如有特殊要求,柜台导购员应在此单上详细注明和确认。(定制首饰货单分三联:一联交给顾客,作为取货凭证;一联交配货部,作为订货登记;一联店内留存,作为存根。)

(2)联系供应商并订货:销售人员将定制货品录入采购管理系统,并下单备注顾客的个性化要求,详细说明以免出差错。

(3)到货检查:定制货品到店后,采购部应仔细检查货品是否符合顾客要求,如不符合顾客要求应立即与供应商联系更换,以免延误交货期,如符合要求,通知营销人员货物已备好。

(4)通知顾客并发货:销售人员在货品确认无误后,通知顾客取货,并收回顾客联,开具销售单据(一式三联,和其余销售单据保管规则一样。)

2. 维修货品管理流程

维修货品管理流程:填写货品维修单→联系供应商退换货→到货检查→通知顾客并发货。

(1)填写货品维修单:导购员应该在接到维修货品后确认维修或换货,并请顾客在确认栏签字确认;顾客如有特殊要求,柜台导购员应在此单上详细注明和确认。(货品维修单分三联:一联交给顾客,作为取货凭证;一联交配货部,作为维修或换货登记;一联店内留存,作为存根。)

(2)联系供应商退换货或维修:若更换,销售人员将定制货品录入采购管理系统,下单备注顾客的个性化要求,并详细说明以免出差错。

(3)到货检查:维修好的货品或换货货品到店后,采购部应仔细检查货品是否符合顾客要求,如不符合顾客要求应立即与供应商联系更换,以免延误交货期,如符合要求,通知营销人员货物已备好。

(4)通知顾客并发货:销售人员在货品确认无误后,通知顾客取货,并收回顾客联,重新开具退换货/维修单据(一式三联,和其余销售单据保管规则一样。)

二、配件与消耗品管理

很多珠宝店铺在帮助顾客进行维修首饰时,会用到一些低(高)值易耗品,这些低(高)值易耗品的配件应该和其他商品一样,在入库时需要录入到采购管理系统中,以备查阅清点。同时,在进行顾客首饰简单维护时,店铺销售人员应该配合库存管理人员填写消耗品(配件)出库管理单和消耗品(配件)出库管理单,每种单据一式三联(顾客、销售人员和店铺各留存一联)。

三、礼品的管理

很多珠宝店铺在进行客户关系管理和促销时,为到店顾客提供了各式各样的礼品。礼品的管理流程主要如下:

(1)礼品到货检验。采购专员应仔细检查到货的礼品,同时填写礼品入库单和礼品交接单。

(2)礼品发放。店铺销售人员应按促销要求和赠品规则发放赠送礼品并填写礼品发送清单,要求顾客签字,同时备注礼品发送符合的促销规则。

(3)礼品盘点。采购专员清点库存的礼品数量和品类,填写店铺礼品汇总单(含分类单),柜台营业员应在盘点后将礼品赠送清单汇总表交给店长或店长助理(表6-3)。

表6-3 赠品领取登记表

_____店

日期	品名	价格	货号	赠品	顾客签名	联系电话	经手人	复核

店长签字:_____

☞ **思考题**

1. 简述珠宝零售终端的商品管理包括哪些方面。
2. 简述珠宝零售终端常用的定价方法。
3. 商品销售管理是珠宝店铺各项管理中的最核心环节,简述珠宝商品管理的主要流程。
4. 举例说明珠宝采购员需要具备哪些素质。

第七章　珠宝终端店铺的装潢与商品陈列

珠宝终端店铺的装潢与商品陈列是视觉识别系统的一个重要组成部分，是企业形象、产品形象的直接展示。企业形象识别系统（CIS）由理念识别系统、行为识别系统和视觉识别系统三个部分组成。越来越多的品牌开始重视用终端店铺形象展示和宣传品牌形象，因为合理的空间布局和温馨的购物环境能为消费者带来舒适的体验，营造良好的购物氛围，引导消费者的消费行为。珠宝店铺独特的商品陈列会给消费者强烈的视觉冲击力，留下深刻的记忆，也加强了消费者对品牌的认知度。本章，我们将系统探讨珠宝店铺的店内环境布置、橱窗设计和商品陈列艺术。

第一节　珠宝店铺的装潢与商品陈列概述

珠宝店铺的装潢设计是借助一定的表达要素，通过对店铺的空间进行合理的装饰和布局，完美展示品牌形象和产品特色，吸引消费者的注意，为消费者创造一个良好的购物环境，激发消费者对品牌的认同和对商品的兴趣，引导消费者的购买行为。珠宝店铺的装修风格与店铺的定位是一致的，会影响消费者的选择倾向，左右消费者的购买行为。珠宝店铺的商品陈列是指借助一定的道具，运用一定的技术方法和技巧，将企业的经营思想、产品的特色和美学特征有规律地展示给消费者，引导消费者认识珠宝首饰装饰功能，激发消费者的购买欲望。珠宝店铺的装潢设计和商品陈列艺术是品牌功能化、逻辑化、审美化和魅力化的巧妙结合。

一、珠宝店铺装潢和商品陈列的作用

珠宝店铺装潢和商品陈列是一种视觉传达艺术。店铺装潢是为了引起消费者的注意，展示一种企业风格，确立一种品牌定位，形成一种品牌差异，激发相应的目标市场的客户"进店看一看"的欲望；商品陈列则是为了表现商品形态，展示商品品质、结构，向消费者传达商品的性能、用途信息，引导、唤醒消费需求，触发购买欲望。具体说来，珠宝店铺的装潢和商品陈列有如下作用。

1. 展示品牌形象

这是针对珠宝终端店铺装潢和陈列的整体效果而言的。每个品牌都有供消费者识别的专业品牌形象，珠宝店铺通过独特的视觉传达系统（标准色、LOGO、品牌名称和装修风格）、精致的橱窗展示和有序的产品陈列展示，向广大社会公众展示一个独特的品牌形象，让消费者从众多的店铺中一眼就能识别出本企业的品牌并形成深刻的印象。

2. 营造品牌氛围

这是针对珠宝终端店铺装修营造的品牌氛围而言的。每个品牌都有独特的品牌文化，珠宝店铺的装修风格是品牌文化的展示，再加上训练有素的专业人员提供的专业服务，对品牌营销起着极大的支持作用。顾客到商场购物，在决定购买哪个品牌的产品时，大部分顾客的购买决策是在现场做出的，即冲动性消费占了很大的比例。这就说明，在终端，营造良好的品牌氛围对店铺销售有巨大的意义。

3. 吸引目标顾客

这是针对珠宝终端店铺的品牌定位而言的。珠宝店铺的装修风格、档次与品牌定位是一致的，品牌产品的简约与奢华、古朴与时尚，都有与其相应的目标市场。终端店铺将透过装修与陈列的效果充分展示产品的特色，形成鲜明的品牌区隔，清楚地向目标顾客表明本品牌的商品是为满足他们的需求和审美准备的，进而吸引这些目标顾客进店购物。

4. 确认商品功能和效果

这是针对珠宝终端店铺商品陈列艺术而言的。珠宝店铺的商品陈列包括橱窗陈列和柜台陈列。珠宝首饰体积很小，如果按普通的方式摆在橱窗或柜台里，可能不会突出商品的特色。如果借助各种道具将商品的功能和佩戴效果展示出来，就可以让顾客透过陈列认识商品的功能和佩戴效果，激起他们的联想和拥有商品的欲望。

5. 合理布局商品

这主要是针对柜台的陈列艺术而言的。从整个店铺来说，不同的店铺有不同的商品组合，合理的商品布局首先是做好商品分区，使商品陈列井井有条，让进店顾客一眼就能看清楚店铺销售哪些商品、每类商品在哪个区域、商品特色是什么等；从商品专区来说，合理的商品布局可以突出重点，使商品的特色、风格有序地展示出来，让顾客从有序的商品布局中了解哪些是热销商品，哪些是经典款式，哪些商品是适合自己的，并能够迅速找到自己喜欢的商品。

6. 引起购买欲望

这是针对有序的商品布局对顾客的吸引力而言的。尤其是对那些冲动型购买者来说，他们在进入珠宝店时并没有明确的消费意愿和购买目的，他们的需求处于一种朦胧状态，也并没有固定的品牌选择倾向，购买行为完全受现场的感觉支配。如果商品陈列能产生强烈的视觉冲击，引起他们对商品的兴趣，必然会吸引这部分消费者驻足进而产生购买行为。

7. 提升店铺销售业绩

这是针对店铺内部环境和商品陈列艺术引起的结果而言的。珠宝店铺明亮而柔和的灯光、清雅悦耳的音乐、导购员心细如丝的服务必然会让顾客停下匆忙的脚步。同时，商品陈列带来的艺术的独特美感会给顾客带来视觉的享受，进而影响顾客的进店率和停留时间，为店铺带来更多的销售机会，提升店铺的销售业绩。

二、珠宝店铺装潢与陈列的表达要素

珠宝店铺的设计表达要素有色彩、灯光、音乐、背景装饰等。

1. 色彩

色彩是店铺装潢设计和商品陈列的重要表达要素,对于塑造品牌形象、营造购物环境的气氛、衬托商品特色和引起顾客的注意都具有举足轻重的作用。珠宝店的装修风格、档次和商品特征是靠色彩衬托出来的。

色彩可分为无彩色和有彩色两大类,无彩色如黑色、白色、灰色,有彩色是指由红、橙、黄、绿、蓝、靛、紫等一系列光谱色中的一种或几种色相(也称色调)组成的颜色。无彩色有明有暗,表现为白、黑色调。有彩色表现很复杂,但可以用三组特定值来衡量:色相、明度、彩度。色相决定了色彩的色调,明度、彩度确定色彩的状态,它们被称为色彩的三属性。研究表明,不同的色彩对顾客造成的视觉冲击力和心理影响是不同的,色彩对比越强烈,对顾客的视觉冲击力越大。对于冲动型和追求廉价型的消费者来说,暖色调(如黄、红)的环境具有很强的引导作用;而冷色调(如蓝、绿)的环境适合于理智型的消费者,能让人静心选购。而商品展示的背景颜色也是商品陈列时要考虑的一个重要因素,和谐的背景颜色往往对商品起到良好的衬托作用,如灰色、白色背景的道具用于钻石首饰的陈设,可以使首饰和道具和谐统一;红色的道具用于陈设黄金首饰显得喜气,符合中华民族传统的审美要求;而黑色面料的道具用来陈设钻石首饰,会使首饰更加醒目。

色彩有色相和深浅、浓淡之分,更有冷、暖色系之别,如红色和橙色为暖色系,蓝色和蓝绿色则属于冷色系。在视觉效果上,明亮度高的暖色系和白色具膨胀性、延展性,明亮度低的冷色系和黑色则具收缩性、后退性。成功的色彩设计就在于善用色彩的冷暖搭配和深浅、浓淡的变化,使整个店铺的环境呈现最佳的搭配效果(图7-1)。

图7-1 周大生珠宝店铺色彩搭配示意图

色彩的搭配是一个很专业的问题,已经超出了我们的讨论范围,但是,我们应该明白,店铺装潢设计和商品陈列的色彩选择与店铺的定位是相关联的,店铺定位的尊贵与典雅、古朴与时尚是可以通过色彩的搭配表现出来的。同时,店铺的装潢与陈列还要考虑当年的流行色。尤其是在陈列商品时应及时引进流行主色,以抓住顾客的视线。

2. 灯光

玉器行业有句话:月下美人灯下玉。意思是说,在灯下看玉就像在月光下看美女一样,道出了灯光在珠宝店铺中的作用。灯光不仅可以使珠宝店铺金碧辉煌,恰到好处的灯光照明还可以尽显珠宝首饰漂亮的颜色、晶莹的质地。此外,暖色的光源投射在暖色调的商品上可增加其彩度;精巧的光束投射到橱窗的商品上,不仅可以突出和提高商品的美感,还可增加商品背景的空间感;利用光线强弱的变化来表现商品的特征与风格,有助于提高商品的吸引力。总之,灯光照明在使商品的质量、档次、格调一览无遗的同时,通过光色与商品的相互映衬、背景的烘托以及投光角度的恰到好处,还能尽显商品的美感,创造出一种引人入胜的购物空间,激发顾客的想象力,达到突出商品、渲染产品、吸引顾客眼球的促销目的。

珠宝店铺的灯光有三种作用:照明、集中焦点及营造气氛。灯光布局的范围有顶部、柜台上方、橱窗里或背景墙内。为了体现珠宝店的金碧辉煌,顶部可以安装水晶吊灯或明亮的LED灯,吊顶的沟槽内和背景墙内可以安装日光灯,利用反射技术制造柔和的灯光效果;柜台顶部和内部可以根据需要安装照明效果较好的LED灯或少量射灯;橱窗里的灯光主要是为了突出商品的美感和橱窗的空间感,采用射灯效果较好;而门头的灯光主要在夜间使用,可以用动感较强、色彩鲜艳的霓虹灯。在照明强度的设置上,同店堂整体照明灯光的强度相比,门头灯光强度应是它的1.5~2倍,橱窗应是它的2~4倍,柜台顶部灯带就是它的1.5~2倍。如果把整体照明调暗,采用多聚光灯凸显商品,那么卖场会显得更加幽静,商品布局更有层次,但这种照明只适合销售目标顾客有限的高端首饰。

经营不同的商品需要设计不同的灯光,如钻石首饰要用白色灯光照明,翡翠和黄金首饰宜选用偏黄的灯光照明,红宝石宜使用能激发荧光的钨丝灯照明,蓝宝石则适用相对柔和的白炽灯照明。总之,宝石的颜色丰富多彩,必须根据经营的品种选择合适的灯光方能展示出最好的效果。

如何布局灯光呢?首先,照明灯光尽量沿通道布局,尽量避免在商品和通道上留下阴影。如果在商品和通道上留下阴影,客人的购物乐趣必然减小。柜台的照明灯光应稍靠柜台内侧,顾客挑选商品时身体就不会挡住灯光。其次要避免灯光过于炫目,即光源不要直接照在眼睛上,让人觉得刺眼,看不清楚货品。另外,不管是橱窗里还是柜台内,如果要用聚光灯射向商品,需使灯光有一定角度的倾斜,制造一点阴影,以增加立体感,让商品看起来更美丽。尤其是当需要重点展示单一商品时,可集中几盏聚光灯从不同方向投向货品,制造光线交叉的效果。

3. 音乐

音乐是商铺气氛的重要组成部分,声音的种类和密度可对卖场气氛产生积极的影响。在零售店里播放柔和而节拍慢的音乐,有助于增加客流量,增强顾客的购买欲望。快节奏的音乐会使顾客在商店里停留的时间缩短而导致购买的商品减少,这个规律早已被商家所熟知,所以,每天快打烊时,零售商店就播放快节奏的摇滚乐,暗示顾客早点离开。可见,不同的背景音乐对顾客的影响是不同的。

在商场的珠宝专柜中,广播是一种很好的促销方式,可以提醒顾客正在促销、热卖的商品,以及促销规则。珠宝专卖店播放背景音乐,更多的是营造购物气氛,或者通过轻柔的提示语言影响顾客的消费心理。如果路过一家珠宝店,在入口处有悦耳的音乐,会促使门外的顾客进店参观。一些轻松柔和、优美动听的乐曲能抑制噪声并产生欢愉、轻松、悠闲的浪漫气氛,使店内顾客有一种舒适的心情,放慢节奏,甚至流连忘返。

珠宝店铺的设计表达要素除了色彩、灯光、音乐外,还有背景装饰、橱窗陈列的主题概念等,这里不一一讲述,它们对营造珠宝店铺的购物环境同样起着重要的作用。对珠宝店铺购物环境的内部表达要素进行合理组合,创造令人舒适的购物空间,是珠宝店铺的追求目标之一。

三、珠宝店铺商品陈列的原则

一般商品展示陈列要遵循"5C"法则,而珠宝陈列要遵循"5C1S"法则。

(1) 突出特点(character)。即商品陈列要体现出商品特点,使珠宝首饰的特色活灵活现地展示出来。比如说,运用色彩对比功能凸显珠宝首饰的特色,珠宝首饰店的柜台或橱窗一般采用红色、紫色、黑色或白色的绒布为衬底,绒布吸光与珠宝首饰发光形成对比,不仅突出了珠宝首饰美丽的颜色和晶莹的质地,红色的喜庆、紫色的华丽、白色的高雅和黑色的庄重还可以尽显珠宝首饰的特点,给消费者巨大的视觉冲击力(图7-2)。

图7-2 珠宝陈列之突出特点展示

(2) 引导购买,提供便利(convenience)(图7-3)。即商品的陈列能对顾客选择商品起引导作用并方便顾客购买。首先,商品陈列要选择一定的方式分门别类地进行陈列,使顾客能直观地看出自己所需要的商品在哪里。例如,对于翡翠产品,可以根据首饰类型(手镯、项链、戒指、耳钉、吊牌等)、镶嵌以及价格来进行分类陈列,再结合产品针对的目标消费群体的年龄结构、性别差异、购买习惯等一系列相关因素进行合理的商品布局,使得顾客能够很方便地找到自己所需要的商品。

图7-3 珠宝陈列之引导购买陈列

(3)吸引注意(concentration),促进销售(图7-4)。即商品陈列能吸收顾客的注意力,对商品的销售有促进作用。在商品陈列中,通过道具的造型、灯光效果、商品的排列组合方式的巧妙展示与突出,将商品的独特魅力(如翡翠美丽的颜色、钻石强烈的火彩、首饰独特的造型等)充分展示出来,引起顾客的注意并激起他们的购买欲望;或者根据顾客的购物心理,把促销商品、热销商品或反映店铺经营特色的商品陈列在容易引起顾客注意的地方,并通过对其价值的展示起到与消费者沟通、加速购买行为发生的作用。

图7-4 Van Cleef & Arpels 纽约珠宝橱窗陈列

(4)突出主题,酝酿文化(culture)氛围(图7-5)。即商品陈列要营造经营主题,能突出店铺经营特色和品牌差异的独特的文化氛围,展现品牌独特的文化底蕴。在珠宝行业产品同质化的今天,珠宝商家在产品层面很难取得绝对的差异,如果除去品牌效应,商品在外观上是相同或相似的。只有在产品中植入品牌文化,才能展示品牌差异,而商品陈列是展示特色、形成品牌文化的重要手段。因此,商品陈列要与店铺的经营特色相呼应,结合品牌定位形成独特的商品展示手法,营造独特的文化氛围,提升品牌形象。

图7-5 Tiffany 珠宝橱窗陈列

(5)丰富多彩,变化常新(change)(图7-6)。即商品陈列要采用多种表现手法展示商品之美,并根据季节、展示目的和展示环境的变化及时改变展示方式。例如在情人节除了调整情侣款首饰的比例以及增加浪漫的陈列道具之外,也可以利用商品摆出心形造型等,增加节日气氛;而在春节前的销售高峰期间,终端可以适当提高产品的展示密度和品种,形成热烈的购物气氛。另外,借助科技手段进行商品的动态陈列展示也能够提高商品的魅力,有助于调动顾客的购买热情。

图 7-6　Cartier圣诞节珠宝橱窗陈列

(6)注重展品安全(safety)。即在商品陈列设计时应充分考虑商品安全,如在展示过程中是否会损坏展品、是否会造成商品丢失等。很多商品陈列展示可以采用模具展示,如手机、空调等。珠宝首饰是贵重商品,且为了真实展示商品的效果和价值,珠宝首饰陈列必须是实物展示,这就为商品陈列带来一定的风险。所以,珠宝首饰陈列必须考虑安全问题,在陈列方式上必须选择封闭式陈列,对特别贵重的首饰还要附加特别的安全措施。另外,一些宝石在长期的强光照射下可能会出现变色、褪色或失水等问题,还要考虑颜色、质地是否可能受损等问题。

四、珠宝终端店铺商品陈列的类型

一般来说,珠宝终端店铺的商品陈列有三种类型:橱窗陈列、展柜陈列和柜台陈列。

1. 橱窗陈列(图7-7)

在艺术表现手法上,橱窗陈列可分为直接展示和托物言志:直接展示没有多余的修饰渲

图 7-7　Cartier珠宝橱窗陈列(左)和Tiffany珠宝橱窗陈列(右)

染,突出的是商品本身的材质、形状、色彩,通过精心设计的构图、色彩和灯光来充分展现商品自身的品质和美丽,大多数珠宝的橱窗展示都为此类;托物言志指的是通过叙事抒情的手法来唤起消费者的种种联想和共鸣,激起消费者的购买欲望,使消费者获得精神上的满足。从陈列目的来讲,橱窗所展示的商品要么是反映企业的经营特色,引导顾客认识企业产品;要么是季节性、潮流性新品,引导顾客消费。

2. 展柜陈列(图 7-8)

一般展示柜用于单独陈列商家重点突出的珠宝饰品,如店铺中最贵重的商品、最新的款式、最热销的商品等。其独立性和空间性处于橱窗和柜台之间。展示柜的重点在于首饰品种的选择和道具与灯光的配合。

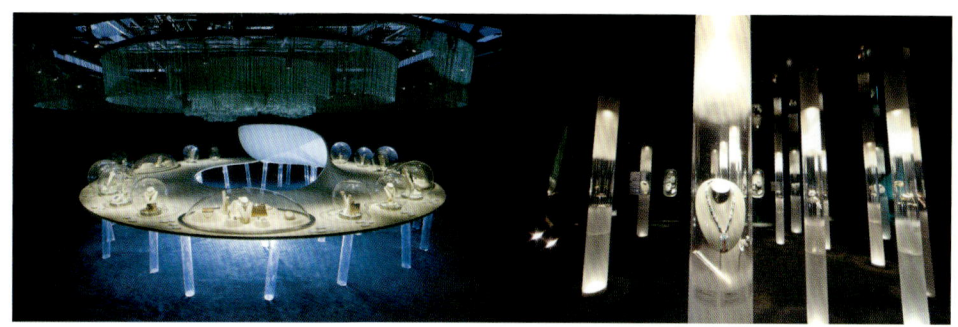

图 7-8　Van Cleef & Arpels 珠宝展柜陈列

3. 柜台陈列(图 7-9)

柜台陈列是商品销售的主体,需要结合店铺装修风格、色彩、陈列材料颜色来合理地布局商品,展示商品独特的美感。珠宝作为奢侈品,需要营造感性氛围,用更人性化、艺术化和生活化的手法处理商业空间,通过一定的陈列艺术展示出商品独特的吸引力,同时要考虑到方便顾客浏览、选择和比较。

图 7-9　Van Cleef & Arpels 柜台陈列(左)和周大福珠宝柜台陈列(右)

第二节 珠宝店铺的卖场规划

珠宝终端店铺的卖场规划是指店铺的总体装潢设计和布局,包括门头设计、橱窗、展柜和货柜(柜台)的布局以及其他一些细节问题。其中,展柜与橱窗的功能基本相同,这里不单独讨论。

一、门头设计

不管是品牌的连锁店还是独具特色的自营店,店铺的门头都是吸引顾客注意的一道独特景观(图7-10)。别具一格的建筑、鲜艳的颜色、独特的门头造型、显著的招牌,让顾客远远地就能一眼识别出品牌或店铺。

店铺的门头设计就如人的脸面对于人的形象的重要程度一样,是体现店铺总体形象的重要组成部分。门面设计要求应该在考虑经营商品和接待顾客特点的情况下,刻意求新,显示个性,力争让顾客产生好印象,既要有视觉上的美感,又要符合珠宝首饰商品属性的要求。

图7-10 沈阳荟华楼金店的门头设计

珠宝店铺的门头设计:第一,要准确地体现店铺的类别和经营特色,宣传店铺的经营内容和主题,能反映商品特性和内涵;第二,门头设计要随着不同时期人们的审美观念有所变动,如改变材料、造型以及色彩搭配,跟上审美发展的时代节奏;第三,门头设计要能起到广而告之的作用。门头设计的目的是要起到宣传店铺的经营特色、扩大店铺知名度;第四,门头设计可与橱窗、招牌、霓虹灯等各装饰构成元素结合起来,综合运用图案、文字和造型的设计,全面宣传店铺及品牌;第五,门头设计要努力做到与众不同、标新立异,使顾客一看到商店门面就具有心灵上的震撼和情感的共鸣,要敢用夸张的形象和华丽的颜色来体现店铺的独特风格;第六,门头设计要做到美观大方,注意色彩、光影等方面的和谐,要让顾客感觉自然、亲切;第七,门头设计要符合节省费用的原则,以提高对目标顾客的亲和力为原则,只要材料选择得当,符合店铺的装修格调即可,不必一味追求豪华、奢侈;第八,门头灯光设计要非常讲究,多数珠宝店铺在夜间经营时,要靠动感强烈的霓虹灯来吸引顾客的注意,灯光设计有时会成为店铺在夜间亮丽的风景。

二、卖场布局

在布局一家珠宝店时,首先要考虑的就是如何使店铺有限的经营空间达到最合理的、最有效的利用。为了实现这样的目的,在布局柜台和展柜时必须考虑"进出方便""行走方便""观看方便""购买方便"四大要求。配合这几个要求,我们从以下几个方面来探讨店内的规划。

1. 柜台布局

由于店铺结构的复杂性(比如说,店内若有柱子就会对柜台的布局造成很大的影响),我们很难提供一个柜台布局的标准方法。一般来说，如果店铺门头宽度有限（宽度为3m左右、深度为8m左右），面积为20m²的小店铺，基本的设计是沿着一边墙面展布"7"字形或"之"字形柜台，在墙面适当布局少量橱窗；如果门头宽度超过7m且是两侧分别留有出入口，柜台可以沿三面墙体展布，并在中间布局"口"字形岛柜，如图7-11所示。

图7-11　珠宝店铺柜台布局

不管是多大面积或形状的店铺，其布局一定要符合人体工程学原理，按照人体工程学原理对空间布局、灯光设置、流向引导、尺寸比例作合理的规划。具体规划要注意如下问题：第一，店铺的出入口（店门）应正对着柜台之间的通道，顾客进入店铺不至于有被阻拦的感觉，有利于顾客出入；第二，店铺所有柜台中间的距离不能小于120cm，这个宽度可以保证迎面走过的顾客交叉换位；第三，要保证顾客进门后的流向引导顺畅方便并能接触尽可能多的产品；第四，店内光线充足，无暗处与耀眼灯光，尽可能考虑消费者购物习惯的摆放，能最大限度地拉近顾客与产品的距离，引发顾客消费欲望；第五，柜台内的员工通道不低于60cm，便于导购员在柜台内自由转向和交叉换位。

2. 收银台的位置设计

进入超市、书店，顾客已经做好了消费的准备，只要需要，可能迅速做出购买决策。珠宝店不同于超市、书店之类的商店，往往需要通过展示商品独特的美感而激起消费者的购买欲望，在无形中吸引消费者产生购买行为，但收银台的存在可能会使顾客对商品的兴趣大打折扣，所以收银台应尽量设在不显眼的角落里。更不能把收银台设在大门旁边或正对门，这种显眼的位置，不仅不利于销售，还有可能招来各种不测。

第三节　珠宝终端店铺的橱窗陈列

橱窗是商品介绍和宣传的综合性艺术形式，它以商品为主体，在产品风格定位的基础上结合文化、艺术、品味、时尚、个性等元素，通过背景衬托、光和道具的运用，艺术地运用各种展示技巧，展示商品的特色、突出商品的美感，将商品的功能、特征、风格或销售活动主题充分地表达出来，进而达到吸引顾客、激发他们的购买欲望的目的。

一、橱窗的作用

珠宝终端店铺的橱窗既是珠宝装饰艺术的展示,也是产品类型、质量、品位、佩戴效果的宣传方式。珠宝饰品在橱窗中通过与道具的完美组合,在柔和的灯光照射下散发出美丽的光芒,不仅展示了企业的产品设计风格、品牌特色和品牌形象,使顾客对商品的属性、功能、特性、品质、风格、档次一目了然,还可以吸引顾客的目光,激发他们的购买欲望,对产品起到促销的效果,达到最大化展示商品、刺激商品销售、制造品牌影响力、传播品牌文化的目的。橱窗的作用主要表现在如下几个方面。

1. 传播品牌文化

橱窗是按品牌宣传的要求设计的一种形象展示,它以商品为主体,通过背景衬托,并配合各种艺术效果,进行商品介绍和宣传。橱窗陈列一般主题鲜明、风格独特、色调和谐,与店铺的整体风格相结合,不仅能够宣传店铺整体形象,更能通过橱窗展示传播品牌文化。

2. 展示品牌特色

橱窗陈列的商品一般是经过精选的、具有代表性的商品,能够鲜明地反映企业的经营特色或品牌特色。通过橱窗陈列可以明确地告诉公众店铺经营的产品特色是什么、针对什么样的客户群体开展经营活动等。

3. 宣传产品的功能

橱窗陈列通过专用的道具将商品的功能展示出来,使其装饰特色和装饰功能一目了然地展示在消费者面前。它同时引领消费者的穿搭潮流以使首饰展示出最好的装饰效果。

图 7-12 Cartier 的橱窗展示

4. 引起消费者的兴趣

将精选经营的重要商品通过橱窗重点陈列,并根据顾客的兴趣和季节的变化把畅销品或新品摆在显眼的位置上,展示不同类型首饰的搭配与组合,不但能给顾客一个经营项目的整体形象,还能给顾客以新鲜感和亲切感。

5. 激发购买欲望

橱窗的装饰、民族风格和时代气息,不但使顾客对商品有一个很好的印象,还会引起他们对事物的美好遐想,进而促进购买欲望。

二、橱窗的类型

以橱窗的位置分布进行划分,珠宝终端店铺的橱窗有门头橱窗和店内橱窗。门头橱窗一般用来展示品牌形象和产品特色,是吸引来往行人眼球的,对吸引客人进店有着重要作用。一一个设计巧妙的橱窗,可以在短短几秒内吸引行人的脚步,说服消费者进店光顾。橱窗的直观展示效果,使它比电视媒体和平面媒体具有更强的说服力和真实感。其无声的导购语言、含蓄的导购方式,也是店铺中的其他营销手段无法替代的。店内橱窗则是以突出商品的价值、展示产品的美感为主要目的,通过商品、道具、灯光和色彩的有效配合,将商品的美感和价值充分展示出来,激起顾客的购买欲望,对坚定顾客的购买信心具有重要意义。

以橱窗的功能进行划分,珠宝终端店铺的橱窗又可分为综合式、系统式、专题式、特写式、季节性五种类型。综合式橱窗是一种将许多不相关的商品综合陈列在一个橱窗内,系统展示店铺经营的商品类型。这种橱窗陈列由于商品之间差异较大,设计时需要谨慎,如果设计不当可能使橱窗显得很杂乱。系统式橱窗是按照商品的不同标准组合将商品陈列在一个橱窗内,具体又可分为四种,即同质同类商品橱窗、同质不同类商品橱窗(图7-13)、同类不同质商品橱窗以及不同质不同类商品橱窗。专题式橱窗是以一个广告专题为中心,围绕某一特定的主题,组织不同类型的商品进行陈列,向顾客传送一个主题,如反映天然钻石从开采到做成成品的过程的橱窗。它多以一个特定环境、特定事件为中心,把有关商品组合陈列在一个橱窗。特写式橱窗(图7-13)运用不同的艺术形式和处理方法,在一个橱窗内集中介绍店铺的某一特定产品。季节性橱窗是根据季节变化把应季商品集中进行陈列,并根据顾客应季购买的心理特点,有针对性地突出某种特征,有利于扩大销售。

图7-13 同质不同类翡翠首饰展示橱窗

三、橱窗设计应注意的问题

橱窗是卖场中的有机组成部分,它不是孤立的,在考虑橱窗的布局时,必须要把橱窗放在整个卖场中去综合考虑,突出橱窗的"点睛"作用。另外,橱窗的观看对象是顾客,我们必须从顾客的角度去设计规划橱窗里的每一个细节。橱窗设计需要考虑以下问题。

1. 顾客的行走视线

虽然橱窗是静止的,但顾客却是在行走和运动的。因此,橱窗的设计不仅要考虑顾客的静止观赏角度和最佳视线高度,还要考虑橱窗自远至近的视觉效果,以及穿过橱窗前的"移步即景"的效果。为了顾客在很远的地方就可以看到橱窗的效果,不仅要做到在橱窗的创意上与周围店铺的橱窗与众不同,还要做到橱窗明亮、主题简洁。近距离观察橱窗时,人们的视线大致是在平视的基础上很自然地由上往下看。因此,要抓住顾客的视觉焦点,捕捉顾客的视线,将商品陈列在顾客的视觉焦点位置。另外,顾客在街上行走时一般是靠右行,即从店铺的右侧穿过店铺。因此,在设计橱窗时,不仅要考虑顾客正面站在橱窗前的展示效果,也要考虑顾客侧向通过橱窗所看到的效果。

2. 构成要尽可能地简单

橱窗的构成包括展具、展品、色彩和造型。橱窗是用来展示品牌形象,首饰的质量、款式、设计、材质及佩戴感觉的。一方面,在展具、展品的选择上一定要做到重点突出,凸显橱窗设计的展示目的;另一方面,橱窗空间中首饰的种类和数量不要太多,太多也不可能做到重点突出,简单的构成才能将顾客的视线集中在较显眼的展示商品上(图7-14)。色彩的配合不要太繁杂,繁杂的色彩搭配会使主题不突出。不论是橱窗陈列还是展柜、柜台陈列,都要注重珠宝首饰与道具的色彩搭配。用来烘托钻石首饰的道具首选应当是黑色,它能更好地突显钻石的光芒,但黑色不能大面积地运用,运用得不好就会影响品牌形象及品味。其次是米白色,在面料上,适合选用吸光性好、不反光的材料,这样可以充分把亮点聚焦在钻石的璀璨光芒上。黄金首饰通常选用色调温和、质感柔软、亚光的红色绒布,它不仅能反衬黄金的耀眼光芒,还能衬托出黄金的幽雅气质。彩色宝石及翡翠首饰大多选用米白色,一些反差较小的品种也可以选用米白色(图7-15)。

图7-14 橱窗的简单构成

图7-15 橱窗的色彩搭配

3. 橱窗商品陈设要符合人们的审美观念

橱窗的设计采用平面和空间构成原理,即采用对称、均衡、呼应、节奏、对比等构成手法,对橱窗进行不同的构思和规划,使商品陈列符合人们的心理取向,给人视觉上的和谐舒展、稳定有序、简洁明了的感受。珠宝陈列的方式一般有左右对称(图7-16)、左右非对称、节奏构成、调和构成、三角陈列等。橱窗陈列固然是为了系统体现珠宝首饰之美,或者展示珠宝首饰独特的卖点,但首要的是要使商品陈列符合人们的审美观念。

图7-16 珠宝首饰的对称陈列方式

4. 橱窗展示要和卖场中的营销活动相呼应

从宣传的角度看橱窗,它就像电视剧的预告,告知顾客大概的商业信息,传递卖场内的销售信息,这种信息的传递应该和店铺中的营销活动相呼应。如橱窗里陈列的是店铺特色产品或新上市产品,店铺销售的也应是类似产品。橱窗就像珠宝店铺的宣传窗口,吸引着对产品感兴趣的顾客,使他们产生进店看一看的冲动。

第四节 珠宝终端店铺的柜台陈列

珠宝终端店铺的柜台分为销售柜和展示柜。销售柜主要用于陈列适于大众日常佩戴和常年销售的珠宝首饰,每节柜台的长度在 1.2~1.5m 之间,内空高 25cm 左右、宽 60cm 左右,柜台整体高度在 85cm 左右;展示的高度高于销售柜,其作用和陈列方式都介于橱窗和销售柜之间。柜台陈列艺术是珠宝终端零售研究的一项重要内容,它不仅涉及到首饰陈列的数量、品种、款式、色彩搭配及陈列布局方式等,还涉及到是否符合顾客的审美心理、是否能够激发顾客的购买欲望等问题,对终端能否取得良好的销售业绩具有重要意义。这里,我们仅以销售柜台为例,探讨柜台陈列的类型、方法和技巧。

一、珠宝柜台陈列的基本要求

珠宝首饰是奢侈品,珠宝柜台是奢侈品的陈列场所,其基本要求是:定位合理、主题突出、商品丰富、整洁有序。

1. 定位合理

所谓定位合理,是指珠宝首饰柜台的布置、陈列风格应与整个店堂的档次与风格一致。也就是说,如果珠宝店铺定位为高端精品珠宝店,陈列定位就应该突出豪华、精美的特点,强调艺术氛围,商品陈列给人件件是精品的印象;而作为一般面向大众的珠宝店,商品摆放就应该突出丰富、朴实的特点,给消费者买得起、买得实惠的印象。

2. 主题突出

主题突出即要求珠宝柜台布置和陈列的主题鲜明,让消费者一看就明白哪个区域是销售哪种商品的。为了做到主题突出,商品一般设立专柜或专区陈列,如黄金专柜、钻石专柜、翡翠专柜等,使消费者一目了然,迅速找到自己欲购买商品的陈列位置。

3. 商品丰富

商品丰富即柜台陈列商品丰富、充实,商品品种、规格、款式齐全,数量充足。要使柜台商品陈列丰富,应控制商品的种类密度和主、辅商品的比例。

种类密度是商品种类数量与陈列商品总量的百分比。种类密度越高,表明陈列商品的重复率越低,陈列的花色品种越多,柜台商品组合性能越好。柜台中所陈列的珠宝首饰同一品种、同一款式最多摆放 1~3 件,过多的重复会让人感到商品款式单调,对商品销售可能会造成影响。

每个店铺都可能会有一些独具特色或可以与其他企业竞争的商品,它们是店铺的主打商品,会为店铺带来丰厚的利润。但在商品陈列时,不能因为主打商品可以盈利便铺天盖地摆放在柜台上,这样会让消费者产生商品单调的感觉,进而影响销售。因此,柜台陈列应控制好主、辅商品的比例。一般主打商品的陈列比例在 20%~50% 之间,其余为连带商品和配套商品,这些商品可增加花色品种,突出主打商品的优势,对主打商品起着衬托作用。

4. 整洁有序

整洁,即整齐、清洁,要求柜台内摆放的道具、珠宝首饰、价签干净整齐,错落有致。如摆放项链时,每条项链都要摆放平整,将花纹整理好。有序,即要求商品按照一定的规律摆放,一方面便于消费者选择,另一方面给消费者一种独特的美感。

以上是柜台商品陈列的基本要求。另外,柜台商品陈列还应注意以下几点:第一,柜台商品的布置与陈列除美观外,还应注意销售时操作的便利性,交易频繁的商品应放置于柜台最里侧,便于拿取;第二,注意连带、配套商品的摆放,相关联的商品应尽量使放置的距离较近,便于拿取和销售;第三,注意标签、文字说明的摆放等。鉴赏柜台的大件展示商品或特别推荐的特色商品可适当配以文字说明,销售柜台的商品标签要统一插放,做到既美观又便于观看。

二、珠宝柜台的陈列方法

珠宝首饰的商品陈列需要借助相应的道具并采用合适的排列方法。道具即摆放珠宝首饰的工具,不同类型的珠宝首饰需要用不同的道具摆放。以合适的方法摆放不仅能展示首饰自身之美,也能体现陈列之美。

1. 柜台陈列的道具

珠宝首饰分为戒指、项链、吊坠、手链、手镯、耳钉、胸花等不同品种,根据用途的不同,首饰道具大致可以分为项链展示道具、戒指展示道具、吊坠展示道具、手镯展示道具、手链展示道具、耳饰展示道具等;从表面材料来分,首饰道具有绒布的、金属质地的、有机玻璃的、树脂的、水晶胶的、实木喷漆的等。不同的道具又直接影响着首饰的摆放风格和美观。从道具的摆放方式看,道具有托盘、底座和人体模具。

(1)托盘。它是一种将若干件首饰置于一个盘内,以盘为单位的陈列方式(图7-17(a))。托盘陈列的最大优势是摆货量大。一节柜台可摆放6~8个托盘,每个盘都密密麻麻堆满了珠宝首饰,最多时一个盘内可摆40条项链或插40多枚戒指,如果摆放的都是黄金首饰,则形成金灿灿的一片,蔚为壮观,这也不失为吸引顾客的一个好办法。一些珠宝终端店铺因货源充足,货品数量大,常采用"货堆如山"的摆放方式,商品摆放的密度大,一个柜台最少可摆8个盘。但这种摆放方式可能会使商品的特色不够突出,展示的品味不高,适合售卖大众化的珠宝首饰。

(a)托盘　　　　　　　(b)底座　　　　　　　(c)人体模具

图7-17　不同类型的道具

(2)底座。它是将一件首饰置于一个底座上,单独进行陈列的一种陈列方式(图7-17(b))。这种陈列方式的最大特点是将一件首饰陈列在一个底座上,较好地突出了每件首饰的特征,陈列商品的密度弹性较大,商品充足时可以密集排列,商品短缺时可以疏松排列。一些珠宝专卖店、品牌店、品牌专柜或资金较少、商品数量较少的企业,其柜台陈列就可以选择以底座为道具,铺货密度可明显减少,可以较好地展示商品特色和品牌形象。以底座的组合形成各种各样的造型,同样给人清新、明快的感觉,会给顾客留下好印象。

(3)人体模具。它是模拟人体佩戴首饰的某一部位做成模具,将首饰置于其上,可以较直观地展示佩戴效果的陈列方式(图7-17(c))。例如,在抽象的人像做成的模具上展示项链或吊坠、在手指模具上展示戒指等,都可以较好地展示首饰的佩戴效果。因为模具一般体积较大,因此,它更多的是运用于橱窗展示,在柜台陈列中一般用于组合套装首饰的陈列或突出某件具有特色的首饰。

一般来说,珠宝终端店铺柜台陈列所选道具形状和规格应大致相同,但为了增加柜台陈列的主动性,同一柜台可选1~3个道具品种,以其中一种为主,另两种为辅,摆放时形成一定的规律,使整个柜台陈列主题突出、整齐、美观(图7-18)。

图7-18　柜台陈列的道具组合

2. 珠宝柜台陈列方法

珠宝首饰的柜台陈列方法很多,主要采用的是对称法、对比法、节奏法。

(1)对称法。所谓对称法,就是以一节柜台为单位,将珠宝首饰按对称的原则进行陈列。对称法又可分为轴对称法、中心对称法。轴对称法是以柜台台面中线为对称轴,两侧珠宝首饰一一对称分布,常见的图案有矩形、梯形、三角形以及各种组合型;中心对称法就是将珠宝首饰围绕某中心进行对称排列,常见的图案有圆形、放射形。

(2)对比法。所谓对比法,就是将两种或两种以上不同色彩、不同形状、不同大小的珠宝首饰巧妙地组合起来,造成人们感官效果上的鲜明差异,这种排列方式可以起到突出和渲染主题的作用。珠宝首饰的对比陈列主要表现为色彩对比、质感对比、风格对比、大小对比等几个方面。

(3)节奏法。"节奏"是乐理中的概念,通过有规律的节奏的变化产生韵律美。在珠宝首饰陈列中引申为时空概念,是为了提醒我们在构思、设计和实施珠宝首饰柜台陈列时要充分运用声乐中抑、扬、顿、挫的原理,使首饰陈列疏密得体、高低有序、错落有致,通过首饰排列的大小、高低、直线与曲线的变化形成鲜明的韵律美。

三、珠宝柜台的陈列技巧

珠宝首饰的柜台陈列是一门艺术,从宏观上讲,柜台陈列要实现店铺形象、品牌形象和谐的统一;从微观上讲,柜台陈列要展示一种独特的美感,最大限度地吸引消费者的眼球,激发消费者的购买欲望。本章中我们从微观上探讨珠宝柜台的陈列技巧。

1. 颜色的搭配

我们在橱窗陈列中已经简单探讨了颜色的搭配问题。颜色也是珠宝首饰柜台的重要特征之一，柜台陈列时应注意珠宝首饰、道具、柜台三者颜色的搭配。

（1）道具颜色与柜台颜色搭配。道具颜色要与柜台整体颜色协调一致，如店铺整体色调是粉红色，则所选道具如插戒指的托盘可采用白色内衬、粉红色边框，这样既与柜台整体颜色一致又不妨碍珠宝首饰的摆放。

（2）道具与首饰的颜色搭配。道具颜色要能衬托首饰的颜色和特征，具体操作时可采用对比色或协调色来突出首饰。常见的道具与首饰的搭配方式是：用黑色道具摆放铂金镶钻石首饰，黑白对比衬托钻石的明亮光芒；用白色内衬、红色边框的道具摆放翡翠饰品，红绿对比衬托翡翠的艳绿；用白色丝绸道具摆放珍珠首饰，衬托珍珠的柔美；用淡蓝色丝绸道具摆放铂金首饰，衬托铂金的银白色光芒；用红包绒布道具摆放黄金首饰，尽显黄金首饰的喜庆和富贵。

2. 灯光的配置

事实上，展示任何宝石的美都需要灯光的配合。珠宝首饰柜台的灯光配置要求科学合理，如前所述，一般情况下，翡翠、红宝石等暖色调的宝石要求配置黄色灯光，会使宝石的颜色更加娇艳动人；钻石、浅蓝色等冷色调的宝石要求配置白色灯光，会尽显钻石的光芒和宝石颜色的冷艳；欧泊、珍珠、翡翠等易失水的宝石，在柜台内要放置一小杯水，以保持一定的湿度，灯光温度也不宜过高。

3. 商品的分类陈列

综合性珠宝终端店铺的产品组合一般有贵金属类饰品、钻石饰品、玉器饰品和彩色宝石饰品四大类，每类饰品应分开集中陈列。在每类饰品中又分吸引眼球的商品、赚人气的商品和赚利润的商品。吸引眼球的商品应陈列在最显眼的位置，让消费者很容易看到并产生浓厚的兴趣；赚人气的商品要有吸引人气的利益点（如低价、高折扣等）并在分类区域集中陈列；赚利润的商品则应陈列在柜台的焦点位置（见柜台的焦点设置），并将商品的特色和优势充分展示出来，能够激起消费者拥有的欲望。

4. 商品陈列位置的设计

商品本身的大小、用途、价格等不同，适合消费者参观选购的陈列方式也不同。一般而言，体积小者在前，体积大者在后。价格便宜者在前，昂贵者在后。季节商品在前，流行商品在后。越往前的商品摆放位置越低，越往后摆放位置越高。

5. 柜台的焦点设置

焦点位置即柜台中最显眼、最容易看到的位置，大致与摄影中的黄金分割点相当。一般来说，一节柜台中间靠后的位置是最显眼的位置，这个位置可陈列一些具代表性的、豪华夸张的、能体现店铺实力的商品。这个位置的左、右两侧是容易看到的位置，是柜台的黄金陈列空间，可陈列一些有特色、高利润的商品。再向外是可以看到的位置，可陈列一些消费者熟悉的、销售稳定的常规商品。

6. 装饰物的摆放

为了增加柜台的生动性和趣味性，可在柜台内摆放少量花朵、树叶等植物或者花瓶等器物以及卡通动物等，可以对柜台起到点缀作用。

总之,珠宝终端店铺的形象与商品陈列一定要综合起来考虑,使商品的品味、陈列的品味与店铺形象形成一个有机的统一体。科学地利用店铺有限的空间,合理地布局橱窗、展柜和柜台,使经营场地得到最大限度的利用,为消费者创造一个舒适、愉悦的购物环境,这是珠宝终端店铺取得良好经营业绩的基础。

☞ **思考题**

1. 阐述珠宝店铺装潢和商品陈列对珠宝零售终端销售的促进作用。
2. 简述珠宝店铺装潢和商品陈列需要考虑哪些方面。
3. 珠宝陈列要遵循"5C1S"法则,"5C1S"指的是哪些?对珠宝终端销售有哪些指导作用?
4. 简述珠宝终端店铺商品陈列的类型有哪些,讲述其中好的橱窗陈列在珠宝终端店铺中所具备的作用。
5. 珠宝终端店铺商品陈列中柜台陈列有哪些陈列方法和技巧?

第八章 终端店铺的促销管理

珠宝店铺促销是以提高销售额、提高珠宝品牌知名度和珠宝产品推广为目的,吸引、刺激消费者消费的一系列计划、组织、领导、控制和协调管理的工作。珠宝零售终端的促销是店铺管理者工作的重点,本节主要讨论珠宝零售终端店铺促销管理的理论与实践。

第一节 终端店铺促销的意义

促销是珠宝店铺与珠宝企业营销组合策略的重要组成部分,同时也是珠宝零售终端通过运用各种营销方法,使品牌与细分市场顾客之间进行沟通,使得终端店铺了解和分析顾客的需求和偏好,进一步激发客户对珠宝品牌及其产品的信任和好感,从而提高顾客的购买兴趣和购买行为的营销管理工作。终端店铺进行促销活动的目的和意义主要有品牌宣传与推广、业绩提升和珠宝产品推广等几个方面。

一、品牌宣传

珠宝品牌的推广方式和手段有很多种,其中促销就是一种快捷高效的珠宝品牌宣传的方法。珠宝零售终端进行产品促销,一方面可以使品牌与消费者互动,另外一方面可以检验零售终端所销售的珠宝品牌商品与当地细分市场的融合程度。

对于珠宝品牌众多的中国珠宝市场而言,品牌知名度永远是珠宝企业关注的焦点。珠宝销售终端为了获取更多的当地市场份额,首先面对的就是如何提升本销售终端的品牌知名度,建立品牌知名度的手段已经不仅仅限于在电视台、报纸做广告了,珠宝销售终端进行促销也可以很大程度地提升品牌知名度。一次精心设计的促销活动,可以最大限度地激发目标市场消费者的浓烈兴趣和积极参与,此时珠宝零售终端利用口碑效应可以迅速为珠宝品牌进行推广,从而快速提高品牌知名度。

二、业绩提升

零售终端的促销活动是要求店铺所有人员与消费者共同参与,在店铺内促成立即成交的一系列活动。店铺促销本身也是一种竞争形式,可以改变一些消费者对珠宝品牌的认知。珠宝店铺的促销活动能够诱导需求并扩大市场范围,同时满足顾客的需求。当顾客对珠宝产品认知不足和有缺陷时,很有可能放弃原有的购物偏见从而购买店铺商品。从这个角度来看,促销可以提升珠宝零售终端的销售业绩。对于购买力或购买预算有限的客户,可以通过店铺促销让客户购买原先准备买而不愿花费更多资金的珠宝商品。珠宝店铺可以通过适合自身的促销活动提升市场占有率,从而提高销售业绩。

三、产品推广

新的珠宝商品或款式走向市场的第一步就是进行产品推广,珠宝产品推广是个复杂的系统工程。促销的另外一个作用和意义是帮助店铺进行新款式、新产品的推广。现在市场上出现了很多推广的方法和手段,不难发现很多新品的推广都与促销有关。促销可以很大程度地激发消费者的关注度和兴趣,并帮助他们接受新样式或新款式。

例如,Jaff 18K饰品全新上市时,在其推广期间所有18K饰品享受8折优惠(图8-1);满2000元送精美吊坠一件,满5000元送四叶草饰品一件。实惠的价格和精美的赠品吸引了消费者对18K饰品更多的关注,激发了对18K新品了解的欲望,从而帮助新品推广同时促进销售量的增加。

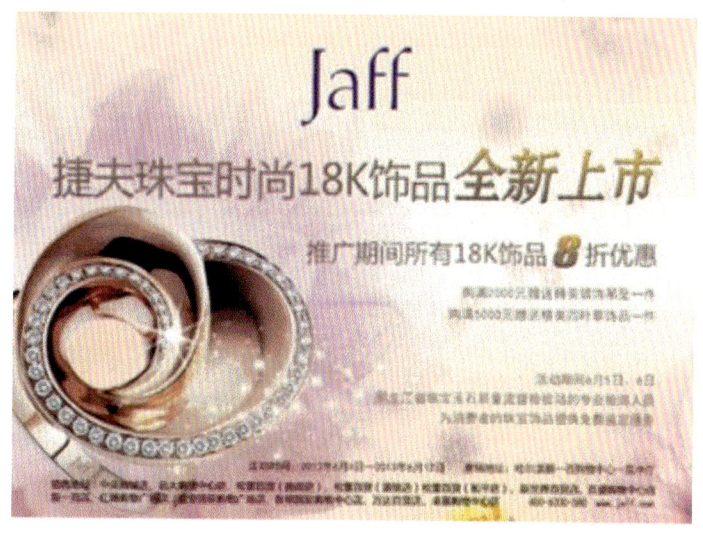

图8-1　Jaff珠宝的18K饰品促销宣传页

第二节　终端店铺促销的类型

珠宝零售终端的促销目的是向消费者传递各类珠宝商品信息,吸引或说服消费者接受及购买珠宝商品,以达到扩大销量和提高品牌知名度的目的。珠宝零售终端的促销实质上是一种沟通活动,通过发出刺激消费者的各类珠宝相关信息,把信息传递给更多的目标市场对象,达到营销目的。

珠宝零售终端店铺的促销类型包括节日促销、新品促销、积压产品促销、服务促销、新店开业推广促销、爆款促销和创意促销等。

一、节日促销

珠宝零售终端的节日促销与其他一般的促销意义不同,所以更加需要注意节日的各种风俗、礼仪、习惯、民族等要点。节日,是世界人民为适应生产和生活的需要而共同创造的一种民俗文化,是世界民俗文化的重要组成部分。同时,节日也是生活中值得纪念的重要日子。各民族和地区都有自己的节日(表8-1)。

表8-1 中外节日一览表

节日名称	日期
元旦	1月1日
春节	农历1月1日
情人节	2月14日
元宵节	农历1月15日
国际妇女节	3月8日
复活节	春分月圆后第一个星期日
愚人节	4月1日
清明节	4月5日
劳动节	5月1日
端午节	农历5月5日
母亲节	5月第二个星期日
国际儿童节	6月1日
父亲节	6月第三个星期日
七夕节(中国情人节)	农历7月7日
中秋节	农历8月15日
教师节	9月10日
国庆节	10月1日
万圣节	11月1日
感恩节	11月最后一个星期四
圣诞节	12月25日

表达男女爱慕之情的节日,中国有七夕节,是传说中牛郎织女相会之日,古有"金风玉露一相逢,便胜却人间无数"等诗句,具有传统的文化色彩;西方有情人节,传说是为了纪念为情人做主而牺牲的瓦伦丁神父,这是一个关于爱、浪漫以及花、巧克力、贺卡的节日,男女在这一天

互送礼物以表达爱意或友好。庆祝新年开始的传统节日,中国有春节,在中国民间传统节日中是最受人们重视的节日,象征着团结、兴旺,寄托着新的一年的希望;西方有圣诞节,是一个宗教节,因为把它当作耶稣的诞辰来庆祝,故又名"耶诞节"。近些年圣诞节越来越国际化,许多中国人也过起了圣诞节。

表达感恩的节日,中国有重阳节,为我国孝敬长辈、尊敬老人的节日;西方有感恩节,是美国人民独创的一个古老节日,多数美国人要感谢上帝在过去一年里的恩惠,人们按传统要用时令的果实、火鸡等食物招待亲朋好友。除此之外,中西方主要节日还有元旦节、国庆节、劳动节、母亲节、父亲节等。

案例一:中国传统节日——七夕节促销

浪漫永远是爱情的代名词,而珠宝作为永恒的浪漫化身,见证着爱情的坚贞不渝与纯洁无瑕。作为潜心打造高素质、高品位珠宝品牌的周生生懂你所想,在浪漫七夕,邀约12位"charming man MR Right"为十二星座浪漫使者,带你一起寻找生命中注定的那个MR Right。在活动现场,12位"charming man MR Right"还将带你一起乘坐充满复古味的老爷车,在充满异域风情的中央大街上重温浪漫情怀。为了营造温馨、浪漫的节日气氛,周生生还特意安排了外籍乐队LIVESHOW、复古探戈开场、复古恰恰压场等充满浪漫情调和复古意韵味的活动环节,将美好年代的古典情怀,重新注入恒久爱情之中,让爱回到浪漫原点。活动地点:哈尔滨中央商城周生生专柜场外。活动时间:2016年8月9日。

案例二:西方的情人节促销

2月14日是西方的情人节,哈尔滨新世界百货中庭弥漫着温馨浪漫的气息。鲜花、纱幔、精致的甜点、精美的情人节礼品、充满爱意的蜜语……这是周大福为时尚年轻的VIP(贵宾)特别打造的"2014情人节周大福求婚不NG"情人节活动。活动中,通过童趣求婚、童话求婚、剧集求婚、穿越求婚四大求婚主题情景剧的互动体验,将周大福为VIP准备的求婚攻略进行甜蜜演绎(图8-2)。拍摄真情告白爱情短片,短片将现场剪辑写入音乐首饰盒。

图8-2 周大福VIP上演求婚主题情景剧

案例三:西方的圣诞节促销

圣诞树下摆满礼物,树梢彩灯闪烁,冬季被装点上圣诞节特有的红色,2011年的圣诞季悄然而至。在缤纷节日到来之际,一直致力成为全球最值得信赖的亚洲珠宝品牌——周大福,在乌鲁木齐友好百盛购物中心启动"爱在圣诞季"主题活动,点亮闪耀绚丽的圣诞时光。

礼盒闪耀,绽放出圣诞季最美的色彩,"爱在圣诞季"启动活动也因"礼物"而充满惊喜。别出心裁的启动仪式将高达3m的圣诞礼盒布置在商场中庭,绚丽的圣诞礼盒吸引众多消费者驻足观赏。当周大福高层代表剪开礼盒的蝴蝶结,"爱在圣诞季"专属圣诞礼盒瞬间变得晶莹剔透,与周围闪亮的圣诞树丛相映成辉。在到场来宾和观众的共同见证下,周大福"爱在圣诞季"主题活动正式开启。

圣诞礼盒为冬季点缀温暖色彩,也满载真诚的圣诞祝福。周大福特地在圣诞季邀请"圣诞家族"闪亮登场,身着红装的"圣诞家族"成员们有备而来,先是献上一曲欢快的圣诞热舞,伴随欢快悦耳的圣诞歌曲和到场的来宾互动,把一份份精美圣诞礼物派送给现场来宾和场外观众,分享圣诞节特有的喜悦,浓郁圣诞的气氛让到场的来宾倍感温馨(图8-3)。

图 8-3　圣诞节现场促销

二、新品促销

对新产品(也称新品)的定义可以从企业、市场和技术三个角度进行。对企业而言,第一次生产销售的产品都叫做新产品;对市场来讲则不然,只有第一次出现的产品才叫做新产品;从技术方面看,在产品的原理、结构、功能和形式上发生了改变的产品叫做新产品。营销学的新产品包括了前面三者的成分,但更注重消费者的感受与认同,它是从产品整体性概念的角度来定义的。凡是产品整体性概念中任何一部分的创新、改进,能给消费者带来某种新的感受、满足和利益的相对新的或绝对新的产品,都叫做新产品。

案例一:佐卡伊新款红宝石系列珠宝戒指的促销

2014年是佐卡伊新款红宝石系列珠宝戒指推广之年,此次新产品促销,佐卡伊全程冠名曲婉婷亚洲巡回演唱会,借助为曲婉婷特别定制红宝石系列"亭亭玉立"戒指展示其鲜活的音乐态度,引导客户选择一款符合自身气质的红宝石系列戒指,从而拉动消费需求。此次促销活动,结合佐卡伊全渠道运营方式,利用网络旗舰店和各城市体验店对消费者开展佐卡伊红宝石系列珠宝戒指透明价格的低价诱惑,快速完成佐卡伊红宝石系列新产品的市场导入,属于经典案例之一。

新产品促销需要充分了解产品市场的竞争情况和产品的优势、劣势,为确定产品在市场上的定位做基础;通过市场环境的分析确定新产品的市场定位;再根据产品的市场定位设计广告创意。

案例二:周生生新品发布会

珠宝品牌周生生在广州创展中心前举行盛大新品发布会,共发布了五款"航海王系列黄金饰品",被不少航海王粉丝称为"航海王最强周边"(图8-4)。

周生生特意将发布会现场打造成航海王主题广场,吸引了大量"粉丝"前来。各款航海王动漫人物展板巧妙地布置在场内每一个角落,让"粉丝们"仿佛置身于"伟大航路"的某个岛上,与自己喜欢的角色同框合照,现场还有精彩而有趣的游戏专区,令游客流连忘返。无数《航海王》的粉丝聚焦在了广州创展中心门前广场,现场宛如一场盛大的动漫展,气氛极为热烈。

图8-4 周生生新品发布会现场

三、积压产品促销

积压产品是制约企业扩大营销、提高效益的重要因素。往往由于市场竞争具有时效性和风险性,一些商业企业在营销活动中因市场预测的失误而往往不同程度地造成商品积压,使企业背上沉重包袱。引起的后果也可想而知:利润受损,资金周转困难。严重的,导致企业经营失败、破产。

对此类产品往往需要尽快销售出去,将损失控制在最小范围以内。珠宝销售中,男士珠宝首饰相对女性首饰的需求量较少,销量往往较小,销售不出去就会积累库存,影响商家的资金周转,进而影响正常的运作。为此,不同商家做出了不同的促销策略。

例如,近年来钻石大热,许多年轻人结婚时不再选择传统的黄金首饰,偏好购买更为流行的钻石首饰,这让长辈们留下的黄金没有了用武之地。武汉的金叶珠宝推出了一项创意的促销方案——黄金换钻石,即按照每日的国际金价回收黄金,来换取等值的钻石镶嵌首饰。促销前两周武汉金叶珠宝通过媒体进行宣传和推广,在持续14天的活动中,平均每天回收1kg黄金,并出货等值的钻石镶嵌首饰,取得了成功。

四、服务促销

根据现代市场营销学的观点,产品整体概念包含核心产品、有形产品、附加产品三个层次。

核心产品,指产品给消费者带来的利益和好处,即产品的基本功效;有形产品,指产品实体,如商标品牌、外观和式样、包装等;而附加产品,正是指顾客购买有形产品时获得的全部附加服务的利益,也就是产品的售前、售中、售后服务以及这种服务给顾客带来的利益。

服务是商品实体价值的延伸部分,商品等同于实体和服务的综合。当商品实体功能相当,但随同提供的服务有差别时,在购买者看来,这就是两种不同的商品。也就是说,服务质量已成为消费者决定是否购买商品的重要因素。在这种情况下,服务就成了厂商开展市场竞争的一个极其重要的方面,必须通过更好的服务来争取消费者。服务促销能使顾客对企业更信任、更有好感,更能刺激他们重复购买、长期购买,成为企业的忠实客户。

案例:周大福黄金清洗

最近在网络上出现个别消费者反映黄金"变色""生锈"等现象,其原因也正是消费者忽视了黄金的正确佩戴方法和清洁保养。如果黄金饰品出现上述现象,建议消费者到专业的首饰保养店进行清洁护理,即可恢复光泽。

周大福所售出的每一件黄金产品,消费者都可以持购买凭证至任一分店,享受免费清洗首饰的服务,使黄金饰品恢复光亮如新。清洗的过程几乎不会对金饰本身的质量、成色和重量产生任何影响。

表8-2为保养服务具体内容。

表8-2 服务内容列表

贵金属饰品的保养指南	1. 避免佩戴贵金属饰品做家务或粗重的工作,以免磨损或变形; 2. 避免接触化妆品、香水、醋、果汁、漂白剂、涂改液及含铅、汞元素的化学品; 3. 夏天佩戴贵金属饰品最好每天用微湿的毛巾拭干,然后用干毛巾抹干,因为人的汗液会侵蚀贵金属饰品; 4. 避免将不同的贵金属饰品佩戴在一起,同时应单独存放,以免造成相互摩擦; 5. 工艺复杂的贵金属饰品如损坏,修理很困难而且难以恢复原样,所以一定要小心佩戴,尤其是一些蛇骨链、硬身链、满天星等损坏了就无法复原,所以千万不能拉、折,洗澡、睡觉的时候避免佩戴; 6. 贵金属饰品性质稳定,有一定硬度和抗腐蚀性,可放在加入中性清洗液(可选用肥皂水和洗洁精)的温水中浸泡,再用软毛刷轻刷表面污垢,并用清水冲净擦干; 7. 应保管好贵金属饰品的购买发票及销售票据,以便售后、保养、维修时所用
钻石饰品的保养指南	1. 钻石饰品应单独存放,以免造成相互摩擦; 2. 避免使钻饰受外力的拉扯、硬性磕碰,避免多次改指圈,因为这样会使指圈、镶口变形,影响牢固程度,甚至使钻石松动; 3. 避免佩戴钻饰洗碗、洗澡和洗衣服,因为钻石具有亲油性,表面容易沾油污、灰尘,从而影响钻石的光泽度; 4. 钻石性质稳定,有一定硬度和抗腐蚀性,可放在加入了中性清洗液(可选用肥皂水和洗洁精)的温水中浸泡,再用软毛刷轻刷钻石及底托的表面污垢,并用清水冲净擦干(注意:清洗钻石时一定要先塞住下水道,以防钻石不慎掉进下水道); 5. 经常检查钻石饰品的牢固性,如发现钻石松动应及时送去维修; 6. 应保管好购买钻石饰品的发票、鉴定证书及销售票据,以便售后、保养、维修时所用

续表 8-2

珍珠饰品的保养指南	1. 珍珠硬度很低,避免受到硬物之类的划伤; 2. 避免使珍珠接触酒、化妆品、香水及其他化学物品,否则会与珍珠起化学反应,从而破坏珍珠表层,使之失去光泽; 3. 佩戴珍珠后应用柔软的湿毛巾轻抹珍珠表层,以免受到汗液的侵蚀; 4. 不要用热水清洗珍珠,以免珍珠脱落
宝石、玉石饰品的保养指南	1. 清洗宝石和玉器的方式与钻石一样,但是宝石和玉器不能用超声波清洗,也不能用强皂液或热水清洗,以免失去光泽; 2. 宝石、玉器的其他保养方式都与钻石相同

五、新店开业推广促销

开业促销是商店为庆祝新店铺的开张而举行的促销活动,目的是让新店的运营有一个良好的开端,吸引顾客光顾。开业促销是门店惯用的促销方式,一般来说在开业前后,商家会通过发放宣传单来吸引大量的顾客。珠宝企业由于不同于一般性质的企业,在开业促销推广时多会采用赠礼、打折、开业 party、珠宝展览等方式吸引人气,为宣传推广造势。

案例:周大福新店开业

中国珠宝商领头羊——周大福在上海为南京西路新店开业举行了盛大揭幕仪式。作为拥有逾 87 年悠久历史的周大福珠宝集团,秉承「真诚·永恒」的核心理念,以产品的设计、质量与价值闻名。在追求高端品质的同时,周大福也将艺术与文化通过珠宝的形式表达出来,从而诠释全新、积极、高尚的生活方式。

开业之际,周大福举行了为期两日的名贵珠宝品鉴会,此次品鉴会一如周大福的珠宝风尚新范,为客户带来精选的彩宝系列,同时展出故宫系列产品、设计感丰富的钻石、精美珍珠等名贵珠宝精品,在美丽的上海为客户倾情呈现了一场珠宝文化盛宴(图 8-5)。

图 8-5 周大福珠宝新店开业

六、爆款促销

"爆款"一词源于淘宝网,指的是在商品销售中,供不应求,销售量很高的商品。出现这种情况的原因,就是消费者的从众心理,也就是我们俗话说的"随大流"。很多人都会选择一些人气很旺、很多人买过且评价不错的商品。所以,需要抓住消费者的这种从众心理,着重推广人气产品,这会让消费者有一种延续性的从众判断,甚至还没有看到实物的时候也会下意识地认为这是一件不错的商品。

在爆款促销的过程中,尽量只给客户提供一个"最好的选择",减少客户的选择成本。利用爆款创造品牌特色,需要着重地去制造话题,在促销的过程中可以利用热点营销、IP(Internet Protocd)营销、事件营销等方式,提供高质量的用户体验。

例如,某珠宝品牌淘宝店铺为使爆款促销顺利,选择了在全民极热的购物狂欢节——淘宝"双十一"中开展爆款活动促销,借助移动媒体今日头条的流量导入,利用直通车等推广方式在淘宝平台吸收了极大的客户流量,并为爆款打上"全网最热""全网最低"和"全部免费赠送鉴定证书"等标签。同时,在消除客户疑虑的前提下,结合最优的客户服务,以及良好的流量引导和流量转化运营,将该店铺淘宝爆款推至淘宝平台同款排名前三,当天单款销售额破十万,为店铺爆款促销起到了极大的带动作用。

七、创意促销

在当今的中国市场,创意的好坏直接影响促销的效果。创意促销从根本上讲,是珠宝店铺在深刻调研本地市场和店铺目标群体后,凭借优秀的创意"诱使"顾客对店铺的营销活动产生兴趣、认同感和好感,进而购买的一系列管理活动。

无创意的促销是对珠宝店铺资源的极度浪费。当今很多珠宝销售终端将促销作为日常销售的主要手段,更有甚者将店铺的销售业绩寄厚望于店铺促销,天天作促销,极度损害了珠宝店铺及品牌形象,这些都是一种极端思维。在很多商品过度营销的今天,普通的促销创意是很难吸引消费者的,只有非常有针对性和极具特色的创意促销才能吸引顾客。

优秀的创意促销可以快速吸引目标群体的注意力,从而提高店铺的销售业绩和商品形象,这些工作都依赖于店铺良好的促销管理机制。好的创意主题是珠宝店铺在进行促销时,决胜目标市场的主要前提。借助一个好的创意主题,可以高效地制造促销氛围,使得珠宝店铺及其产品快速在消费者脑海中形成利益共同点。

案例:通灵珠宝"半克拉"促销

位于徐州中山北路的TESIRO通灵旗舰店举行了一场半克拉钻展,近百颗半克拉钻在灯光的照耀下光芒四射。徐州市民对半克拉钻展的热情也大大出乎意料。"一方面选择余地大,另一方面价格适合。"TESIRO通灵工作人员说。

此次展出的半克拉钻款式以经典、简洁为主,符合大多数市民的口味。就价格而言,此次展出的钻石既有高价位、适合投资收藏的珍品,也有价格适宜、适合日常佩戴的精品。

与普通半克拉钻石相比,这批钻石之所以吸引众多市民,还有一个更大的优势:每一颗都经过安特卫普工匠精心打磨、挑选,是为明星们特别准备的。

第三节 终端店铺促销策划流程

一、制定促销方案

珠宝零售终端在进行促销前的重中之重,是制定详细的促销方案,如果方案执行的不好,有可能既浪费钱又浪费公司资源。所以店铺在促销前需要全面考虑,确保促销活动顺利而有效地实施。店铺的促销需要组织一个策划小组从目的、准备、实施、成本、效果等方面制定出一整套的方案,交由店长研究、修改并付诸执行。

1. 促销方案类型

(1)以特定时间为背景制作的促销方案。店铺为了吸引人气、推广新品、薄利多销、促进销售额增长,可以选择在春节、情人节、七夕节、三八节、五一节、国庆节、圣诞节、元旦等送礼高峰期进行促销,促销手段有打折、降价、买就送、特价销售、抽奖等形式。

(2)以特定消费群体为背景制作的促销方案。为了推广新品、吸引老顾客购买和调换、稳定客户群,可通过将特定消费群体作为定位,塑造与之相关联的品牌形象,提升品牌知名度,同时促进销售额的增长。

(3)以品牌推广为背景制作的促销方案。为塑造品牌形象、提升品牌知名度同时促进销售额增长,可通过举办大型的公关活动、公益活动、抽奖活动等来积攒人气,增加曝光度,使更多的人知晓和增加对品牌的关注。

2. 制定促销方案的原则

在制定促销推广方案时要以季度为单位,即制定《季度促销推广方案》,且促销方案须在活动推广前一个月完成。一个好的促销方案是清晰易懂、吸引人的,其促销对象要明确,主题要鲜明,促销内容避免繁琐复杂,同时不要采用会引发顾客争议的促销手段。促销方案应严格控制促销成本,罗列出所要用到的物资清单,避免浪费。

二、计划促销费用

1. 营业额百分比法

将公司年营业额的一定百分比作为年度促销总预算,这种方式最为简单和常用。百分比率的选定一般为年营业额的3%~5%,但各店铺的经营状态和营业额差异大,如果直接套用其他店铺的做法,容易产生花销过高或预算不足的情况,所以除参考业态的一般标准外,还要结合本公司的自身情况进行调整。

2. 各费用累计法

每个珠宝店铺在进行促销前后都有促销计划的支撑,将每次促销计划的总费用合计可以得出每年度所需要的促销总预算(表8-3)。预算的列支可以有效地约束每次促销的花费,防止预算和实际开支泛滥。

表 8-3　季度促销推广计划

时间	促销目的	促销形式	促销主题	促销对象	备注
第一季度					
第二季度					
第三季度					
第四季度					

珠宝零售终端在进行了每个季度促销规划后,店长或店长助理应该根据每个季度的促销计划将每次促销的活动细节进行规划,并根据自身店铺的实际情况规划促销活动的主题、目的、和参加促销的品类等。

不同于营业额百分比法,个案累计法是先规划好年度促销活动,再将四个季度内的促销活动预算加总,即为年度促销总预算。为保证促销达到预期效果,不浪费经费,可制订包含促销费用与效果(如业绩、人气状况、顾客反映、员工反映、存在问题)对比的促销活动分析表格(表8-4)。

表 8-4　促销活动分析表

活动主题	
活动目的	
促销形式	
人气状况	
顾客反映	
员工反映	
达成销售额	
达到效果	
出现问题	
改进措施	
店长自评	
活动成功程度	□非常成功　　□成功　　□一般　　□很差

三、准备促销活动

充足的准备是成功的保障,为了保证促销活动的顺利进行,不浪费公司财物和资源,要做好周密、细致的准备工作。不同阶段有不同的任务要完成,可对照下列的清单一一完成。

1. 促销的准备工作

(1)货物准备。要计划好配货时间,提前备好货;根据销售目标补充足够货物,比如说销售目标为 30 万元,按 3.3 折进货价格算,则补零售总价为 10 万元的货;补货时要充分考虑不同款式所占销售比例来配货,避免主打款缺货而影响销售业绩。

(2)道具准备。礼品、活动道具、产品及活动宣传材料、陈列道具应该提前准备好。

(3)宣传准备。商场门店要争取在商场门口的宣传栏作宣传。除此之外,也要做好派单宣传的工作,要准备足够的宣传单,雇用足够的人员,提前 3 天开始着手派单准备。

(4)推广准备。为了实现大规模的宣传,可以与合适的媒体机构合作,如网站、电视台、电台、大学等。

(5)技能准备。对员工进行培训和辅导,教授有关促销的知识,督促员工掌握销售话术。

(6)促销心态准备。对促销活动期间的目标进行分解,制订激励计划,在促销前做好动员工作,激发员工的激情和工作信心。

2. 促销前的准备工作

以上初步介绍了促销要准备的各个方面,接下来再进一步说明促销前 3 天要具体做哪些准备工作。

(1)派单。要招聘足够且合适的派单人员,并进行派单话术训练和目标考核,同时保证质量和数量。

(2)熟练掌握促销内容。店员在促销过程中,要对促销规则和内容了然于心,能够流利表达且灵活操作。

(3)话术培训。店员要熟练而灵活地掌握促销时使用的话术,不能因生疏而看资料。

(4)高峰期排班。高峰期保证有足够的人在场值班,可以排两班或安排加班。

(5)促销激励。根据销售目标的完成度给予奖励,设立团队奖和个人奖,奖励要及时且适当,起到激励作用。

(6)通知顾客。派员工将促销活动通知老顾客,可以使用发送同一格式信息的方式,可适当报销通讯费用。

(7)工作安排。促销期间人员安排要适当合理,如活动道具、礼品、宣传资料的保管要分配到人,保管角色可适时调换。

(8)陈列与气氛布置。按促销活动计划摆设物品与道具,为营造气氛可播放应景的音乐。

四、执行促销活动

(1)店长应监督全体员工按照活动要求完成促销任务,并合理安排员工的值班时间。

(2)店长在促销活动期间要与顾客沟通好,对于不理解促销活动要求的顾客要耐心解释,避免发生误会和冲突。

(3)营业员应做好促销期间的各项账目记录,不要漏记、误记。

(4)营业员在促销期间要看好货品,保证顾客与员工的安全,留意可疑人员。

(5)收银员应认真仔细,谨防假币,不要出现少收、错收、多找钱的失误。

(6)促销活动结束后,要做好收尾工作。

五、促销情况分析

(1) 分析销售额:将促销期间销售额与往年同期销售额作比较。
(2) 分析人流量:在促销期间内,人流量是否与购买量成正比。
(3) 分析顾客反馈:认真对待顾客的投诉及建议,反思工作中的问题。
(4) 根据以上分析,店长需填写促销活动分析表,总结这次活动中的成功经验与存在的不足。

☞ **思考题**

1. 简述珠宝零售终端的促销管理的流程。
2. 珠宝零售终端在促销成本核算时有哪些要点?
3. 列举珠宝零售终端成功的促销案例。

第九章 终端店铺的服务流程与管理

在中国珠宝市场越来越成熟、市场竞争越来越激烈的今天,珠宝终端店铺取得的销售利润越来越微薄,在这样一个微利时代,作为珠宝终端店铺的管理者是否曾想过:我们靠什么取胜于市场?正如前所述,在产品严重同质化的市场,什么产品都会被竞争对手模仿,而唯一不能模仿的是企业独特的服务。因此,服务应该是珠宝终端店铺摆脱同质化的市场竞争、建立品牌差异的重要手段。

珠宝终端店铺的服务首先是要建立真诚为顾客服务的理念,在正确服务理念的指导下,使顾客高兴而来,满意而归。通过实际消费体验可以让顾客感受到店铺的真诚、服务的热情、商品的优质,并自动成为珠宝店铺的促销员、品牌声誉的传播者。其次是建立标准的服务流程,使珠宝终端店铺在统一流程的指导下,规范导购员的服务行为,形成统一的行动。

珠宝终端店铺的服务包括售前服务、售中服务和售后服务。珠宝行业引入连锁经营商业模式后,市场规模在不断扩大,服务意识增强了吗?服务流程标准化了吗?服务特色形成了吗?本章将在珠宝店铺服务理念的指导下,探讨珠宝终端店铺在服务过程中的服务内容、服务流程与服务技巧。

第一节 服务在店铺营销中的意义

珠宝终端店铺是珠宝品牌服务于顾客的前沿窗口,是消费者认识品牌、了解品牌、消费品牌进而形成品牌忠诚度的关键节点。

从品牌的形成过程来看,客户要接纳一个品牌,可分以下三个阶段:

(1)第一个阶段,让顾客喜欢你。从认识到喜欢需要一个过程,认识品牌靠企业持续不断的品牌推广。消费者接收到品牌信息后,如果对品牌的商品有兴趣,就会到终端店铺来体验,如果商品确实与众不同且与自己的审美观念、消费理念一致,顾客就会喜欢,这就叫差异化经营。对于品牌经营来说,每一个品牌的产品都要做出差异化,让品牌产品不被别的品牌所替代和模仿,这种商品在市场竞争中才有竞争力,这种竞争力称为核心竞争力。周大福在中国珠宝市场上之所以有竞争力,是因为它来自首饰业发达的中国香港,具有精细的首饰工艺。许多珠宝品牌不仅在品牌名称上模仿它,而且在商品外观上抄袭它,但工艺上始终做得没有周大福精细,这种模仿反倒使周大福更有名了。也就是说,周大福正因为在首饰工艺方面获得消费者的肯定,而让品牌得到认可。当然,周大福在中国珠宝市场的成功远远不止这方面的原因。品牌要得到社会的认可,必须坚持一种持久的特色,不断改善和积累,不断地创新产品,不断提升服务的内涵,只有这样才能打造消费者喜欢的品牌,让品牌具有持久的竞争力。

（2）第二个阶段，让顾客信任你。要想让顾客信任你，有两方面的工作必须要做到：第一，我们在销售商品时介绍的特色和给顾客的承诺一定要始终保持和维护，尤其是我们曾对顾客承诺过的事情，后续做的都要吻合这个承诺；第二，除了保持特色和维护承诺外，我们所做的其他一切与之相关的工作，也都要尽量做到与之吻合。承诺给顾客的事情就一定要做到，就算做不到，也要在顾客提出质疑之前做出一个合理的说明。

（3）第三个阶段，让顾客依赖你。当顾客喜欢上这个品牌，便有可能成为品牌商品的消费者。只有品牌一直坚持自己的特色和服务承诺，客户才会产生信任度。信任度的产生可以让客户通过口碑效应传播品牌，使品牌有更高的知名度和社会影响力，为品牌带来源源不断的顾客。当顾客对商品有需要时，就会想到这个品牌，久而久之，就会形成一种消费习惯，一旦顾客到了形成习惯这个程度，只要不出错、在经营上不出大的问题，这种顾客在消费上就会依赖品牌，成为终身顾客。

从以上分析可以看出，一个品牌的形成，是在经营过程中通过服务一点一滴地积累起来的。这个过程可能需要几年、十几年、几十年。如果稍有不慎，品牌顷刻之间就会崩溃。

从创造客户的角度来看：开发新顾客比留住现有顾客要难得多。为了将正在使用其他品牌的顾客吸引过来，需要花费大量的人力、物力、财力，即便如此，效果也不会立竿见影。与其这样，我们为什么不能为现有的客户提供更多、更好的服务，将他们培养成品牌的忠诚客户呢？现有客户不仅可以通过口碑效应为我们带来新的客户，而且，现有客户的利润率也会随着他们购买该品牌的年数增长而持续增长。

从影响客户购买因素来看，客户的购买在很大程度上是建立在与企业人性化互动的程度上，产品和价格在客户的购买行为中只起到很小的作用。30%的客户依产品本身来作决定，70%的客户依互动程度作决定。这同样说明了珠宝终端销售过程中服务的重要性，如果没有销售前吸引眼球的卖点宣传和销售准备，客户就不会进入店铺，导购员就没有为客户提供服务的机会；如果没有销售过程中导购员与客户之间的良好互动，就不能达成交易；如果没有持之以恒的优质服务作为保证，就不能保证持久的主客关系。

从消费者需求上来看，客户能否产生购买行为取决于服务的满足程度。每一位客户在心里都有一个期望，客户对品牌的忠诚度取决于服务是否符合客人的预期。如果我们提供的服务是低于顾客预期的，那么顾客就会感觉失望，只有我们提供的服务符合或高于客户的预期，客户才会感到满意或产生愉悦。珠宝首饰产品价格及品牌定位都是比较高的，顾客对我们的期望也就比较高，如果没有优质的服务作为保证，是很难达到客户的预期的。

通过以上分析，我们可以得出如下结论：

第一，优质的服务是品牌建设与品牌发展的需要；

第二，优质服务是创造公司价值的基础；

第三，店铺的服务内容与定位有关，不同定位的店铺服务可以有差异；

第四，店铺为客户提供的服务满意度越高，客户对店铺（品牌）的忠诚度越高。

第二节 售前服务流程与管理

珠宝终端店铺的售前服务始于店铺建立之前,终于开门营业之时,是珠宝店铺开门营业的准备过程。企业能否取得良好的经营业绩,导购员能否以饱满的热情投入工作,就取决于售前服务的准备工作是否充分。

一、售前服务的内容

珠宝终端店铺售前服务的内容包括广义售前服务和狭义售前服务。广义的售前服务包括开店前的市场调研、店铺(品牌)形象的建立、信息交流、情感沟通、销售前的准备等。狭义的售前服务主要是指营业前的准备工作。这里,我们主要从店铺形象的建立开始,探讨珠宝终端店铺售前服务的流程和管理。

1. 市场调研

市场调研是为了了解顾客的需求,了解顾客的购买心理和购买行为,确定店铺的选址和经营的商品类型,准确地为客户提供产品和服务。这一过程是店铺市场定位的过程,在前面的章节中我们已系统分析了这个问题,在此不再赘述。

2. 店铺形象的建立

珠宝终端店铺以什么样的形象展示于社会公众面前,实际上是根据店铺所确定的目标市场而确定的。不同的品牌定位决定了终端店铺的形象,也就是说,终端店铺决定做什么样儿的顾客的生意,销售什么样儿的商品,就需要建立什么样儿的形象。你的商品是高端的、低端的,还是经典的、时尚的,都要根据商品特色确定店铺的形象,否则就会导致店铺形象与产品的档次不匹配,不能有效地吸引目标客户群体。

良好的店铺形象设计是展示品牌形象的需要,是赢得顾客良好第一印象的开端,必须按照品牌形象设计的要求进行装修,体现出专业的店铺形象和品位。

(1)专业的外部形象展示。按照品牌 VI(视觉设计)设计装修,精心布局橱窗陈列,显示独到的专业水准,让人一看就知道这是一家精美的珠宝店。

(2)温馨的购物环境。店铺内部装修要么金碧辉煌,要么尊贵典雅,要么简洁时尚。要形成一种与品牌定位相适应的装修风格。灯光明亮而不炫目,音响悦耳但不刺耳,商品陈列整齐有序、重点突出。

3. 仪容仪表准备

仪容如同无言的自我介绍,可体现一个人的性格。所以,要随时做好令人心情舒畅的接待客人的思想准备。

(1)制服要整洁,不可穿脏衣服,禁止将袖口卷起来。

(2)头发要保持整齐、干净、大方,前发不可遮住眼睛,长发必须扎起显得干净利落。不可染夸张的彩发。不宜烫过分的卷发。勤洗头发,防治出现头皮屑,不宜使用气味浓重的护发用品。男性不留胡须及长发,保持一个良好的精神面貌。

(3)保持指甲和手的干净,禁止留指甲或将指甲染成彩色的。

(4)鞋子要擦干净,不能留有灰尘和污点。

(5)女性注意保持皮肤的健康,淡妆上岗,化妆要适当,要自然,不可化浓妆(注意眉毛不可修得过细,睫毛膏选用黑色的,眼影色彩也需用自然色,总之不可张扬,而与身份不符),切记饭后补妆。

(6)丝袜跳线要马上更换,不可穿深色的袜子,袜子不可下垂或有褶皱。

(7)不可使用香料很浓的香水及化妆品。

(8)不要吃有异味的东西,避免口中有异味。

(9)更换工作服,佩戴胸牌。身穿制服时不可佩戴过多的、过于夸张的饰品,最多只可佩戴一枚戒指,且不可带皇冠式的,以免碰伤顾客。

(10)胸牌注意事项。在百货公司的店铺工作的工作人员需将公司胸牌佩戴在显眼的地方。不要将饭票、大头贴及排班表之类放在吊牌内。

4. 产品知识准备

(1)产品的卖点及产品知识。导购员要了解店铺的商品类型,学习店铺经营商品的相关知识,如商品的真假鉴别、质量评价及商品背后的文化。更要了解所有商品的特色,搞清楚每件商品的卖点并能根据顾客的需求提炼商品的卖点。

(2)产品的佩戴方法和保养方法。珠宝导购员要熟悉所有类型首饰的佩戴方法和保养方法,以备客户咨询时解答客户的问题,并告诉购买商品的客户关于首饰佩戴和保养的常识。

(3)主推商品。主推商品一般是珠宝店铺的热销商品或盈利商品,导购员要熟悉主推商品的特点和卖点,对追求不同利益点的客户要有不同的宣传推广方法。

(4)核对及补充货品。开门迎宾之前,导购员要查看前一天的商品盘点,核对商品数量,并及时补充货品,填补柜台商品陈列的不足。

5. 营业准备

(1)环境卫生检查。在开门迎客之前,要对店铺内外的环境仔细打扫,不遗漏任何一个角落。特别是柜台、橱窗的卫生,不能留下半点污迹,干净的卫生环境会给客户一个清爽宜人的感觉。

(2)店内空气、温度检查。多数珠宝店铺出于安全考虑,四周封闭严密,通气情况较差。要保持店内空气新鲜,必须有通风装置。开门营业之前要开启通风装置,保持店内空气新鲜,温度控制在25℃左右。

(3)音乐准备。播放适合于产品、店铺定位的音乐,暄染气氛。

(4)晨会全员动员。店长发表讲话,分解工作目标,激发工作热情。

(5)根据天气情况准备相应服务用品。特别是在阴雨天,店铺内要准备水桶或手袋,供客户储备雨伞之用。

(6)员工心理准备。导购员即将走上工作岗位接待八方来客,卖场的拒绝永远大于认同,导购员要做好心理准备。

二、售前服务的管理

作为店长,在售前服务的管理中首先是要按照公司意图设计店铺形象,按照市场定位规划企业形象,规划店铺的产品组合,设计营销组合方案,定期规划各种促销活动。但在售前服务中的核心事务是展示良好的品牌形象,为实现良好的销售业绩打好基础。

每天开业前,店长要认真检查影响品牌形象的每一个细节,包括店铺外观形象、店内形象、员工形象等,建立消费者对品牌的亲切感。

店长要在店铺开业前建立健全的规章制度,以严格的制度规范导购员的岗前行为,使维护品牌形象、提升销售业绩成为每个人的责任。同时,以晨会调动导购员的工作激情,向消费者展示一个健康向上、充满活力的团队形象。

第三节 售中服务的标准流程与管理

售中服务是指从顾客踏入店铺的第一步开始,到顾客参观、购买后离开店铺的整个过程中,导购员为顾客提供的服务。

一、售中服务的标准流程

售中服务的标准流程一般分为八个步骤。

1. 亲切迎宾

导购员见到客人,要用诚恳的态度和愉快的表情向客人问好。如:"您好/早上好,欢迎光临XX珠宝""有什么可以帮您的吗?"

作为一名顾客,当对品牌还不了解时,进入店堂总会有一种防范心理,营销学上称为"心理距离"。而作为导购员,让顾客对品牌和导购员留下美好的第一印象是非常重要的,美好的第一印象可以拉近导购员与顾客的心理距离,如果第一次印象不好,我们永远没有第二次机会再给顾客留下美好的印象。所以,当顾客进店时,导购员要集中精力做好为顾客服务的准备。在向顾客致欢迎词时,一定要让顾客感觉你的欢迎是发自内心的,除了语言外,还要有身体语言的配合,在合适的时机且以合适的方式主动走近顾客。

2. 了解需求

导购员要以自信、礼貌、专业的方式服务于顾客,而非销售性话题。导购员一定不要提到"买"或"价格"之类的词,而要集中精力观察顾客的表情、动作等身体语言,想方设法地建立沟通渠道,一旦与顾客建立了沟通渠道,了解需求的问题就迎刃而解了。

3. 商品推荐

导购员要熟悉顾客的基本特征及首饰佩戴原则。当了解到顾客的需求之后,导购员就要迅速根据客人的需求,运用FABE销售法则,向顾客推荐相应的产品。

FABE销售法则,简单地说是种销售模式,它通过四个关键环节,解答消费者诉求,极为巧妙地处理顾客关心的问题,从而顺利实现产品的销售诉求。

F(features):是指被推荐商品的特质、特性等方面的功能。如产品名称、产地、材质、工艺、特性等。在介绍商品特性时,一定要深刻挖掘商品的内在属性,找到差异点或者顾客追求的利益点。

A(advantages):是指这件首饰独特的优势。可以直接、也可以间接地去陈述。如品质好、档次高、款式新、独一无二等。

B(benefits):是指能给消费者带来的好处或益处。强调好处或益处是十分重要的,它可能正是顾客追求的利益点。导购员要用众多的形象词来帮助顾客虚拟体验这件商品,让顾客对商品的好处或益处充满想象力。

E(evidence):即体现商品的好处或益处的证明。光凭导购员的精彩讲述是不够的,必须通过现场演示、相关证明文件、品牌效应、名人效应等来印证导购员的介绍。所有材料应该具有足够的客观性、权威性、可靠性、可证实性。

运用FABE法则,销售人员就能针对客户的需求,进行简洁、专业的商品介绍,打消顾客的顾虑,激起顾客的兴趣和欲望。

4. 协助体验

当顾客表现出对商品的兴趣后,导购员要主动为客户提供帮助:积极协助客户试戴,集中精力观察客户的反应,实事求是地对佩戴效果进行评价,并递上镜子让客户自行观看佩戴效果,不能让客户感觉你在说假话。

试戴后,导购员要做佩戴效果小结,帮助客户建立信心,并运用FABE进行总结,重复其优势和利益,注意客户的反应。整个过程中,导购员要全程陪同,不能冷场。

5. 回应异议

导购员应站在客户的角度回应客户提出的异议,消除顾虑或寻找替代品,并重复前面的动作。还应对客户的异议表示理解,说服或寻找替代品,不能反驳客户,与客户争吵。

6. 真诚赞美

无论顾客是认同导购员的推荐还是另作选择,导购员都要表示理解、认同并加以赞美。赞美分五个步骤:第一步,寻找一个赞美的点;第二步,这个点一定是个优点;第三步,赞美点一定是事实;第四步,用自己的话表达赞美的意思;第五步,一定要在适当的时间加以赞美。赞美的目的是要强化对顾客观点的认同,增强顾客选择的信心。其中任何一点把握不好就可能引起顾客的反感,销售也就自然终止了。

7. 附加销售

附加销售是指在客户原有的需求通过交易得到满足后,再向客户介绍一些附带的商品。推销的目的是为了提高连带率。推销的方式可以是配搭式、朋友家人推广式、新品推广式、促销推广式等。但在推销的过程中一定要关注客户的实际需求,主动推荐新品或畅销品,不能硬性推销。

8. 美程服务

美程服务是指客户决定购买商品后导购员提供的收银、收集客户资料、送客等服务内容,这一流程是给客户留下美好印象的关键。导购员决不能在客户购买前热情接待,一旦成交就

不理不睬了,这种表现会让客户失望的。美程服务的标准行为:
(1)为客户确认购买件数和金额;
(2)收银员接票后,要唱收唱付,并向客户确认找零;
(3)客户付款时导购员迅速包装,交付;
(4)向客户介绍商品使用的注意事项和售后服务;
(5)主动建立客户的信息档案;
(6)礼貌送客。

二、售中服务的管理

以上介绍的是珠宝导购员在售中服务时的标准流程,其中重要的是要为客户创造一种宾至如归的感觉,应让客户觉得导购员是在为自己选择商品而不是在进行交易,导购员也要抱着对客户负责、对品牌负责的心态真心为客户提供服务。在整个服务过程中,店长的职责是监督导购员的行为,在导购员上岗前要强化对他们的职业素质和职业规范的培训,形成一个店铺独特的销售语言。

对售中服务的管理要做到如下几点。

1. 集中服务的管理事项

(1)以严格的职业操守规范导购员的销售行为,按照销售流程建立服务规范。
(2)对导购员的销售行为进行严格监督,建立标准服务模式。
(3)研究顾客心理,关注服务的每个细节,为客人提供心细如丝的服务。
(4)树立标杆,在店铺内建立统一的服务模式。

2. 集中服务的原则

店长要时刻提醒我们的导购员在售中服务时要遵循如下原则:

(1)对任何顾客的服务均一视同仁。对珠宝终端店铺的销售人员来说,应注意不要对顾客差别对待,即遵循平等化原则。虽然顾客的来店动机、个性特点不同会给导购员不同的印象,但为了店铺长期的利益、为了为顾客提供良好的服务、为了品牌的整体形象,导购员都要为顾客提供同等质量的服务。

(2)提供心细如丝且富有人情味的服务。导购员在整个销售过程中,应对不同的顾客予以细微观察,尤其应对顾客在选购过程中的心理与表情变化作认真的观察、分析,从而采取适当的销售技巧,使顾客体会到导购员不是在推销商品,而是在涉身处地地为自己着想,尽心尽力地为自己当参谋。

(3)服务应以顾客的需求为基础。导购员的服务应以能够让顾客获得最大满足为目标,不能仅希望把首饰销售出去。顾客心理上的满足感来自于其内心需求的实现及其所带来的愉悦和满足。顾客的需求使自己产生购买欲望进而促成购买动机的形成,在受到外界或内在因素的强化或刺激下,这种动机转变为购买行为,使需求得以实现,这是一个复杂的过程。导购员要从顾客进入店堂的那一刻起,尽一切方法了解顾客的需求,并设法满足其需求。

(4)一切服务均应出于诚意。珠宝终端店铺作为销售高档消费品——珠宝首饰的场所,除了为顾客提供美丽的珠宝首饰外,更应让顾客深切体会到购物的乐趣与满足,导购员的真诚、友善最能带给顾客这种感受。顾客由产生需求到实现购买,是一个漫长的过程,顾客选择店铺来实现这种多年的夙愿,这本身就是对店铺和品牌的信任。导购员应对顾客的到来表现出由衷的欢迎与感谢,并将这种情绪贯穿于整个销售过程中。

(5)导购员应时刻牢记我们所提供的服务、我们的言行代表公司。每天为顾客提供直接的服务、与顾客直接打交道的是销售人员,因此导购员的言谈、举止、服务态度,成为顾客评价店铺的主要因素。导购员优秀的表现、周到的服务可以得到顾客的认同与信任,使现有顾客成为忠实的顾客,从而使店铺的信誉日渐提升。

第四节　售后服务的标准流程与管理

提到售后服务,我们首先来思考一个问题:客户为什么对商家总是没有安全感?换句话说,为什么他们对企业没有信任感?归纳起来,大致有如下原因:第一,隐瞒产品质量的真相。消费者是非专业消费,对产品知识的了解不够专业,而企业为了自身的利益,对有问题的商品,总是隐瞒质量的真相,如黄金的成色问题、钻石的颜色、净度问题等。顾客在使用过程中迟早会发现这些问题,于是,企业的诚信一次一次地置于危险的边缘。第二,夸大产品(或服务)的功能或效用。受中国传统玉文化的影响,消费者总是在首饰上寄托很多装饰以外的功能或效用,企业也顺着消费者所想,夸大产品的功能或效用,甚至编造谎言欺骗消费者,而一旦谎言被戳穿,品牌形象在消费者的心目中就荡然无存了。第三,销售后就不再关心。在导购员的热情接待下,客户如愿地买走了商品,企业也实现了利润。但是,商品一旦销售出去,似乎就与企业无关了,当客户如约享受售后服务时,导购员便没有了销售时的热情,特别是当商品出现了问题时,导购员将责任推向客户,让客户顿时丧失了对企业的信心。想想看,这样的企业怎么能培养出具有忠诚度的客户呢?

一、售后服务的重要意义

1. 售后服务是产品的重要组成部分

市场营销学中,产品的概念是整体产品,包括核心产品、形式产品和延伸产品。售后服务作为延伸产品,是产品的重要组成部分。售后服务的质量同样代表了产品质量,如果缺少售后服务,形式产品做得再好,产品质量和品牌形象也会被充抵。

2. 售后服务是新的销售机会

可以说,没有比让客户享受售后服务将客户吸引回店铺更好的方式了。客户按照约定返回店铺享受售后服务,期间正是向客户推荐新产品或者建议客户产品更新换代的最好的机会,连带购买、推荐新客户购买、为家人购买都可能在售后服务期间产生。

3. 售后服务可以给客户信心

客户在购买商品时,是由导购员热情向客户推荐的,购买本品牌的商品是否为正确的选择,客户可能会存在疑问。如果在售后服务中,导购员的表现同销售时一样热情,就会给客户以信心,让他们坚信自己的选择是正确的,品牌是值得依赖的。

4. 投诉可提供有价值的信息——发现问题

其实,在客户享受售后服务时可以为店铺带来大量信息,如客户可能将本品牌商品与其他品牌相比较,确认本品牌的特色和优势,让导购员在服务中了解了竞争对手的商品情况;客户在售后服务中反映的产品质量问题,可能是我们的商品中客观存在的,如果客户不讲给我们听,我们就不知道商品有什么问题,不知道哪里做得不够好,更不懂如何改进。

所以,做好售后服务对店铺经营、改进产品质量和服务质量是十分有意义的。

二、售后服务的内容

珠宝终端店铺的售后服务主要包括如下内容。

1. 客户回访

客户在导购员销售商品以后,可能很长时间不与店铺联系,或首饰已经超过了售后服务承诺的保养期,这时,店铺服务人员应主动与客户联系,询问商品的使用情况,提醒他们按时到店铺来保养首饰,同时,也可以向他们推荐新品。回访的形式可以是电话回访,也可以派工作人员登门拜访。

2. 维护与保养

这是最常见的售后服务内容。珠宝终端店铺按照售后服务承诺,定期为客户提供首饰维护和保养。如果戴旧了或坏了、脏了,要为客户翻新或清洗;如果变形了,要帮忙修复。同时,要帮助客户检查宝石是否有松动,如果宝石松动了,要帮助客户固定宝石,并再次提醒客户佩戴时应注意的事项。

3. 真假与价格

激烈的市场竞争中,总会有些缺乏商业道德的竞争对手诋毁别人,如宝石有问题、价格卖高了等。如果客户在售后服务中提出这些问题,正好为店铺提供了正名的机会,导购员要耐心地向顾客解释店铺信誉、商品质量、商品比其他品牌的商品价格高或低的原因,以此建立客户的信心。

4. 质量投诉

质量投诉是指客户在商品使用过程中出现了问题,客户认为是商品质量问题而到店铺来投诉。顾客的投诉并不是在为我们制造麻烦,而是为我们提供了解商品和服务的机会,如果没有客户的投诉,我们就不知道哪里做得不好。因此,我们要为前来投诉的客户付出更多的热情、耐心和关心。

三、售后服务的标准流程

除客户回访外,售后服务的类型不同,处理流程也有差异。以下我们探讨不同类型的服务流程。

1. 维护与保养的流程

首饰的维护与保养是最基本、也是最常见的售后服务内容。客户在购买首饰后,导购员会提醒客户定期来店铺进行保养。客户如约前来,导购员应怎样接待呢?首先,导购员在接待客户时要比客户购买首饰时更加热情。客户已经不是第一次来店铺了,导购员与其交流不再那么拘谨,要像对待老朋友一样迎接他们。其次,询问客户需要的服务内容。先安排客户在服务区坐下,端茶递水,然后与客户交流本次来店的目的,搞清目的后再安排服务内容。第三,服务的实施。当面对首饰进行检查,称赞客户对首饰的爱护或提醒客户首饰使用过程中值得注意的问题。维护和保养最好当着客户的面完成,如果要离开客户的视线,应先描述处理过程和处理方法,让客户耐心等待。第四,商品交付。维护和保养完成后,向客户展示保养后的效果,然后小心翼翼地交到客户手上。待客户满意后,询问客户是否还有其他需求,寻找新的销售机会。最后,热情送客离店。

2. 应对真假与价格投诉的流程

客户对商品真假与价格提出异议,一般是听到竞争对手的蛊惑或购买首饰后作比较导致的结果,其中,可能以价格投诉者居多,主要是因为客户对店铺还不信任。在处理投诉的过程中,导购员的信心是非常重要的。这种自信来自对品牌的自信和对公司商品质量的自信。要反复向客户解释我们公司的经营理念、品牌文化、商品质量和服务理念,肯定客户的选择,建立客户对公司、对店铺的信任,一旦建立了信任,问题便迎刃而解了。

3. 应对商品质量问题投诉的流程

商品质量问题引起的客户投诉的原因很复杂:一是产品"硬伤",即产品质量、贵金属成色、货品真假等出现问题,这是店铺的经营理念问题;二是服务"硬伤",即店铺欺骗性宣传、隐瞒产品质量问题、服务承诺不兑现等导致的客户投诉;三是客户自身的问题,即客户对商品质量理解的差异或使用不当出现的问题。

不同的投诉可以有不同的应对方法,但总体原则是:客户投诉可能会产生对抗或冲突,不要对店铺经营或对品牌口碑产生负面影响。所以,要在店铺内相对独立的区域设立专门的投诉处理服务机构。第一,将客人领至服务机构,认真倾听客人的投诉,并详细记录;第二,重复客人投诉的问题并确认;第三,不管是店铺的问题还是客户使用的问题,都要首先诚心诚意地向顾客道歉,说明是因为我们的疏忽在商品质量环节没有把好关或者没有详细告诉客户使用的注意事项而导致问题的发生,同客户心平气和地商量解决办法。处理过程中要详细分析投诉的原因,抓住投诉的要点,在自己的权限范围内及时解决,或让客户留下联系方式,向上级请示。若不能及时处理,应向客户说明原因,最大限度地争取客户满意。

四、售后服务的管理

店长在售后服务管理中,一定要教育我们的员工认识到售后服务的重要性,对售后服务满意的客户才是真正具有忠诚度的客户。在售后服务过程中,一定要讲究艺术,厘清责任,有担当意识。即使是客户的责任也一定要先道歉,然后再婉转地告诉客户问题出现的原因,让客户明白责任在他们自己。尽量通过有效的服务减少因产品质量问题对公司造成的负面影响。

珠宝终端店铺的售后服务要遵循如下原则。

1. 以挽回顾客为最高原则

我们常说"顾客是上帝""顾客是我们的衣食父母",事实也确实如此,如果没有顾客,我们就没有利润来源,我们的品牌就没人去拥戴,我们的公司就失去了生存的空间。所以,珠宝终端店铺的售后服务一定要以挽回顾客、取得顾客信任和满意为最高原则。并且,我们一定要意识到,在售后服务中得罪一个客户,失去的不仅是客户本身,而是与客户有关的一个相关群体。如果售后服务做得好,客户一定会有正面的回应,在相关群体中加以宣传,我们的客源也会不断增加;反之,如果做得不好,客户就会不断减少,我们的企业就失去了生命之源。

2. 把握服务尺度的原则

有时候,客户对店铺的要求是无止境的,特别是当责任在店铺一方时,客户的要求可能会得寸进尺。作为承担服务的导购员,要把握好服务尺度,不能过度服务,否则会被客户认为是心虚的表现。该让客户享受的服务决不打折,不该提供的服务一定要坚持原则。当然,也不排除客户试图通过售后服务享受更多利益的心理,导购员可以在预先约定的前提下,适当给客户一些附加利益,最大限度地争取客户的满意。

3. 以不变应万变的原则

处理客户投诉一定要先厘清责任,不管责任在哪一方,服务人员都要沉着、冷静,在心目中预先设立底限,推演处理结果,做到心中有数。不管客户的态度如何,我们都要以不变应万变,重复着我们的处理意见,并不断重复。

4. 满足顾客需要的原则

在处理投诉过程中,客户需要的是利益或维护自身权益,我们需要的是客户或者为客户解决问题,从某种意义上说,这并不矛盾。只要客户的要求并不过分,我们都要在力所能及的范围内尽可能地满足他们。

5. "伸手不打笑脸人"的原则

特别是当产品出现问题时,客户也许非常激动,也许会暴跳如雷,但作为服务人员,应对的最好办法是给客户赔笑脸,俗话说得好:伸手不打笑脸人。服务人员要理解客户的心情和发泄的需要,千万不能与顾客发生争吵,尽可能避免一切冲突。

6. 全程陪同服务的原则

从服务人员接待客户之时起,要抛开手头上的其他一切事务,全程陪同客户,直到问题得到解决,不能让客户有被冷落的感觉,更不能回避客户。这不仅表现了我们对客户投诉的重视,也体现了对客户的尊重。

7. 探查客户的真实意图的原则

收到客户的投诉后,服务人员首先要与客户交流,搞清楚投诉的原因和投诉的问题,根据客户的表情和语言准确判断客户投诉的真实意图,即是要我们道歉、换货、赔偿,还是要求退货。只有搞清楚客户投诉的真实意图,才能找到客户满意的处理方法。因为客户投诉是有心理预期的,只有处理方案等于或高于他的预期,问题才能得到满意的解决。

如果沟通不够顺利,客户可能会坚持要求退货,在这种情况下,我们要大方地接受退货,且对待退货的客户在服务态度上要像对待买货的客户那样热情、礼貌和友好。

总之,珠宝终端店铺的每位员工都应将自己当作窗口,当顾客有问题时,不管找谁,不管你是不是经办人,不管你知不知道,都能从你口里得到答案,这样他的感觉会不一样。对顾客提出的问题,自己能解决的,一定马上亲自解决,直接给他答案,而不是让顾客联系这个部门、那个部门或者说不知道;自己不能解决的,应该亲自将顾客带到主管相关事务的部门或负责人那里协助解决问题。相信经过我们的不懈努力,投诉客户会变成满意客户,进而转变为对店铺忠诚的客户。

我们永远要记住一句话:客户永远是"对的"。

☞ **思考题**

1. 珠宝零售终端的服务管理包含哪些内容?
2. 珠宝零售终端的服务管理涉及哪些岗位和人员?

第十章 终端店铺的客户关系管理

第一节 客户关系管理的概念

珠宝零售终端的客户关系管理(Customer Relationship Management),是指珠宝零售终端选择和管理有价值客户及其关系的一种商业策略,是珠宝零售终端以客户为中心的商业哲学和珠宝零售终端文化来支持有效的市场营销、销售与服务流程,同时通过售后服务有效提高珠宝店铺(终端、网点或柜台)收益、客户满意度、雇员生产力的具体实现方法。

珠宝零售终端为提高店铺/终端的核心竞争力,可以利用相应的计算机软件所提供的信息处理技术以及互联网技术,帮助营销人员在顾客、营销管理和服务管理上实行高效的互动与沟通,最终目标是吸引新客户、保留老客户以及将已有客户转为忠实客户,增加市场份额。现在大部分珠宝企业、珠宝零售终端以及珠宝连锁加盟企业已经将客户关系管理列为营销管理的重要工作,并使用CRM管理软件,帮助企业、店铺和营销一线人员进行客户关系管理。

第二节 客户关系管理的重要性

一、有利于提高店铺的盈利能力

在珠宝零售终端运营过程中,客户的数量、质量以及稳定性,一定程度上代表了珠宝零售终端的盈利能力。无论是珠宝零售终端的产品还是服务,面向的销售对象肯定是客户,如果珠宝零售终端没有稳定的客户群体,没有一定流量的客源,珠宝零售终端的盈利是无从谈起的。因为只有当珠宝零售终端的产品和服务被客户购买后,才能获得收益,长期不断的交易才能使珠宝零售终端有盈利的可能性,所以珠宝零售终端客户数量的多寡、客户质量的高低,客户的稳定性都是影响珠宝零售终端盈利能力的重要因素。

加强客户关系管理,为的就是提高珠宝零售终端客户的数量、质量以及稳定性。在零售终端的运营管理过程中,拓展一个稳定的新客户所需要的成本以及精力,是维护一个老客户的六七倍。由此,我们可知,如果我们能够做好客户关系的维护,不断加强对客户的沟通交流,用良好的关系留住客户,一个长期稳定的关系就能在珠宝零售终端与顾客之间建立起来,从而降低珠宝零售终端的成本,增加珠宝零售终端的盈利能力。

二、使店铺获得更多的收入

"二八法则"告诉我们,一个珠宝零售终端的80%的收入是由20%的客户带来的。这不仅仅是指这20%的客户经常在珠宝零售终端消费所带来的收入,更为重要的是他们所带来的潜在市场。这20%的客户是珠宝零售终端的核心客户,因为对品牌的忠诚度高、乐于向其他人推广相关信息,从而为珠宝零售终端带来更多的新客户,帮助终端进行推广宣传。同时,他们自身十分乐意于购买珠宝零售终端的商品,价格敏感度较低,购买的频次较高,可以极大程度地促进珠宝零售终端的收入的提高。

加强客户关系管理,可以增加珠宝零售终端的客户黏性。根据"二八法则"我们能看到那20%的客户给我们带来的巨大价值,所以在珠宝零售终端的日常经营过程中要有意识地对客户关系进行维护,加强客户管理:以客户为中心,针对特殊的客户提供特定的服务,增强客户对珠宝零售终端的满意度,提高客户对珠宝零售终端的忠诚度,增强客户的购买欲望,并引导客户向其他人推荐珠宝零售终端,增加新客户,从而增加收入。

三、降低店铺的经营风险

随着经济的发展,珠宝零售终端之间的竞争加剧,不同品牌厂商之间的产品差异越来越小,产品趋同化现象严重,珠宝零售终端店铺面临着更高的经营风险。不同店铺的商品之间仅仅存在着微小的不同,这种不同使消费者在选购商品时,变得较为随机。消费者无法忠于自己的品牌,而导致客户容易流失。

加强客户关系管理,有利于提升珠宝零售终端在客户心中的形象,吸引消费者。巩固珠宝零售终端与客户之间的关系,客户从珠宝零售终端中感受到自己被重视,会增加对珠宝零售终端的好感,从而增加客户的回头率。同时,通过对珠宝零售终端核心客户的培养,往往可以利用核心客户吸引到更多的客户群体。核心客户对店铺/品牌忠诚度较高,在自身消费后,会将自己从珠宝零售终端获得的好的消费体验宣传给自己的朋友。核心客户的口碑营销,可以吸引更多的客户,降低经营风险。

四、有利于为店铺创造竞争优势

现代珠宝零售终端的竞争优势往往不仅仅局限在产品和服务本身,还有珠宝零售终端的品牌以及创新能力。珠宝零售终端最终面向的是客户,良好的客户关系,对于珠宝零售终端打造自身品牌有着强大的助推作用。珠宝零售终端与客户之间的良性互动,可以增加客户对品牌的好感度,使客户在日常生活中乐于推荐品牌,提升品牌美誉度。同时,通过对客户的信息分析,可以了解客户的喜好以及市场的偏好,有的放矢地去创新,更有利于发挥竞争优势。

加强客户关系管理,有利于提升客户满意度以及分析客户价值。客户对一个珠宝零售终端、一个品牌,从不满意到满意的变化,从一个低的购买频次到一个高的购买频次的变化,都可以通过客户关系管理达到。当珠宝零售终端积累到大数量以及高品质的客户群体之后,其品牌形象会有提升,反过来吸引更多的客户,形成一个良性的循环。同时,通过客户关系的管理,获取和利用客户信息可以更好地指导珠宝零售终端的创新。通过符合市场需求的创新可以更快地占领市场,提升市场份额,有利于提高珠宝零售终端竞争力。

第三节 客户关系管理的内容

一、客户信息收集与管理

1. 建立客户档案信息

客户档案的基本信息包括姓名、性别、联系方式、出生年月、职业和交易记录等,珠宝店铺的销售人员可以通过调研问卷、发放会员卡等去记录信息。客户信息记录之后需要导入到计算机中,建立店铺的客户信息管理系统,便于今后的客户信息查找。通过这些客户信息,店铺工作人员可以通过线上、线下多种方式与客户沟通,开展售出商品的使用情况调研、新产品的宣传推广、店铺优惠资讯、线下体验等多种活动以维系客户关系。

2. 对不同客户进行分类与评价

客户关系管理中的重点工作就是客户的分类与评价。根据"客户细分理论",店铺的客户不能简单地划为一类,而要根据每个客户的不同情况,提炼出不同的要素,通过这些要素将客户划分为不同的类型。珠宝店铺在一年中的不同季节、各大节日、诸多纪念日都有着不同的消费高峰期,利用对客户不同类型的分类,可以更好地指导店铺进行商业布局,指导销售。

在分类的过程中,有以下几种方式可以帮助店铺管理人员对客户进行分类:

(1)按照购买力进行分类,在店铺的销售过程中,记录客户的消费金额、消费频次,从而推算出客户属于哪一类购买力层次,在后续的关系维护中,可以有效地进行"一对一"的服务。

(2)按照不同职业背景进行分类,不同的职业背景代表着不同的产品使用场景。比如,有的职业比较正式,多出席正式场合,就可以向这类客户推荐庄重大气的珠宝首饰。针对不同的职业背景进行分类,可以增加店铺产品的影响力,也能更好地服务客户;还可以根据年龄层次、性格特征等对客户进行分类。

世界知名钟表品牌劳力士将自己的客户分为追求钟表功能专业化的客户,追求身份、社会地位象征的客户,走在时尚尖端、追求奢华的客户。针对不同的客户,他们推出了不同款式的手表以满足不同群体对手表的需求,进一步提升了自身的影响力,促使它占据了钟表行业的霸主地位。其销售量在名贵表当中首屈一指,利润是其他钟表的十几倍,给珠宝零售终端带来了可观的经济效益。

3. 客户关系维护

在店铺的经营过程中,客户会留下自己的个人基本信息,此时,他们内心是认同店铺的产品以及服务的,在此基础上,店铺客户关系管理人员应该抓紧机会维护客户关系。在客户关系

维护中,我们一般采取的方式有以下几种:

(1)购物体验回访。通过网站、意见箱,客户可以简述购物过程中的体验,店铺可收集客户的意见并采纳。

(2)适时的祝贺。通过客户的基本信息,在节日以及各类纪念日对客户发送贺卡或短信、微信。

(3)电话回访。通过电话沟通的方式可以更好地搜集销售数据情报。

(4)上门拜访。在特殊时期可以进行上门拜访,面对面地搜集客户的信息,了解客户的需求,加强与客户的联系。此外,还有开展成立会员俱乐部、举办线下会员活动等,以维护客户关系。

例如,Darry Ring 在自己的官方网站内,开辟了 DR[①] 社区板块,利用网络上的互联网社区联系自己的客户,同时鼓励客户们进行发帖分享,打造社群经济。

二、维护客户关系的方法

1. 礼品

珠宝零售终端维护客户关系最简单和真诚的方式就是赠送礼品,珠宝首饰一般价格不菲,客户在购买完商品之后往往希望能够得到更多的实惠。此时,赠送珠宝店铺内的一些小礼品,会让客户觉得自己得到了实惠,增加了对店铺的好感。例如,新世界珠宝公司的营销人员,在网上进行线上活动,鼓励曾经在新世界珠宝购买过珠宝的客户分享自己的珠宝首饰以及和它之间的故事,通过网络投票的方式,评出其中的 60 位客户获得奖励,每位获奖的客户最终获得新世界珠宝提供的精美镀金手机链一条。

2. 更大力度的优惠

对于经常光顾店铺的客户来说,他们期望的是店铺能够给他们带来更多的实惠。珠宝店铺内,每个店员都会有一定的授权,对所售的商品有一定的折扣或者优惠的力度,此时,店员应该针对实际情况,对客户给予一定的优惠。例如,明牌珠宝作为国内知名的珠宝零售终端,拥有众多的长期客户群体,它曾经举办过一个回馈老客户的活动,所有曾经购买过明牌珠宝的客户,携带发票至明牌珠宝江汉路总店,可以领取一张价值 200 元的"明牌珠宝钻石及玉器购物券"一张。

3. 更优质的服务

客户对店铺的印象不仅仅存在于商品本身,还包括其购物体验。在购物的过程中,客户可能会有一些特殊的需求,此时,店员需要根据店铺的实际情况,对客户提供力所能及的、更加优质的服务。例如,照看小孩、代客泊车等服务。

4. 更主动的沟通

店铺中销售的珠宝种类繁多,客户对于珠宝首饰的知识也是一知半解,此时,店员需要更加主动地去沟通,帮助客户认清自己的需求,选择适合自身的产品。

---

① DR,Darry Ring,在此指 DR 族,即信仰真爱的一群人。

5. 主动拜访大客户

店员需要主动联系店铺的大客户,利用真诚的感情和优质的服务来服务客户,打造店铺与客户之间的良好关系。无论是日常的节日短信祝福、贺卡,还是各种特殊纪念日的一些小礼品,都能让客户感到自己被重视了。

6. 打造社群经济

每个人都有社交需求,特别是去寻求与自己有同一喜好的人。通过组织俱乐部、网上论坛的形式,可以满足客户的社交需求,同时通过组织线上、线下的活动可以增加店铺与客户之间更加紧密的联系。

例如,钻石小鸟拥有自己的珠宝零售终端论坛,客户可以在上面自行发布自己的游记、文章,获取大家的关注。钻石小鸟官方也能在论坛中组织一些线上活动进行推广宣传。

三、处理投诉的方法

1. 认真倾听

当投诉发生时,一定要第一时间认真倾听客户的投诉内容,从客户的投诉内容中,找出客户投诉的原因,分析投诉事件中的责任承担方,记录客户的期望并寻求解决办法。如果一开始就打断客户的发言,不仅会增加客户的不满,还无法找出投诉的真正原因,不利于问题的解决。

2. 真诚道歉

无论事件的责任是否在店铺一方,都要真诚地道歉,因为客户永远是正确的。如果责任真的在店铺一方,则需要诚实地面对问题,用自己诚恳的态度,表明店铺已经认识到了自己的错误,让客户的怨气减少一些。

3. 详细沟通

在客户投诉的过程中,一定要和客户进行详细的沟通,充分了解问题的所在,找出客户真正在意的问题。交谈的过程中,店员需要使用一些诸如移情、安抚的小技巧,来减少客户的怨气。同时,了解客户期望的解决方案是什么,让客户知道,工作人员已经认识到了自己的问题,并且会正视这个问题,去解决它。

4. 迅速处理

在清楚了客户的期望解决方案之后,店员要结合店铺实际,以及店铺在事件中实际承担的责任给出一个合理的解决方案,可能是赔偿、致歉信、更换产品甚至退货退款等方式。解决方案的制定,需要参考店员的职权范围,如果解决方案不在自己的职权范围以内,需要迅速和领导沟通,来确定解决方案。

第四节　珠宝零售终端的 VIP 会员管理方法

VIP 会员卡的推广和普及对于珠宝零售终端的销售业绩具有非常好的促进作用，可以提高卖场整体服务品质，增加销售额和保留老客户。商业中的"二八法则"在零售终端的珠宝店铺中也体现得淋漓尽致。从店铺的角度来看，80%的销售额可能来自于只占其客户总数 20%左右的大客户，而数量众多的中小客户所带来的销售额却只有 20%。当然，这些数字随每个零售终端的具体经营范围和特点，在具体的比例上有所差异，但对珠宝店铺管理而言具有重要意义是毋庸置疑的。本节介绍 VIP 会员制设置的主要要点。

1. 会员卡的申请与发放

VIP 会员卡的设置主要是根据消费能力来进行区分，如尊贵 VIP 黄金卡、VIP 钻石卡、VIP 白金卡等。不同的 VIP 卡具有不同折扣和会员消费权利。例如，商场可与珠宝专柜负责人协商，制订尊贵 VIP 黄金卡折扣，凡凭卡消费的客户均可享受正价商品 8.8 折优惠。若专柜现行促销活动全柜 8 折，持 VIP 卡消费的客户则可享受 8 折后再 8.8 折的折上折优惠。另外，可对接受参与折扣的专柜商场给予广告支持，并印刷会员消费手册。同时将不参与折扣的专柜列入公价商品，注明只参与积分。

珠宝店铺 VIP 卡也可以设置成积分制，根据消费金额换算成积分。如按消费金额整数为单位计算累积，可获得相应积分。即消费 500 元，可积 50 分；消费 550 元，可积 55 分；消费 559 元，则舍去尾数，可积 55 分。特价商品不参与折扣让利，但参与积分。积分奖励：

(1) 积满 1000 分（即在本场消费满 10 000 元）可任选场内特公价商品以外的标价 200 元以内（含 200 元）的商品一件作为积分兑换礼品，只限单件商品，并且以标价为主，不能是打折后价格在 200 元内的商品，这件礼品对专柜的损耗金由商场承担。

(2) 积满 1500 分可任选标价 400 元以内（含 400 元）的商品一件。以此类推，积分以 500 分为跨度，兑换礼品以 200 元为跨度，均由商场为客户买单。

(3) 当积满 8000 分，持卡者可升级为钻石 VIP 会员，即成为需要维护的大客户。

2. 会员卡的使用

目前市面上的 VIP 会员卡数不胜数，很多店铺心有余力不足，能够一直坚持做下去的为数不多。所以珠宝店铺管理者一定要有耐心，主要工作应该放在会员卡发放出去后的后期维护中，如果商品品类款式调整不对、服务跟不上、品牌宣传不能与时俱进，VIP 会员卡将会失去价值，会如同其他卡一样被人们遗弃。珠宝店铺 VIP 会员卡制度将会长期存在，势在必行，店铺必须根据新时代的信息化特征，跟上时代的脚步，不能盲目屈从。图 10-1 为 VIP 会员卡管理流程图。

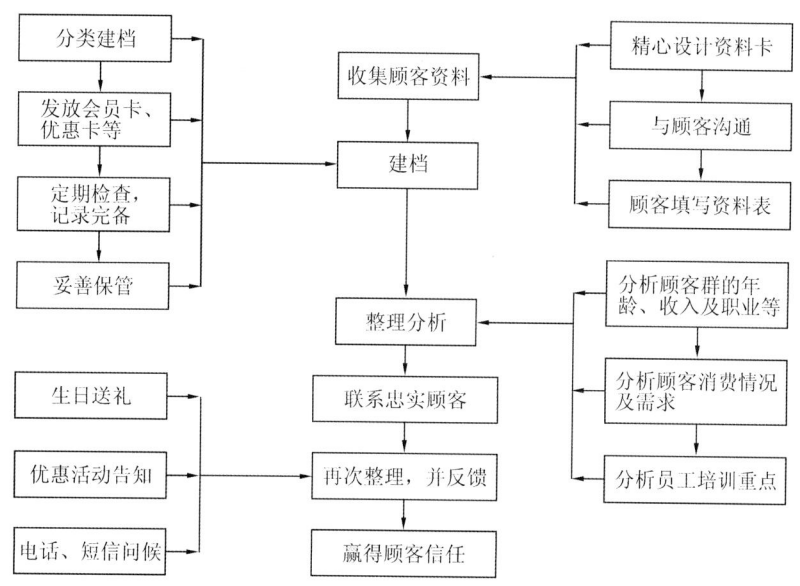

图 10-1　VIP 会员卡管理流程图

☞ **思考题**

1. 珠宝零售终端客户关系管理的意义有哪些？
2. 投诉的客户从哪些方面可以促进完善珠宝零售终端的管理工作？
3. 简述珠宝零售终端维护好客户关系的常见方法。

第十一章　绩效考评与店铺业绩评估

这里所说的绩效包括店铺绩效和员工绩效。店铺绩效与员工绩效是休戚相关的,通过绩效考评对每个员工的工作做出客观公正的评价,可以让员工了解他们的工作状况,有助于提升员工的工作绩效,员工工作绩效的改进与提升自然会带动店铺绩效的提升。同时,员工的工作绩效常常是与薪酬管理联系在一起的。这里,我们先探讨员工绩效考评的相关问题,接着探讨绩效考评结果如何与薪酬管理联系起来,最后探讨珠宝终端店铺业绩评估的方法。

第一节　珠宝导购员的绩效考评

绩效考评是绩效考核与评价的总称,是指考评者对照工作目标或绩效标准,采用一定的考评方法,评定员工的工作任务完成情况、员工的工作职责履行程度和员工的发展情况,并且将上述评定结果反馈给员工的过程。绩效考评包括三个工作步骤:一是绩效考核,即用一定的方法对员工绩效进行客观的描述;二是绩效评价,即根据客观的描述来确定绩效的高低;三是绩效反馈,即将考评结果反馈给员工的过程。

一、珠宝终端店铺绩效考评的意义和作用

绩效考评主要是对店铺全体员工进行的定期考评,考评的过程实际上是员工在一个考评周期工作表现的总结过程,也是对店铺阶段性经营目标是否达成的检验过程。通过绩效考评可以肯定员工的工作业绩,发现经营中的问题。通过管理者与员工的沟通,可以让营销团队更加明确经营目标和实现经营目标的路径,为薪酬体系的建立和激励方案的实施提供了依据,也为管理者的经营决策提供了依据。所以,绩效考评的意义和作用主要表现在如下几个方面。

1. 有助于帮助店铺达成经营目标

店铺经营目标常常分解成年度、季度、月度经营目标,与绩效考评的周期一致。绩效任务中规定的目标也是企业的经营目标,绩效考评的过程也是不断督促员工实现预定经营目标的过程,它让每位导购员都明白本经营周期的经营目标是什么、完成情况如何、应该朝什么方向努力,从而帮助店铺达到目标。

2. 有助于管理者了解导购员的工作状况

绩效考评是对导购员工作态度、个性、能力状况、团队观念、工作绩效等基本状况的全面考核和评价,有助于管理者全面了解导购员的整体素质,为公司科学地选拔人才,合理地调配岗

位,制订和实施奖惩制度、培训计划及员工的职业规划等提供信息依据。

3. 有助于规范导购员的工作行为

绩效考评本质上是一种过程管理,是对导购员工作表现的综合考评,而不是仅仅对结果的考核。绩效考评规定的具体考评内容实际上也是导购员工作过程中的行为规范指南,能引导导购员的工作行为,找到工作行为与工作目标之间的差距,加强导购员的自我管理,发掘最大的工作潜能,提高工作绩效。同时,通过绩效反馈实现导购员与管理者的良好沟通,能够增加彼此的信任,让导购员有明确的努力方向,明白团队建设的重要性,有利于建立一支和谐的、有战斗力的营销团队。

4. 有助于管理者发现经营管理中存在的问题

绩效考评的过程是一个计划、执行、检查、处理的 PDCA[①] 循环过程,包括绩效目标的设定、绩效目标的达成、考评内容的修正、绩效考评反馈的沟通、绩效的改进等,都需要在预定的绩效考评计划的执行过程中印证其合理性,不断修正考评方案,再制订新一轮绩效目标的 PDCA 循环。绩效考评的执行过程也是不断地发现问题、改进问题的过程,可以带动整个店铺经营管理水平的改进和提高。

5. 有助于店铺建立完善的薪酬体系和激励机制

绩效考评的最终目的并不是单纯地进行利益分配,而是促进企业与员工的共同成长,但不与利益挂钩的绩效考评是没有意义的,主要表现在薪酬体系的设计和激励机制的建立上。珠宝店铺在设计薪酬时,一般将薪酬分解为固定工资和绩效工资两个部分,绩效工资的高低正是通过绩效考评等级以不同的金额体现出来,除此之外,还可以对绩效优异的导购员采取其他激励方式。所以,绩效考评是建立完善的薪酬体系和激励机制的基础,薪酬和激励是对导购员工作绩效的评价结果的体现。如果绩效考评不与薪酬和激励挂钩,就失去了意义。

二、珠宝终端店铺绩效考评内容及权重设定

珠宝终端店铺每一个工作岗位都有相应的工作职责,但工作职责并不足以说明管理者对员工的工作要求。因为大多数工作职责并不是为某一特定的工作岗位而编写,其适用对象往往是某一工作群,是一个总的行为规范框架。以导购员为例,不同专柜的导购员工作职责也会有细微的差别。为了让不同岗位的员工都能按照管理者希望的方式去工作,必须对每个工作岗位确定具体的、可衡量的绩效评价标准。

1. 珠宝终端店铺绩效考评内容

不同岗位的员工绩效考评的范围和侧重点是不同的。珠宝终端店铺中,导购员是考评的主体,一般每月考评一次,考评结果与绩效工资挂钩。考评内容一般包括工作态度、规章制度遵守情况、团队精神、专业知识、销售技巧、销售业绩、沟通能力等。

(1)工作态度。主要考察导购员日常言行表现,包括是否正确理解并宣传公司政策,是否支持公司的各项政策方针,日常工作中的工作热情、工作责任感,对上级、同事和顾客的态度,

---

① PDCA 是英文 plan(策划)、do(实施)、check(检查)和 act(处置)的缩写。PDCA 循环就是按照这样的顺序进行质量管理,并且循环不止地进行下去的科学程序。

是否具有乐观的心态等。

（2）规章制度。主要考察导购员的行为规范情况，包括出勤情况（迟到、早退、事假、加班）、仪容仪表情况以及日常工作是否达到导购员的行为规范。

（3）专业知识。主要考察导购员对店铺经营的产品材质、产品工艺、宝石知识（宝石学特征、产地、适合人群）、宝石文化、产品卖点、产品保养及佩戴注意事项的了解程度。

（4）销售技巧。主要考察导购员的销售能力，包括销售技能（运用FABE销售技巧推荐产品的熟练程度、是否能够熟练自如地处理客户的异议、有对产品作比较分析的能力、激发顾客的购买能力、议价能力、有效说服顾客的能力）、识别顾客的能力（对顾客类型的熟悉程度、判断顾客类型并采用恰当应对方式的能力）、售后服务能力（顾客投诉的处理能力、协助维修员解决顾客投诉的能力、解决顾客投诉并控制局面的能力）等。

（5）销售业绩。主要考察导购员的个人销售情况，包括个人销售任务完成情况、销售业绩排名、销售利润率、达成率等。

（6）团队精神。主要考察导购员的团队意识、在团队中是否愿意与他人合作、参与团队活动情况、在团队中的凝聚力以及是否具有奉献精神等。

（7）沟通能力。主要考察导购员与管理者、同事、顾客之间能否保持有效的沟通，包括基本的沟通能力、与管理者沟通的能力、与顾客沟通的能力、与同班导购员沟通的能力等。

2. 珠宝终端店铺绩效考评权重设定

珠宝终端店铺绩效考评权重设定是指管理者为了确定导购员的工作绩效，根据店铺的实际情况对每项绩效考评内容赋予相应权重的过程。一般来说，珠宝终端店铺的一切工作都是为销售服务的，所以，导购员绩效考评也是围绕销售业绩来进行的。销售技巧和销售业绩占有较大的权重，但在店铺成长的不同阶段，可以通过调整考评内容的权重增减考评内容，强调不同时期不同考评内容的重要性。如在店铺初建阶段，导购员的工作态度和团队精神的养成对店铺非常重要，就可以加大此内容的权重。常用的考评内容及权重见表11-1。

三、终端店铺绩效考评的流程与方法

终端店铺的绩效考评一般是由店长或相关管理者对导购员的工作绩效进行考评。考评人必须熟悉绩效考评技术，结合各种绩效考评工具，按照一定的流程和方法，客观、公平、公正、全面地进行绩效考评工作。

1. 绩效考评的流程

绩效考评包括三个主要步骤：界定考评项目、评价实际工作绩效、绩效考评反馈。

1）界定考评项目

界定考评项目是指按照导购员工作职责的要求对考评项目和考评内容进一步具体化，并按照重要性对每项考评内容赋予一定的权重。因为绩效考评内容的工作标准是管理者要求做到和导购员必须做到的，所以，在界定考评项目时，管理者要同导购员进行充分的沟通，就工作职责和工作标准达成共识，让导购员充分理解每项考评内容的具体内涵和行为规范。

2）评价工作绩效

评价工作绩效就是将导购员的实际工作绩效与考评内容中的工作标准进行比较，评价每

表 11-1 绩效考评表

考评人		被考评人		考评时间		总评得分	
考评项目		考评内容				分值	考评结果
一、工作态度		1. 工作热情:对同事、顾客是否具有热情的态度				5	
		2. 工作责任感:维护店铺荣誉、利益,具有敬业精神,工作认真负责等					
		3. 对上级、同事和顾客的态度:尊重领导,关心和团结同事,尊重顾客					
		4. 具有积极乐观的心态					
		5. 学习的态度:积极参加店铺组织的学习和接受新知识					
二、遵守制度		1. 遵守店铺管理条例				5	
		2. 遵守导购员日常行为准则					
		3. 遵守导购员绩效考评管理制度					
三、专业知识	1. 产品材质	(1)贵金属(千足金、铂、钯、18K金)的特点及优势				10	
		(2)翡翠的质量评价知识、翡翠A、B、C货及相似玉的鉴别知识					
		(3)钻石的质量评价知识、钻石仿制品的相关知识					
		(4)各种彩色宝石的质量评价					
	2. 产品工艺:产品的工艺类型、特点、适合人群						
	3. 产地:不同宝石的产地特征						
	4. 宝石文化:每种宝石背后的故事、文化、卖点						
	5. 首饰保养和佩戴注意事项:珍珠、钻石、翡翠、素金等如何保养,佩戴中应注意什么问题						
四、销售技巧	1. 销售技能	(1)运用FABE销售技巧推荐产品的熟练程度				25	
		(2)能熟练自如地处理客户的异议					
		(3)对产品作比较分析的能力					
		(4)激发顾客购买的能力					
		(5)具有良好的议价能力					
		(6)能有效说服顾客购买并达成交易					
	2. 市场研究	(1)进行市场研究					
		(2)对竞争对手的产品类型及特点的了解程度					
	3. 识别顾客	(1)顾客类型的熟悉程度					
		(2)判断顾客类型并采用恰当应对方式的能力					
	4. 售后服务	(1)对顾客投诉的处理能力					
		(2)协助维修员解决顾客投诉的能力					
		(3)解决顾客投诉并控制局面的能力					

续表 11－1

考评人		被考评人	考评时间	总评得分	
考评项目	考评内容			分值	考评结果
五、销售业绩	1. 个人销售任务完成情况			25	
	2. 个人业绩排名				
	3. 个人销售业绩增长率				
	4. 销售利润率				
	5. 达成率				
六、团队精神	1. 愿意与他人分享，能帮助其他导购员提高销售技能			15	
	2. 表达不同意见				
	3. 与同事良好合作				
	4. 参与团队工作活动				
	5. 愿为团队牺牲个人利益				
七、沟通能力	1. 与管理者沟通的能力和技巧			10	
	2. 与同班次同事、不同班次同事及销售协同人员沟通的能力				
	3. 与顾客沟通的技巧，能否与顾客保持良好的关系				
八、评分标准	优秀：90 分以上；良好：80～89 分；合格：70～79 分；基本合格：60～69 分；不合格：59 分以下				
评语：					

个导购员的工作绩效等级。借助各种绩效考评工具，考评者可结合考评内容和导购员的工作表现、工作业绩对每个导购员的工作绩效做出客观的评价。

3）绩效考评反馈

绩效考评反馈就是考评者将考评结果反馈给考评人，双方经过有效沟通，对考评结果达成一致的过程。因为考评结果涉及到对导购员评价的客观性和公正性，导购员可以对考评结果提出异议，所以，这一过程可能要经过一次或多次反馈。在这期间，管理者应当同导购员进行充分的沟通，对他们的绩效和进步进行充分讨论，直到达成一致的意见，使绩效考评真正成为推动导购员进步和成长的动力。

2. 绩效考评的方法

人力资源管理中，绩效考评的方法有很多，但对以销售服务为主的珠宝店铺来说，绩效考评可以选择交替排序法、配对比较法、量表评价法、关键事件法、强制分配法和目标管理法等。

1）交替排序法

交替排序法是一种采用员工与员工之间相互比较的行为导向型主观考评方法。它根据某些工作绩效评价要素将导购员的绩效从优秀的到不合格的进行排序。通常来说,从导购员中挑选出优秀的和不合格的比绝对地对他们的绩效进行评价要容易得多,因此,交替排序法是一种运用得非常普遍的工作绩效评价方法。其具体操作步骤如下。

第一步,将需要进行评价的所有员工名单列举出来,然后将不是很熟悉因而无法进行评价的员工名字划去。

第二步,运用图11-1所示的表格来显示:在被评价的某一特点上,哪位是评价等级最高的员工,哪位是评价等级最低的员工。

第三步,在剩下的员工中挑出优秀的和不合格的。如此交替排序,直到所有必须被评价的员工都被排列到表格中为止。

```
1. 评价等级最高的员工          10. _____
2. _____               11. _____
3. _____               12. _____
4. _____               13. _____
5. _____               14. _____
6. _____               15. _____
7. _____               16. _____
8. _____               17. _____
9. _____               18. 评价等级最低的员工
```

图 11-1　交替排序法示例

运用交替排序法对员工进行绩效考评简单易行,但这种排序只是员工表现好与坏的相对顺序,且考评者必须对所有员工的工作表现都非常了解。如果要与薪酬挂钩,还必须运用其他的方法评价出员工绩效等级或分数。

2)配对比较法

配对比较法同样是一种员工与员工之间相互比较的行为导向型主观考评方法。它使排序型工作绩效评价变得更为有效。其具体做法是:将所有的被考核者就某一考核要素,与其他每位员工一一作比较,最后将被考核者按绩效高低排列。

在图11-2中,需要对5名导购员进行工作绩效考评,在运用配对比较法时,只需列出这

考评对象	A 张三	B 李四	C 王五	D 赵六	E 钱七	考评对象	A 张三	B 李四	C 王五	D 赵六	E 钱七
张三	0	＋	＋	－	－	张三	0	－	－	－	－
李四	－	0	－	－	－	李四	＋	0	－	＋	＋
王五	－	＋	0	＋	－	王五	＋	＋	0	＋	＋
赵六	＋	＋	－	0	＋	赵六	＋	－	＋	0	0
钱七	＋	＋	＋	－	0	钱七	＋	－	－	＋	0
	0	4	0	－1	－2		4	－2	－2	0	0

图 11-2　配对比较法示例

样一张表格,在表中标明被考评人的姓名及需要考评的所有项目,然后将所有被考评人根据某一考评项目进行配对比较,用"+"表示好,用"-"表示差,标明谁好一些,谁差一些,最后将每一位导购员得到的"好"的次数相加,就可以知道在某一考评项目上哪一位导购员的绩效是最好的。

3) 量表评价法

量表评价法是一种采用员工与工作标准相比较的行为导向型客观考评方法。具体方法是:先设计好表11-1所示的等级考评量表,列出考评的要素,再就每一考评要素给出一定的权重分数,并说明每一等级的具体考评分数要求。绩效考评时,首先结合每个员工的具体工作表现,按照考评内容的具体要求,评价给出员工每项考评内容的考评分数,然后将每一项的得分相加计算绩效总分并确定等级,即得到其最终绩效考评结果。

4) 关键事件法

关键事件法也是一种采用员工与工作标准相比较的行为导向型客观考评方法。关键事件法中,每一位被考核人都有一本"工作日记"或"工作记录",上面记载的是日常工作中员工突出的、与工作绩效密切相关的事件,既可以是极好的事件,也可以是极坏的事件。

关键事件法通常作为其他绩效考评方法的一种补充。它有很多优点:首先,它为员工绩效考评提供了确切的事实依据,避免考评者在考评过程中的主观误差;其次,可以避免考评中的近期化误差,特别是考评周期较长(如年度绩效考评)时,前期的某些突出表现可能被忽略了;最后,保持一种动态的关键事件记录还可以使管理者保存一份关于下属是通过何种途径消除不良绩效的具体实例。所以,作为一种补充手段,它在认定员工特殊的优秀表现或不良表现时是十分有效的,而且对制订改善不良绩效的规划也是十分方便的。

5) 强制分配法

强制分配法就是预先确定绩效考评比例将员工分配到不同的等级上去,再按员工的工作表现进行排队。比如,我们可能按这样的比例确定员工的工作绩效分布情况:绩效最高的15%、绩效较高的20%、绩效一般的30%、绩效低于要求水平的20%、绩效很低的10%,以此为基础,将每位员工强制地安排在某一个等级上。这样的工作绩效评价方法比较简单,但其评价的是相对绩效而不是绝对绩效,且如果评价比例分配不当,可能会对某些员工的评价有失公允。比如,有三位员工的工作表现差不多,都可以进入"绩效较高的"范围,但由于比例的限制,其中一人必须计入"绩效一般的"范围内,这时,人为因素就起作用了。

6) 目标管理法

目标管理法是结果导向型考评方法中最为常用的方法,一般用于年度、半年度或季度销售目标等中、长期的绩效考评。目标管理法的实施主要有以下六个步骤:第一,确定店铺经营目标,即制订店铺下一年度的工作计划,确定店铺总的销售目标;第二,分解经营目标,即将销售目标按月度或季度进行分解,并将目标分配到各专柜;第三,讨论分解的目标,寻找目标实现的路径,特别是每位导购员、专柜如何为目标的实现做出贡献;第四,各专柜负责人与导购员共同确定每个人的目标和短期销售目标;第五,工作绩效评价,即对工作成果进行审查,专柜负责人与每位导购员就实际工作绩效与事前商定的预期目标进行比较;第六,提供反馈,店长定期召开绩效评价会议,与下属展开讨论,考察目标达成进度情况,寻找达到目标的具体方法。

目标管理成功与否的关键是目标的制订,它应满足以下要求:第一,目标不宜过多,过多的目标在实施过程中有些可能会相辅相成,有些可能会导致顾此失彼,会使考评陷入混乱;第二,目标必须是可以用数量、质量等标准进行衡量的;第三,目标是可以接受的,一般而言,确定的目标应略高于员工的能力,但是经员工的努力是可以达到的;第四,目标是与员工的利益与前途相关的,即目标的实现可以让员工得到实惠;第五,为员工制定的目标与企业总目标是一致的;第六,目标的完成是有时间约束的,一般以考评截止时间为完成时间。

四、终端店铺绩效考评的有效工具

珠宝终端店铺的绩效考评是对员工的工作表现、工作业绩等全方位的综合测评,为了使绩效考评能客观、公正、系统、全面地反映员工的真实表现,必须借助一些有效的工具。这些工具包括各种工作表格和统计数据。

1. 工作表格

工作表格是员工日常工作的真实记录,它真实地反映员工的工作态度、敬业精神、团队意识、服务意识和履行职责的情况。

(1)考勤表。主要记录员工的出勤情况,如迟到、早退、病假、事假等。

(2)例会记录表。主要记录员工参加晨例会、晚例会、周例会、月例会的情况,对店务管理和销售提出的合理化建议情况。

(3)员工日常工作记录表。主要记录员工在日常工作中的典型优、劣事件,参加店铺公共事务的情况,员工在关键工作(如大型活动或任务)中的言行、品格、工作态度和精神面貌。

(4)顾客意见统计表。主要记录员工的服务意识、服务态度、服务规范的掌握和运用情况,以及顾客的反馈意见。

(5)业务学习和专业知识测试成绩统计表。主要记录员工的学习情况、专业知识掌握情况和进步情况。

(6)销售业绩统计表。主要记录各大类商品销售额、店铺销售总额、各导购员销售业绩等。

(7)民主评议表。对员工综合工作表现、能力素质、人际关系等进行考评,主要用于员工自评和互评。

(8)工作自评表。由员工对自己的综合表现进行测评。

(9)日常工作职责履行记录表。记录员工岗位职责履行情况,如是否能保质保量完成本职工作。

(10)绩效考评表。按照店铺绩效考评要求、考评内容和考评方法设计,用于员工绩效考评。

(11)绩效考评反馈信息表。绩效考评结束,由考评者结合各项成绩给各专柜或员工提供详细的考评结果反馈。

(12)绩效面谈记录表。绩效考评结束后,为了进一步改进员工绩效,店长会指派专人与员工进行绩效面谈,制订绩效改进计划,并做好记录。

除以上表格以外,管理者还可以根据绩效考评的需要设计其他表格。

2. 统计数据

统计数据主要是销售业绩统计数据,便于计算团队绩效和个人绩效。

(1)月度销售统计数据。如各大类商品销售总额等。主要用来考察团队绩效或销售目标达成情况。

(2) 导购员销售技巧数据。成交率、体验率、客单价（ATV）、客单量（UPT）、平均销售折扣率等。

以上我们列举了与绩效考评相关的表格和统计数据，它们都是绩效考评的有效工具。店铺管理者应注重日常管理细节，加强店铺内部信息库的建设，根据考评目的和方法选择适当的工具，使绩效考评能客观反映每位员工的真实的工作业绩。

五、绩效考评中可能出现的问题及解决方案

一般来说，绩效考评可能会出现下列五种问题。

1. 工作绩效评价标准不明确

工作业绩评价涉及到员工工作表现的方方面面，即使管理者对考评内容规定得非常细致，也可能在某个细节上存在考虑不周或与实际情况有偏差的情况。这就要求管理者在制定绩效考评内容时要认真思考影响员工绩效的每一个细节，制定周密的、尽可能量化的标准。另一方面，要为员工作系统的解释，让他们明确每一个细节的具体规范。一旦考评中出现异议，要真诚地与员工沟通，力争达成共识，消除异议。

2. 晕轮效应

晕轮效应即员工在某一评价要素上表现较好，已经在考评者的心目中形成了较好（差）的印象，让考评者对此员工在其他评价要素上也会评价较高（低）的现象。例如，有些员工见到领导毕恭毕敬、点头哈腰，让领导极不适应，对他形成了不好的印象，认为这种人只会溜须拍马，没有实际工作能力，那么，这种印象就会影响对这位员工在其他工作表现的等级评价。避免这一问题的关键是考评者本人要意识到这一问题，同时，要多观察和侧面了解这名员工的平时表现，综合多方面的意见，尤其要多参照民主测评的结果，不能主观臆断。

3. 居中趋势

在运用行为导向型主观考评方法时，考评人员很容易形成一种居中趋势：尽量避开高等级或低等级，将大多数员工的绩效都评价在居中的位置上，拉不开工作表现好的与工作表现差的员工之间的距离。例如，如果评价等级是从第1级到第7级，那么，他们可能既避开较高的第6～7级，也避开较低的第1～2级，将大多数员工的绩效评价在第3、4、5三个等级上。事实上，员工在某些方面要取得一点进步或者说要比其他员工有更好的表现，是要付出艰苦努力的，这种过于集中的考评结果会使工作绩效评价变得扭曲，使员工失去努力工作、追求上进的动力，对员工的晋升或薪酬激励所起的作用很小。所以，在选择绩效考评方法时，如果考评者不能克服这种居中趋势，最好选用能反映真实客观绩效的其他方法，尽可能真实地反映每位员工的绩效。

4. 偏松或偏紧的倾向

不同的管理者对员工的工作要求不同，有的要求较宽松，对员工的工作绩效会给出一个鼓励性的较高的评价，而有的较严格，会给出一个较低的评价。就像老师给学生考试成绩一样，有些老师愿意给学生高分，而有些老师给学生较低的分数。在运用量表评价法时，这种对工作绩效评价标准掌握得偏紧或偏松的情况非常容易发生，因为考评者对员工的要求不一样，就很

容易给出偏紧或偏松的评价。为了解决这个问题,最好由店长牵头组织一个绩效考评小组,对所有员工的表现进行系统的权衡,首先以强制分配法给出一个高绩效与低绩效的合理分布比例,再对每位员工进行评价。实际上,在绩效考评时,多种考评方法的联合使用,可能会使评价结果更加趋于客观。

5. 小团队意识

这种问题最容易出现在参照民主测评结果对员工进行绩效考评时。多数情况下,珠宝店铺的员工团队总会有能力差别、年龄差别、性格差别,再加上工作中的争名逐利、专柜之间或个人之间的销售竞赛等因素,很容易形成各种各样的小团队。如果团队建设不成功或少数人团队意识差,小团队往往会抱团取暖,导致小团队与小团队之间、小团队与个人之间绩效评价不符合客观实际的情况。在这种情况下,管理者一方面要加强团队精神培育,要求所有员工有团队意识和大局观念,在民主测评中对每位同事都进行客观公正的评价;另一方面,对民主测评结果要进行客观分析,不能将那些明显有失公允的测评结果作为绩效考评的依据。同时要与那些具有小团队意识的人进行沟通,要求他们以正确的心态和客观公正的态度对待绩效考评,尽可能地避免小团队对绩效考评的结果造成影响。

六、绩效考评反馈

绩效考评反馈是指管理者按照一定的形式将绩效考评结果反馈给员工个人,并通过有效的沟通对考评结果达成一致的过程。绩效考评反馈是绩效考评的最后一个环节,也是能否取得预期效果的一个关键环节。绩效考评的目的是通过对员工工作表现的客观评价,让员工认识到自己的优点和不足,提出员工改进工作绩效的方案,并通过沟通取得员工对考评结果的认同,使绩效考评成为员工改进绩效的动力。为了达到这样的目的,绩效考评反馈是一个非常重要的步骤。表11-2为员工绩效考评结果反馈表。可反馈给每位员工,征求他们对考评结果的意见,如果有异议,则要经过多次反馈,直到达成一致。

接下来是绩效考评面谈。在面谈时,应注意以下问题。

1. 面谈内容要直接而具体

绩效考评面谈的过程也是沟通的过程,要反映员工工作表现的真实情况,必须结合员工日常工作中的具体表现对员工进行真实的综合评价,包括工作态度、工作质量和工作行为等。既要肯定成绩,又要指出不足,加强引导,从而达到改进绩效工作的目的。尤其是对员工有异议的评价一定要以客观事实为依据,力争在所有问题上达成共识。

2. 面谈内容要全面

绩效考评是对员工工作表现全方位的评价,评价结果也必须全面系统地反馈给员工,既要谈员工表现优秀的一面,也要谈不足的一面,还要有员工改进工作绩效的具体建议或方案。

3. 绩效面谈要以鼓励为主

绩效面谈要突出绩效考评的激励导向,突出优点,鼓励员工进一步努力工作,且不回避缺点,但谈缺点时要注意谈话艺术,将员工的工作绩效与绩效标准进行比较,客观地指出其差距,决不能将员工个人的工作绩效与他人的工作绩效进行对比。

表 11－2　员工绩效考评结果反馈表

员工姓名		所在部门（专柜）	
职　　位		考评时间	

一、直接主管对员工的评价意见	
对照绩效计划，取得的绩效成绩和值得肯定的主要方面	
对照绩效计划，绩效有待改进的主要方面	
为了更好地实现绩效计划，员工应发展的能力建议	

直接主管签字：_____

二、单位审核意见

考评等级：_____

考评部门（盖章）　　日期：_____

三、被考评人意见

□我已阅知并接受上述绩效考核结果。

□我已阅知但不接受上述绩效考核结果。

□其他意见：

本人签字：_____　　日期：_____

备注

4. 绩效面谈要鼓励员工多说话

绩效面谈要注意倾听员工的心声，不要只是考评者自己夸夸其谈而不知道员工在想什么、说什么。要鼓励员工把自己的真心话讲出来，有时还要有必要的引导，使员工的心态回到正确的轨道。否则，绩效面谈达不到沟通的目的。

5. 严格兑现绩效面谈的承诺

多数情况下，绩效考评的结果是与激励挂钩的。为了取信于员工，对绩效面谈及布置目标任务时的承诺要完善兑现机制，对考核优秀人员进行奖励、提拔，真正激励先进；对那些工作表现极差、工作绩效不佳、业务能力很低、纪律性和责任心不强的不合格人员,要敢于处罚;根据员工绩效与店铺要求的差距开展针对性培训,促进员工提高工作绩效。

第二节　绩效考评与薪酬激励

通过绩效考评可以对员工的工作表现和工作业绩进行实事求是的评价,同时,也让管理者全面了解导购员的能力和工作适应性等方面的情况,并作为奖惩、培训、辞退、职务聘用与晋升的基础和依据。但是,多数情况下,珠宝店铺的绩效考评是与薪酬分配密切挂钩的,绩效考评如果不与利益挂钩,其意义就会大打折扣。所以,以绩效考评为依据,以薪酬激励为目的才能激发导购员的工作热情,为提升店铺整体绩效贡献全部的智慧和力量。

珠宝导购员的薪酬一般包括基本工资、绩效工资、工作年限工资、加班补贴和其他政策性津贴。基本工资一般根据不同地区的生活水平并参照其他企业的工资状况确定,加班补贴和其他政策性津贴按国家相关政策执行,工作年限工资是珠宝店铺为了保持员工队伍的稳定而制定的工资政策。这些工资项目一般都是固定的,而绩效工资是薪酬激励的范畴,其激励的额度和分配方式直接影响导购员工作的积极性。

一、薪酬激励的额度

薪酬激励的额度是指用于分配给员工的绩效工资占销售总额的百分比。在以价格竞争为主要手段的市场竞争日益激烈的今天,珠宝企业的利润率在不断地降低,绩效工资实际上是企业毛利润的一部分,如果额度过低,不能有效地激励导购员的工作积极性,额度过高,又降低了企业的利润率。所以,科学地设计激励工资的额度是薪酬激励成功与否的关键。

1. 薪酬激励额度的设计原则

绩效工资作为员工薪酬的一部分,额度的高低直接影响到员工的总收入水平,进而影响到员工队伍的稳定和工作的积极性。同时,不同类型的珠宝产品销售额与利润率是不成比例的,需要按产品类别分别计算提成额度,在团队内部不同专柜的绩效工资的分配还要相对均衡。所以,管理者在设计薪酬激励额度时,应该在对店铺销售业绩作准确预测的基础上,充分考虑这些因素,制定合理的薪酬激励额度。

(1)薪酬激励的额度要对导购员有吸引力。薪酬激励是为了调动员工的工作热情和销售积极性的,所以,如果额度过低,不仅不利于营销队伍的稳定,也不利于调动导购员的销售热情,起不到薪酬激励应有的作用。一般来说,薪酬激励的额度要与员工的总收入结合起来考虑,使总收入略高于当地或同行业的收入水平。

(2)薪酬激励的额度要在企业利润之间取得理想的平衡。薪酬激励的额度越高,越能调动导购员的销售热情,但激励的额度是企业毛利的一部分,激励额度太高会影响到企业利润,同时,可能会引起同行业的不满。所以,额度的设计要在企业利润与额度之间取得理想的平衡,既能最大限度地调动导购员的销售热情,又不影响企业利润。

(3)不同的专柜有不同的提成机制。不同专柜的销售额与利润率是不成比例的,对企业利润的贡献率是不同的,且不同专柜对销售技巧的要求程度是不一样的。如,黄金专柜销售额可能很高,但创造的利润率较低,且销售技巧要求程度低;玉器专柜销售额可能不高,但创造的利润率较高,且销售技巧要求程度高。这就需要根据产品类别制成不同的提成制度,且同一产品类别不同的产品类型可能也有差别。

(4)薪酬激励的额度应鼓励导购员为企业创利。当今多数珠宝店铺的销售方式是以打折销售为主。折扣幅度越大,企业的利润空间越小。如果管理者片面强调销售额,就会导致导购员为了成交而尽可能给客人更大的让利空间,直到店铺规定的折扣底限,这样的销售政策对店铺创利是非常不利的。应鼓励导购员避开折扣这个话题,以独特的销售技巧在客人满意与可能低的折扣率之间寻求理想的平衡,为店铺争取更大的利润空间。

2. 薪酬激励额度的提成标准

按照薪酬激励额度的设计原则,下列提成标准可以为珠宝店铺所借鉴。

1)贵金属首饰的提成

贵金属首饰包括黄金首饰、铂金首饰、钯金首饰等以克为单位进行销售的首饰类别。这类首饰工艺较直观,质量评价以成色为标准,销售额度大,创利水平低,但资金周转快,销售价格以每天店铺公布的排价为准,没有更大的价格谈判空间。所以,对导购员的销售技巧要求不高,提成额度相对较低,且不同类型的商品提成额度稍有差别。

黄金首饰:每克提成1元,金条每克提成0.5元。有时出现去零头的情况,视去零头的大小适当减少提成。

铂金、钯金首饰:按当日排价或高于9.5折销售,每克提成2元;按8.8~9.5折销售,每克提成1元;低于8.8折销售,没有提成。

2)镶嵌首饰的提成

镶嵌首饰包括18K金、铂金、钯金等贵金属镶嵌的钻石首饰、宝石首饰和18K金首饰,不包括镶嵌玉器首饰。这类首饰质量评价复杂,销售额度较大,利润空间较大,成交难度大,销售业绩在很大程度上取决于导购员的销售技巧,提成额度相对较高。但各地的珠宝店铺折扣幅度不同,有的店铺以一口价销售,提成方式没有统一的模式,一个总体原则是鼓励导购员尽可能少打折,即让利越少,提成额度越高。以折扣底限4折或一口价销售为例:6折以上或一口价不打折,提成3%;5.5~5.9折或一口价9.5折,提成2.5%;5~5.4折或一口价9折,提成2%;4~4.9折或一口价9折以下,提成1.5%;4折以下,没有提成。

3)玉器首饰的提成

玉器首饰包括翡翠、和田玉及其他玉种的镶嵌与未镶嵌首饰。这类首饰的消费者对中国传统玉文化有独特偏好,质量评价极为复杂,销售额度高低不等。由于消费者对文化内涵的理解程度不同、工艺水平的重视程度不同和对质量的偏好不同,导致不同的消费者对同一件首饰认同的价值空间非常大,要求导购员有较丰富的营销经验、玉文化知识和销售技巧。正因为如此,玉器首饰提成额度也是所有商品中提成最高的。以折扣底限4折为例:高于4折团队绩效提成3%,个人绩效提成2%;低于4折,团队绩效提成2%,个人绩效提成1%。

一个营业日结束后,由各专柜的柜长对当日营业额进行统计,按月度计算总绩效薪酬额度。

如果店铺实施目标管理,对完成销售目标或超过销售目标的个人或团队可另外制定奖励办法,对目标责任人(如店长、专柜的柜长)还要有特别奖励。

二、绩效薪酬的分配

珠宝店铺的销售业绩提成是全体导购员共同努力实现的,是全体导购员共同享受的经营成果。薪酬激励可以是团队激励,也可以是个人激励,两者各有优劣。就个人激励而言,优势就是计算简单,能使每位员工的积极性得到充分发挥;劣势就是为了个人利益而争功夺利,造成团队内部不团结,个别能力强的员工会受到排挤,员工团队意识差,有利可图的事大家争着干,公共事务无人关心。团队绩效正好相反,它强调团队协同意识,能够调动每个员工的销售热情,在团队内部形成比、学、赶、帮的团队氛围;劣势就是团队内部绩效工资分配相对复杂,需要与绩效考评密切挂钩,还可能在团队内部形成责任推诿的现象。另外,团队绩效还可以有效避免各专柜激励额度不均衡的问题。

团队建设已成为当今企业管理的一种潮流趋势。珠宝店铺的薪酬激励也要遵循以团队激励为主、个人激励为辅的方法,即对在销售中有特别贡献或需要特别知识、技能的人或小团队实行单独激励。如翡翠销售需要特别的知识和技能,可以在团队激励的基础上单独设立个人激励提成,不仅可以激励对销售有贡献的人,还可以对其他人起到促进作用。

按绩效考评的结果将绩效薪酬分配给每位导购员,即构成导购员的绩效工资。其计算方法如下:假定某团队(共10人)绩效薪酬总额为5000元,其中8人出勤天数为25天,其他2人出勤天数分别为22天和23天,绩效工资计算方法如下:

(1)计算员工出勤总天数:$8\times25+1\times22+1\times23=245$(天)
(2)计算员工绩效总分(以最好绩效100分计):为79分
(3)计算每天创造的绩效薪酬额度:$5000\div245=20.41$(元)
(4)计算单位绩效分数的绩效工资额度:$5000\div79=63.29$(元)
(5)计算每位导购员的绩效工资=(出勤天数/理论出勤天数)×绩效考评分数×单位绩效分数的工资额度。

由此计算出的10位导购员的绩效工资见表11-3。

表11-3 10位导购员的绩效工资表

	A	B	C	D	E	F	G	H	I	J	小计
考评分数	8	9	9.5	7	8.5	8	7	7.5	6.5	8	79
出勤天数	25	25	25	25	23	25	22	25	25	25	245
绩效工资	5082.67	5399.12	5557.35	4766.21	5036.81	5082.67	4460.09	4924.44	4607.98	5082.67	50 000.01

第三节　终端店铺的业绩评估

珠宝店铺经营业绩包括长远业绩和近期业绩、潜在业绩和现实业绩。珠宝导购员不管是从个人利益角度出发还是从店铺整体利益出发都会更加关注近期业绩或现实业绩，而作为管理珠宝终端店铺的店长，不仅要关注现实业绩，更要关注长远业绩。从某种意义上说，长远的经营业绩高于现实经营业绩，因为长远业绩影响到店铺长远的生存和发展。同时，店长基于店铺长远发展的思考及运作，也会对现实经营业绩产生影响。如品牌形象的建立、品牌知名度的提升会吸引更多的消费者前来购买企业产品，良好的服务会提高顾客的满意度和忠诚度等，更好的品牌形象和更多具有忠诚度的客户积累必然对提升店铺经营业绩起到正面的作用。所以，店长要从全局出发，对店铺经营业绩进行及时跟踪和评估，寻找提升店铺经营业绩的有效途径和办法。如果经过系统的策划并在经营过程中有效地执行、监督和控制，珠宝店铺就会取得一个持续、稳定的业绩。但在市场竞争日益激烈、市场风向瞬息万变的今天，任何一个经营环节出现问题或一个决策的失误，都会导致店铺经营业绩下降，甚至会有被淘汰的危险。所以，珠宝店铺在经营过程中，要不断跟踪经营过程中的每一个细节，全面评估经营成果，及时调整经营方案，保证店铺经营取得良好的经营业绩。

一、影响终端店铺销售业绩的因素

一般来说，影响珠宝终端店铺销售业绩的因素有产品因素、市场竞争因素、店铺周边环境因素、季节因素、市场流行风向店铺内部环境因素、人员素质因素、商品供应因素。

1. 产品因素

产品是珠宝店铺实现销售业绩的主要因素，包括产品特色、产品质量、产品价格等。如果产品定位得当，产品的卖点对顾客具有吸引力，产品质量能够取得顾客的信任，产品价格是顾客能够接受的，再加上店铺的强力促销和导购员的营销推广，店铺经营就会取得良好的销售业绩。

成功的产品定位是取得良好销售业绩的基础，定位的过程是塑造产品的特色或个性并向消费者传达产品利益诉求的过程。产品的特色或个性可能通过多种形式体现出来。有的可以从产品实体上体现出来，如产品独特的款式设计、齐全的产品组合等；有的可以从价格水平上体现出来，如高价、低价、折扣价等；有的可以依据消费者的消费心理体现出来，如显示产品的流行与时尚、传统与朴素、庄重与典雅等；有的还可以通过质量、档次、包装、服务等方面来反应。产品特色或个性的表现形式不同，利益诉求的侧重点不同，针对的目标客户群体也不同。定位的最终目的是使产品的潜在客户发现并认同产品的特色或个性，激发他们对产品的偏好，影响他们的购买行为，使他们最终成为本企业产品的购买者。

所以，店铺营销一定要在市场调查的基础上，了解这个市场需要什么、客户的购买能力如何、他们的购买观念和审美观念是什么等问题，在掌握顾客需求的基础上有针对性地设计产品，并作准确定位，这是珠宝店铺取得良好销售业绩的基础。

2. 市场竞争因素

市场经济条件下，有市场就会有竞争，市场竞争是任何商业组织不可回避的话题。2003年以来，珠宝行业引入连锁经营商业模式，珠宝品牌加快了市场扩张的步伐，在任何一个城市繁华的商业街区，珠宝店铺林立，市场竞争异常激烈。市场消费能力是有限的，珠宝终端店铺要在有限的能力中取得更多的市场份额，就必须培养自己的核心竞争能力。

管理学中将核心竞争能力定义为：在一个组织内部经过整合了的知识和技能，尤其是关于怎样协调多种生产技能和整合不同技术的知识和技能。从与产品或服务的关系角度来看，核心竞争能力实际上是隐含在公司核心产品或服务里面的知识和技能，或者知识和技能的集合体。从店铺营销的角度来看，核心竞争能力是店铺的形象力、产品力、促销力和独特的服务意识的结合体。所以，取得良好的经营业绩取决于珠宝店铺是否拥有核心竞争能力，有了核心竞争能力，就有了竞争对手无可比拟的核心竞争优势，取得比竞争对手更好的销售业绩便指日可待。

3. 店铺周边环境因素

对于珠宝终端店铺来讲，商圈客流量是一个最重要的基础指标。所谓商圈客流量是指在店铺所处商圈中来往经过的潜在客人的流量，客流量大小直接决定了进店客人的多寡，进而决定了客户了解店铺商品和购买商品的概率。所以，多数珠宝店铺都选择在繁华的商业街区或人气鼎盛的综合商场。

但是，在现代化城市建设中，很多繁华的商圈会因城市建设、道路改造而使商业活动受到影响，进而影响珠宝终端店铺的销售业绩。在这种情况下，如果城市建设的时间过长且对客流量有较大的影响，一些店铺可能考虑暂时歇业，以降低运营成本。多数情况下，城市建设的时间不会很长且对客流量影响不大，珠宝店铺会考虑加大促销力度，以新产品促销、折扣促销等方式，增加顾客的购买利益回报，吸引顾客前来购买，尽可能保持店铺销售业绩或避免销售业绩大幅度下降。

4. 季节因素

商业活动有淡季和旺季之分。一般来说，珠宝销售在每年6、7、8月和11月是销售淡季，这可能与中国珠宝市场的特征和首饰的佩戴季节有关。中国的珠宝消费中，婚庆市场占有较大的市场份额，而婚庆首饰的选购多在重大节日前夕，如元旦、春节、五一劳动节、国庆节等。商家的促销活动透支了消费者的购买能力，于是，自然出现了节后的销售淡季。受佩戴季节的影响，北方的冬天因为太冷，南方的夏天因为太热，不适合佩戴首饰，对珠宝店铺的销售会造成影响。

此外，在日常销售活动中，节假日、周末是消费者出行的主要日子，也是销售活动的主要时节。珠宝店铺会抓住机会大力开展促销活动，提升销售业绩。

5. 市场流行风向

在同质化的珠宝市场中，每个企业都希望通过独特的产品组合形成企业的经营特色，吸引对企业产品有独特偏爱的目标客户群体。然而，市场风向是在不断变化的，20世纪90年代以前，首饰消费以黄金为主，钻石所占市场份额很小，随着钻石消费理念不断深入人心，钻石首饰消费逐步取代黄金首饰，成为珠宝消费的主体，"黄色消费"逐步转换成"白色消费"；2000年以后，随着消费者经济收入的增加和中国传统玉文化的影响，玉石消费逐步走向前台，2008年以后,玉器价格的大幅度上涨又使玉器消费降温;2007年以后,彩色宝石首饰的消费悄然升温;从2013年开始,黄金价格的波动又带动了消费者的购买热情,出现了黄金抢购潮。在市场风向不断变化的环境中,珠宝企业如果把握不好市场的节奏,不能应市场风向及时调整产品组合策略,必然会对店铺销售业绩造成很大的影响。

6. 店铺环境因素

珠宝首饰是高端消费品,需要一个专业、高端、优雅的购物环境。店铺环境包括外观环境和店内环境。外观环境是指店铺形象设计,如招牌、门面、橱窗是否对顾客有视觉冲击力,让人过目不忘或者有"进去看看"的冲动;内部环境主要指购物氛围,如灯光是否刺眼、音响是否柔和、商品陈列是否整齐、室温是否适中、空气是否新鲜等。店铺环境直接关系到顾客是否愿意进店、是否愿意在店内多停留、是否产生购买意愿并产生购买行为,进而影响店铺的销售业绩。

7. 员工素质与团队建设因素

当今的珠宝行业,品牌与品牌之间并没有大的不同,在品牌建设过程中,"千店一面"的现象并没有得到根本的改变。也就是说,从表面上来看,不同品牌的产品并没有本质的差异,真正的差异在于导购员能否准确掌握客户追求的利益,根据不同的客户提炼产品的不同卖点。卖点即能够打动顾客的利益点,每位顾客追求的利益点可能不同,如有的追求产品质量,有的看重款式,有的考虑佩戴的方便与安全等。关键在于导购员能否迅速发现并准确掌握顾客追求的利益点,然后将产品特色中包含的利益点提炼出来,并向顾客确认我们的产品能够满足他们利益,让他们知道我们的产品正是为满足他们的利益而设计的。

所以,珠宝店铺营销队伍素质的高低、对产品知识和顾客购买心理的掌握程度、销售技巧和服务态度会对销售业绩产生很大的影响。

8. 商品供应因素

珠宝首饰的款式分为经典款、畅销款和滞销款。经典款是能够反映品牌特色或消费者共同认同的、在很长时间内都能被消费者接受的款式,在店铺销售中能够长期保持一个稳定的销售量;畅销款是受市场流行趋势和明星效应的影响,短期内受到消费者追捧的款式,可以使店铺在短期内取得较好的经营业绩;滞销款是店铺内长期积压、不受消费者重视的款式。店铺产品组合中如果滞销款的比例过大,经典款和畅销款补货不及时,不仅会影响店铺的资金周转,还会对销售业绩造成较大的影响。

二、终端店铺业绩关键评价指标

珠宝终端店铺的经营业绩评价主要包括销售过程评价指标、团队建设评价指标、销售结果评价指标,是反映店铺销售绩效状况的一系列定量化的数据或定性的文字描述。

1. 销售过程评价指标

销售过程评价指标包括进店率、体验率、客单率、VIP销售占比、客单价(ATV)、客单量(UPT)、折扣率、类别货品销售占比等。

(1)进店率。指某一时段进店人数与这一时段店外客流总数之比,是考量店铺外部形象吸引力、商品陈列技巧、迎宾技巧、品牌号召力等的关键评价指标。

(2)体验率。也称试戴率,指单一时段体验人数与单一时段进店人数之比。体验率是商品对顾客是否具有吸引力和成交率的关键评价指标,重点考量员工销售技巧、商品知识、需求把握和服务能力,也是服务评估最重要的评价指标之一。

(3)客单率。也称成交率。是实际成交总人数与实际进店总人数之比,也是综合考量员工销售技能、商品优劣、品牌价值、陈列技巧的关键评价指标,与销售额有直接的关系。

(4)VIP销售占比。是一个销售周期中VIP客户销售总额与总销售额之比,也是评价客户回头率和忠诚度的重要评价指标,还是店铺取得相对稳定的销售业绩的基础。

(5)客单价(ATV)。也称单效,是总销售额与销售单总单数之比,也是考量销售商品价值高低的关键数据,与利润高低直接关联。

(6)客单量(UPT)。也称连带率,是商品销售总件数与销售单总单数之比,也是考量销售商品件数多少的关键数据,与导购员的连带推销能力和销售额高低直接关联。

(7)折扣率。是商品实际销售总额与价牌标价总额之比,也是考量导购员谈判技巧和议价能力的关键数据,与利润率直接关联。

(8)类别货品销售占比。是上期某品类或系列商品的销售金额(数量)与上期总销售金额(数量)之比,也是店铺商品流诊断的基本关键绩效指标。可通过销售与库存对比的方式,了解商品销售结构状况,找出商品销售的结构性问题所在。类别货品销售占比与存销比、成交率直接关联。

2. 团队建设评价指标

团队建设评价指标主要有员工总人数、员工人效、新老员工流失率、员工培训时数、员工技能考评得分及其他描述性指标。

(1)员工总人数。员工总人数直接与店铺组织结构规划有关,不同的商圈、不同的店铺形状、班次都会对总人数产生影响,而总人数的多少则直接与员工人效、服务模式、人事管理费用有关,对利润率有直接影响。

(2)员工人效。是店铺实际销售总额与店铺总人数之比,是考量导购员人均贡献度和总体技能的有效工具,也是反映导购员销售能力的重要指标之一。员工人效的高低与导购员总人数、销售技能、商品存销比有关。

(3)新老员工流失率。指本期新老员工离职人数与店铺总人数之比。员工流失是困扰珠宝店铺的重大问题,与店铺的团队建设、薪酬待遇、激励、培育和发展空间有直接关系。

(4)员工培训时数。是指员工平均每月或每周的培训小时数。员工的技能提升有赖于培养和教导,培训的时间与技能提升有直接关系,培训时数减少,会影响员工的知识和技能的提升,进而影响店铺的销售业绩。

(5)员工技能考评得分。既能考察员工销售技能的掌握情况,又能考察店长或带训师的培训水平。可以找出员工欠缺的工作技能,并有针对性地给予提升和加强。

此外,团队建设的评价还包括团队氛围、团队的工作协调、制度执行力、责任担当等方面的文字描述。

3. 销售结果评价指标

销售结果评价指标包括总销售额、销售利润率、同比增长率、环比增长率、产销比、存销比、平效、TOP10、品牌竞争率。

(1)总销售额。即一个经营周期店铺各种商品的销售总额,是考察店铺阶段性目标达成情况的关键指标。年度经营目标常常被分解成阶段性目标,工作人员应对每个阶段性目标进行追踪评价,找出问题的症结和提升经营绩效的方案。

(2) 销售利润率。是指销售纯利润(销售收入－商品成本－经营费用－管理费用)与销售总收入之比,是判断店铺赢利能力的重要指标。销售额的增加不一定代表利润的增加,利润率的提升是产品竞争力和导购员销售技巧的重要体现。

(3) 同比增长率。是指本期销售增长额(本期销售额－历史同期额)与上一年同期销售额之比,是考察店铺本期与去年同期经营业绩变化的指标。与市场购买能力和店铺的市场竞争能力有关,是店铺销售业绩考评的重要指标。

(4) 环比增长率。是指本期销售增长额(本月销售业绩额－上月销售业绩额)与上月销售业绩额之比,是评价店铺本月与上月的销售业绩变化情况的指标。与同比增长率不同的是,环比增长率更需要考虑全年淡、旺季因素,而同比增长率则看重跨年同期的市场变化。

(5) 产销比。是指已销售商品总件数(金额)与订货商品总件数(金额)(含库存商品)之比,是商品采购总量合理性评价的重要指标,与销售周期、库存量、店铺销售能力有很大关系。

(6) 存销比。是指期初库存和期末库存金额的均值与本月销售总额之比,也是最为关键的商品管理数据之一,与利润率、盈利成本和库存控制有极大的关系。

(7) 平效。是指本期销售总额与店铺总经营面积之比,也是零售店铺经营效果和效率的重要考评指标。店铺与店铺之间经营的面积不同,销售业绩比较就要通过平效反映出来。

(8) TOP10。是指销售排行榜中排名前10位与后10位的商品号码,也是店铺畅销款与滞销款分析的关键指标。通过分析可以找出哪些款式的商品最畅销,哪些款式有产生积压的风险。因此,TOP10不仅是加快店铺资金周转、避免商品积压的重要分析指标,也是商品采购的重要参考指标。

(9) 品牌竞争率。是指本期店铺销售额与本期主要竞争品牌销售额之比,也是评价品牌竞争地位的关键指标,与市场占有率、品牌销售排名、地区品牌竞争地位有很大关系,尤其是以商场专柜形式的珠宝终端,此评价指标可以直观地反映品牌自身的优、劣势。

以上是基于销售业绩的评价指标,从店铺长远的经营业绩来讲,店长还要关注品牌地位、客户满意度等评价指标的变化情况。

三、终端店铺业绩评估

经营数据是珠宝店铺经营业绩和市场竞争能力的真实反映。通过以上数据的客观分析,可以清晰地看出店铺经营现状,接下来就要找出引起店铺经营业绩变化的原因,评估店铺经营业绩是否还有提升的空间等,这一过程我们称之为店铺业绩评估。

1. 终端店铺业绩评估程序

珠宝终端店铺的业绩评估程序是一个以事实说话的过程。它一般包括收集数据、分析数据、解释数据三个步骤。

1) 收集数据

店铺销售数据是日常销售数据的积累,按每日、每周、每月分门别类地收集个人、团队的销售数据、产品出入库数据、客流量和购买数据,建立相应的数据库。这是数据分析的基础性工作,如果不注重数据的日常积累,就失去了业绩评估的基础。

2)分析数据

根据店铺业绩评估的需要,对各种销售数据进行分析,计算各种关键业绩指标。店铺业绩评估的内容可能包括评估本店销售业绩、考评员工销售业绩、本店铺与竞争对手业绩比较以及为店铺经营决策提供参考数据。分析的目的不同,需要的关键业绩指标也不同。

3)解释数据

解释数据就是在分析数据的基础上,对反映店铺销售业绩的各种关键指标做出科学合理的解释,总结上一个经营周期销售经验和不足之处,为下一个经营周期的经营方向、经营目标和经营决策提供指导性意见。在对销售数据进行解释时,一定要结合影响店铺销售业绩的各种因素进行综合分析,才能得出科学的结论。比如说,销售业绩的提升与下降可能是由季节的原因、市场风向变化的原因引起的,如果将它归咎于产品因素或导购员销售技能、技巧,那就有失偏颇了。

2. 终端店铺业绩评估方法

珠宝终端店铺的业绩评估方法有很多,常用的方法有销售报告分析法、鱼骨刺分析法。以下我们对这两种方法作简单介绍。

1)销售报告分析法

销售报告分析法是指对珠宝终端店铺一个经营周期的各种经营数据进行详细的统计,依据经营数据对珠宝店铺的销售状况进行统计、分析及原因剖析,通过分析寻找业绩产生的原因,并找出相应的对策,为经营管理决策提供依据。

一份好的店铺销售分析报告可以全面地反映当前当店的销售状况、经营情况、重点问题与解决对策及计划等,所以,珠宝终端店铺销售分析报告是店铺经营管理的一个最重要的工具,是店铺经营管理决策的重要依据,但很多店长及管理人员经常不屑于撰写,只是凭经验与感觉来处理相关事务,导致店铺的管理缺乏科学、系统、准确的依据。优秀的店长与管理者一定要学会撰写简要、清晰、明确的店铺销售分析报告,这是优秀店长的五大能力之一。

珠宝终端店铺销售分析报告不同于经营店日销售报表、经营店周营运报表及经营店月营运报表,但又有关联,这三份报表是销售分析报告的参考资料与依据。日报表、周报表与月报表的侧重点是销售现状的反映、具体数据与事件的显现等,而销售分析报告的侧重点是整个经营状况的综合分析、原因剖析、策略分析及计划部署等。

店铺销售分析报告的内容应该涉及销售情况分析、货品情况分析、人员状况分析、市场竞争状况分析、重要事件或重点问题分析等,并结合销售过程评价指标、团队建设评价指标、销售结果评价指标具体数据,深入剖析店铺经营中存在的问题,为解决这些问题提供解决问题的思路与方案。表11-4是珠宝终端店铺销售分析报告撰写要点。

2)鱼骨刺分析法

珠宝终端店铺要取得良好的经营业绩,需要内外兼修。外修是指珠宝店铺在品牌形象、广告宣传、营销策划、货品结构、产品价格等方面有优势,强调在所处市场环境中的优势与突出点;内修是指经营店的销售管理、内务管理、卖场管理、人员管理、氛围塑造、成本控制、细节管理等方面要均衡发展,不能存在短板(即木桶理论:一个木桶的盛水量取决于最短的那块木板的高度),各方面工作都要做到最优,甚至极致。鱼骨刺分析法就是针对珠宝终端店铺的"各个木板"进行剖析,寻找关键短板,找出问题之所在,并逐步深入细化,找到具体的解决方案。因为分析图的样子比较像一条鱼,所以称之为鱼骨刺分析法。

表 11-4 珠宝店铺销售分析报告撰写要点

内容项目	内容要点	内容说明	备注
销售情况分析	销售量与存货量的对比分析	这部分主要反映经营店的货品销售流动速度,强调店内货品的快速流动,减少大量存货与积压,提高资金运作效率,提高业绩	比如,一些店的货品年流动率只有30%,甚至有些货品积压了一两年都没有销售出去,这迫切需要加强调换货或存压货品的处理能力
	销售金额与件数的对比分析	这部分主要反映经营店的营业额、顾客量、顾客消费水平等,可以看出营业额与顾客量是否同比变化及消费者的心里价位等,从而找到定价与货品配置的策略,提升店铺业绩	比如,一经营店某月突然营业额大增,可能是因为期间开了一个大单,但总体成交件数与成交顾客量却反而下降了,这对一个经营店而言需要引起重视
	横向与纵向数据的对比分析	这部分主要反映同一时期各个经营店(组)及同一店(组)不同时期的业绩数据对照,从而反映各个店(组)的业务能力与趋势,找出问题的解决对策	某店2007蓝/红两队业绩对比中明显反映红队的业绩好于蓝队,据此需要去寻找蓝队的问题,如领导的问题、员工心态问题、整体销售能力问题等,从而有针对性地解决问题,提升整个经营店的业绩
货品情况分析	货品款式、单价、钻石大小、材质统计分析	这部分主要反映经营店的货品结构、货品配置及货品畅、滞销情况,这里尤其要注重历史数据统计分析,从而找到货品的畅销规律、趋势与特点,提升货品的流动速度	在作这部分统计分析时,要注意加入货品的顾客观看频数及试戴率,以全面掌握顾客的需求动向
员工状况分析	涉及员工心态、技能、学习、工作分配及重点员工分析等状况	这部分主要反映应经营店的整体战斗能力,找到团队能力的短板,强化整体能力提升,以推动经营店的业绩提升	在这部分要特别注意各员工的性格、特点、特长、潜能、短板及员工的搭档组合、角色扮演等,以充分发挥团队的整体战斗力
竞争况状分析	涉及竞争对手的销售、市场动作等状况的对比分析及优、劣势分析等	这部分主要反映市场竞争状况及自身的优、劣势,寻找竞争突破口与策略	在这部分中经常需要用到SWOT分析法(态势分析法)

店长在思考珠宝店销售业绩下滑的原因之前,首先要了解销售下滑是季节性的还是连续性的,是全面下滑还是部分货品下滑,是总额下滑还是销售货量下滑等,然后再利用鱼骨刺分析图进行分析,如图11-3所示。

第一步,把可能造成销售业绩下滑的因素尽可能找出来,如市场(市场环境)、促销(营销策划)、货品(货品结构)、顾客(顾客自身情况)、管理(内部管理)及人员(人员状况)等,如图11-3中的主箭头所示。

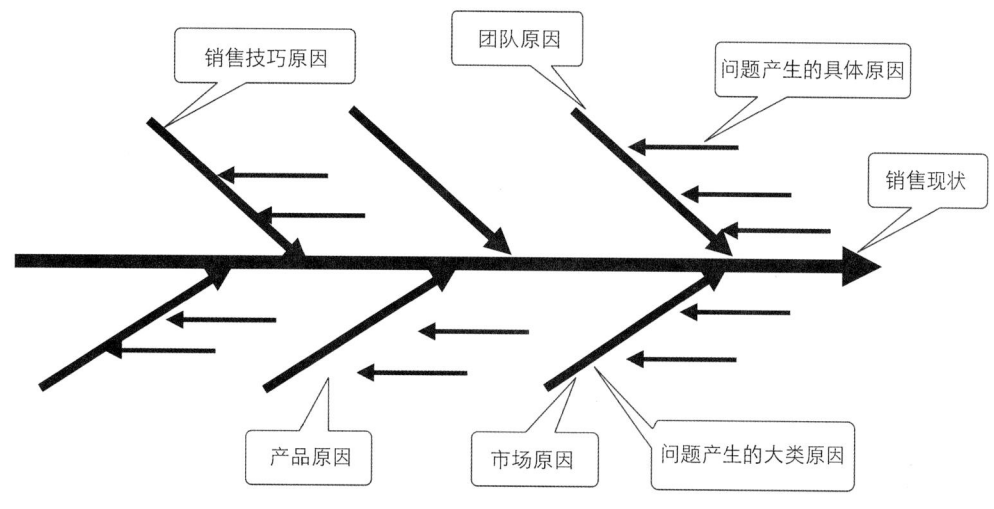

图 11-3 鱼骨刺分析法示意图

第二步,把所有的因素都在主箭头上标出后,再开始寻找各个因素可能出现的具体问题,比如人员因素既可能是员工心态情绪的问题,也可能是员工销售技能的问题,还可能是员工的专业知识问题等。把每个因素可能存在的具体问题都寻找出来,同样标在相应因素的箭头上,如图 11-3 所示。

第三步,各个因素可能出现的具体问题都标出后,再开始分析造成每个具体问题的原因,比如在员工专业知识方面有可能出现无法有效表达专业知识、无法利用专业知识的优势吸引顾客等问题,造成这些问题的原因既可能是员工的专业知识掌握得不够全面或不牢固,也可能是员工对专业知识的运用技能缺乏等。

第四步,各个因素的具体问题及相应原因都找到后,剖析关键点,找到了最关键的几个短板,就可以有针对性地采取相应的解决措施,并有计划、有步骤地实施,弥补短板,让"木桶的每块木板"都均衡发展。

通过分析,假如是员工素质原因导致经营业绩下滑,员工的专业知识掌握得不全面或不牢固,就需要制订专业知识强化学习计划,包括专业知识培训、专业知识比赛、专业知识考核、专业知识演讲等;如果是员工缺乏专业知识运用的技能,就需要制订强化专业知识运用技能训练的学习计划,包括专业知识演讲竞赛、专业知识讲解演练、专业知识案例分析、专业知识实战运用训练等。通过一段时间的方案实施后,人员专业知识的问题自然可以得到解决,从而确保经营店销售业绩的回升与稳定提升。

思考题

1. 简述珠宝终端店铺绩效考评的主要内容。
2. 简述珠宝终端店铺绩效考评流程。
3. 举例说明珠宝终端店铺绩效考评的工具。
4. 一家在高档商场里的终端店铺是以专柜的形式存在,请问该专柜的业绩关键评价指标有哪些?

第十二章　终端店铺的安全管理

珠宝零售终端由于营业时间长、涉及大量的贵重货品及大额现金交易,所以安全管理是所有珠宝店铺的能够正常营业的根本保证。本章主要从珠宝店铺的安全问题产生的原因、防范的措施和安全问题处理的方法三个方面进行阐述。

第一节　安全问题产生的原因

从珠宝零售终端发生的各类抢劫、偷窃、火灾、货品损坏和各类纠纷的统计来看,可以将珠宝店铺安全问题产生的原因分为内部原因和外部原因。

一、内部原因

安全问题产生的内部原因主要是指珠宝店铺安全管理自身的管理漏洞和制度的缺失等。

(1)店铺安全配置不完善。没有配备完整的安全防范设施,如未设置专门的安保人员等。安保人员的配置对抢劫和偷盗等犯罪行为具有震慑作用。很多商场专营店、柜台和商场边铺为了减少开支,不配备安保人员,造成安保力量缺失,抢劫和盗窃事件时有发生。街边珠宝店铺的安保问题更为突出,由于这些店铺处于街道旁边,犯罪分子抢劫或盗窃后容易逃跑,所以街边珠宝店铺必须配备安保人员。但经笔者调查,很多珠宝店铺仍然心存侥幸,安全配置不完善。

另外,现代化的监控和预警设备为各类店铺提供了很好的监视保证。现代化的预警和监控设备能够在店铺有人或无人值守的情况下实现实时监控并储存,为珠宝店铺的安全提供强有力的保证(图12-1)。

  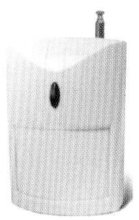 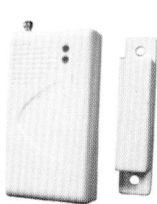

图12-1　各类店铺的专业安保设备

(2)店铺安全制度不完善。未对可能出现的安全问题做出预估和预案,难以减小问题发生的概率。珠宝店铺管理者应该定期组织工作人员参加安全培训,分析各类安全事故发生的原因,对本店有针对性地进行漏洞修补,以防万一。

例如,郑州紫荆山路一家大型珠宝店发生了一件非常蹊跷的事,深夜报警系统一直报警,店员赶到后却打不开门,他们以为是店内停电造成电动门无法开启,就离开了。谁知,早晨上班时才发现数百条彩金项链惨遭洗劫。从此例中可看出,没有完善的责任制度会使店员疏忽大意,意识不到后果的严重性,很容易出现安全问题。再如,南京一家珠宝店失窃,将近半小时的时间内,小偷从容作案。店主晚上锁门时,约为19:00,而值夜班的人都是21:00左右到店,中间竟有一个多小时的无人看守时段。店主介绍,考虑到店铺位于区政府的正对面,周边地段较为繁华,便认为晚上七八点的时间段应该很安全。没有想到的是,竟有歹徒看准了这个空当,在半个小时内作下这桩"惊天大案"。

(3)从业人员安全意识不足。导致以上两个原因的根本因素是安全意识不足,没有充分地认识安全的重要性。一方面店铺的管理者需要提高自身的安全意识,加强配置安全设施和建立安全制度;另一方面,要对店员进行安全教育,明确安全问题的奖惩措施,做到全员都有安全意识,避免营业员未及时落锁,或者同时给顾客试戴多件商品这类的问题出现。

二、外部原因

引发珠宝店铺安全问题发生的外部原因主要为到访店铺的顾客发生的货品损坏、纠纷、抢劫和偷窃事件。

顾客原因:珠宝店铺顾客损坏商品的事件时有发生。有的顾客不清楚首饰的佩戴和拿放方法而导致商品损坏;有的顾客在退换货时,与店员发生争执并产生纠纷造成货品损坏。从珠宝店铺安全管理的角度讲,对店员进行安全教育是可以有效避免此类事件发生的。

抢劫、偷窃事件在珠宝店铺经营过程中也屡见不鲜。各类型的诈骗、偷盗和抢劫时有发生,有临时起意的、有蓄谋已久的、还有伙同店员作案的。珠宝店铺管理者必须及时报警,并报送保险公司理赔。

第二节 安全问题的防范

珠宝零售终端的安全防范工作可以从建立制度、人员配置及培训和安全硬件配置三个方面来开展。

一、建立健全的安全防范工作制度

(1)值班巡护制度。店铺应安排安保人员巡逻保卫,遇到大额业务时,安保人员应协同看护,值班巡逻人员应随身佩戴防卫器械。

(2)现金管理制度。明确现金、票据、印鉴等重要物品的保管、储存、运输等安全管理措施,每日收取的现金应由专人存入保险箱或者银行。

(3)商品管理制度。店员在接待顾客时必须遵守规范,确保商品安全。

(4)大宗商品押运制度。运送大宗商品时,有条件的可聘请专职押运机构武装押运;自行运送的,应使用专用车辆、配备专用保管箱,由三名以上护卫人员持械押送;清点、装箱、装车等行为应在视频监控区域内进行。如果押运途中发生车辆故障或其他事故,押运人员应当加强警戒,采取必要的保护措施。

(5)防范设施管理制度。明确专人负责技防、物防设施的管理、使用和维护,严格遵守安全保密规定,确保安防设施正常运行。

(6)处置突发事件预案。应制订以防盗抢以及常见灾害为主要内容的突发事件应急预案,针对可能遭受的侵袭,明确相应的处理措施和人员分工,并定期组织演练。

二、人员配置和培训

(1)店铺应设置专门的保卫机构,配备专职保卫人员,建立完善的各项安全防范规章制度,指导、监督、检查和考核店铺安全防范工作情况,对安保人员及营业员开展安全防范培训。

(2)店铺的每个出入口应设有一名安保人员,工作时间应精神饱满,并随身佩戴防卫器械。营业期间,安保人员不得脱岗,如果必须离开则应有其他安保人员顶岗或者关闭出入口。

(3)所有员工都应受过安全防范培训,了解易盗商品的被盗途径、时间以及可疑人员的辨别方法,熟知紧急报警装置的安装位置和使用方法,一旦遇到抢劫,能与犯罪分子巧妙周旋,牢记犯罪分子的体貌特征、口音和逃跑方向,并及时报警。

(4)营业员应随手落锁,取、放完货品后立即锁柜门。在有非本公司营业人员在场的情况下,不得把货品放置在视线以外的柜台或者无人看管的位置。

(5)在人员充足的情况下,必须以两位营业员为一组来接待顾客,一位营业员负责讲解和销售,另一位营业员负责货品安全,防止货品被调包或偷走;在人员相对紧张的情况下,也要保证一个营业员同一时间只能接待一个顾客。

(6)禁止顾客进入柜台内,时刻注意柜台入口是否有顾客进入,如有进入,立刻责令其离开。

(7)营业员在接待顾客时,最多同时展示两件货品,顾客试戴的货品件数也不得超过两件。在顾客要求从柜台取出货品仔细观赏时,应将货品放置在托盘中再交给顾客,并且告知顾客首饰正确的佩戴和拿放方法。

(8)顾客试戴商品结束后,一定要检查货品是否被调包、是否完整。如果顾客选中商品,要在交款之后再给顾客打包。

(9)每笔交易完成后,应该认真核对商品信息。

(10)收银员在每一次收银时都应该用点钞机清点一遍,防止调包或者金额不足。

三、硬件配置

(1)每个柜台均应使用防爆玻璃,防爆玻璃柜接缝处内、外侧均使用硅胶密封,或者结合面全部使用硅胶或专用胶水黏结。

(2)夜间高档珠宝饰品应存放在专用库房或者防盗保险箱内,并且防盗保险箱应采取固定方式安装。

（3）物品单价较高的饰品应集中放置在离出口较远、位置相对安全的营业柜台内。

（4）店铺出入口可安装防抢夺联动装置，正常状态时，锁关闭；当顾客推门而入时，锁自动开启；当顾客离开时，必须由安保人员或营业员遥控开锁，方可开门而出；当遇到紧急情况时，安保人员或者营业员可遥控或手动将锁强制关闭或开启。

（5）店铺内每个封闭的营业柜台区域至少应安装一个紧急报警装置，每个收银处应安装一个紧急报警装置，紧急报警装置的安装位置应隐蔽且便于操作，并与属地公安分局"110"接处警服务中心联网。

（6）夜间货品存放处应安装入侵报警系统，并与属地公安分局"110"接处警服务中心联网。

（7）店铺内应安装视频安防监控系统，每个出入口、营业柜台区域、收银柜、库房、大门外等重点部位应安装摄像机，录像回放图像应能清晰辨认人员的脸部特征，无逆光、干扰、遮挡、抖动、卡通效应、水渍、马赛克等现象。录像机应开启视频信号丢失报警功能。

（8）应指定专门人员负责视频安防监控系统的日常使用维护工作，每天对录像资料进行检查，发现故障应及时报修，每月至少对系统进行一次专业维护保养。

四、具体安全问题的防范

1. 抢劫、偷窃

（1）营业员和安保人员之间可以约定暗示语。营业员在发现可能有抢劫或者偷窃行为时，应第一时间暗示安保人员，安保人员在接到暗示后应告知其他人员加强对本部位的巡视，查看是否有其他伙同人员。

（2）在营业人员较少时店内进来可疑人员，要保持高度警惕，防范危险发生。

（3）营业员应留意周围环境，经常整理货品和柜台。

（4）店内死角处应保持有人或经常巡视。

（5）营业员应密切注意顾客的动向和举止。

2. 防火措施

（1）通道必须保持清洁及畅通。

（2）禁止任何员工或顾客携带易燃易爆物品进入店铺。

（3）禁止在非指定场所吸烟。

（4）不得使用任何不安全的机械设备，及时修理或更换损坏的插头及电线。

（5）使用电器设备时，应保持电线、插头、插座的良好状态。

（6）使用多头插座时，避免电路负荷过重。

（7）下班时应关闭所有的电器设备，并切断有关电源。

（8）店铺负责人应定期检查店铺的配电设备。

（9）店铺员工应了解灭火设备的放置位置，熟悉及确保走廊、楼梯和紧急出口通道的畅通，积极参加消防培训及演习。

第三节 安全问题的处理

一、抢劫、偷窃的安全处理

(1)处理偷窃事件时尽量不让其他顾客看到,切忌在店内发生争吵。

(2)如遇劫匪用利器或枪械指吓,应顾及自身和他人安全,不要挣扎且交出财物,并记住劫匪特征向公安部门报案。

(3)抢劫或偷窃发生后,营业员和安保人员在保证自己人身安全的情况下第一时间按动报警器。保护现场,尽可能地追回货品,并告知领导。

二、火灾的安全处理

(1)保持镇静,稳定顾客情绪,并快速疏导顾客。

(2)火势较小时,尽可能地迅速将货品收拾进柜,有序地做好货品转移工作并立即通知上级主管,密切注意是否有可疑人员趁乱行窃。

(3)及时向同事或者安保人员呼救,在保证人身安全的情况下积极参与救火。

(4)拨打119火警报警电话,说明火灾地点、时间、起火原因、受困人数等。

(5)关闭已燃出口,从应急逃生出口有序地撤离火灾现场。

三、其他自然灾害及突发情况

(1)发生台风、地震等自然灾害,保持镇静不惊慌,使用楼梯疏散顾客,撤离到相对安全的地方后报警并组织自救。

(2)同事或者顾客突发疾病或受伤程度严重时,应立即致电120,现场有急救经验的员工可以进行抢救;控制现场情况,尽量避免围观,确保病人能在安静、通风的环境中休息。

(3)遭遇顾客寻衅滋事或是发生暴力事件时,应在第一时间通知安保人员,保持冷静并尽量稳定对方情绪,切勿激怒滋事者。店员应分散站立,最大限度地保证自身安全和货品安全。

☞ **思考题**

1. 简要分析珠宝零售终端的安全管理的内容。
2. 列举一个珠宝零售终端的安全事故,并分析事故原因及避免事故的方法。

主要参考文献

包德清.珠宝市场营销学[M].武汉:中国地质大学出版社,2005.
[美]彼得·德鲁克.管理的实践(珍藏版)[M].北京:机械工业出版社,2009.
凡禹.开店必读大全集[M].武汉:企业管理出版社,2010.
[美]菲利普·科特勒,加里·阿姆斯特良朗.市场营销:原理与实践[M].16版.楼尊,译.北京:中国人民大学出版社,2012.
高彩凤.店铺标准服务流程[M].北京:中国发展出版社,2009.
杰弗里·吉特默.销售圣经:终极销售资源[M].北京:中信出版社,2015.
李践.定价定天下[M].北京:机械工业出版社,2012.
丘志力,陈炳辉,陈剑浩,等.珠宝首饰销售手册[M].广州:广东人民出版社,2002.
人力资源和社会保障部教材办公室.1+X职业技术·职业资格培训教材:珠宝首饰营业员[M].2版.北京:中国劳动社会保障出版社,2012.
斯蒂芬·罗宾斯,蒂莫西·贾奇.组织行为学(工商管理经典译丛)[M].14版.孙健敏,王震,李原,译.北京:中国人民大学出版社,2016.
斯蒂芬·罗宾斯,玛丽·库尔特.管理学:原理与实践[M].9版.毛蕴诗,译.北京:机械工业出版社,2015.
王昶,代司晖,植宝.珠宝首饰店铺开店指南[M].北京:化学工业出版社,2012.
王惊涛.工作过程导向项目课程系列教材:珠宝市场调查[M].武汉:中国地质大学出版社,2011.
王惊涛.珠宝市场营销[M].武汉:中国地质大学出版社,2012.
徐中.珠宝首饰销售培训系列教材:呈现产品力[M].武汉:中国地质大学出版社,2010
尹作为.珠宝企业经营与管理[M].武汉:中国地质大学出版社,2012.
余世维.突破中小企业管理的瓶颈[M].北京:东方出版社,2006.